Schmutztitel

Der Schmutztitel ist die erste Seite Ihres Buches. Hierbei handelt es sich – anders als für gewöhnlich in Microsoft Word dargestellt – um eine **rechte** Seite.

Der Schmutztitel enthält bei vielen Büchern den Titel und ggf. Untertitel Ihres Buches sowie den Namen des Autors bzw. Herausgebers.

Die sogenannte Titelei – die ersten Seiten eines Buches – werden nicht mit Seitenzahlen versehen. Erst das Inhaltsverzeichnis oder der eigentliche Text tragen Seitenzahlen.

Löschen Sie diesen Text und die Überschrift bei Bedarf.

Leerseite

Die Rückseite des Haupttitels ist für gewöhnlich leer.

Löschen Sie diesen Text und die Überschrift bei Bedarf.

Fredrik Forsblad

The Beatles
Please Please Me
Der Sprung nach oben

Impressum

Bibliografische Information der Deutschen Nationalbibliothek:
Die Deutsche Nationalbibliothek verzeichnet diese Publikation in der Deutschen Nationalbibliografie; detaillierte bibliografische Daten sind im Internet über http://dnb.dnb.de abrufbar.

© 2023 Fredrik Forsblad

Cover-Illustration: Elis A. Forsblad

Herstellung und Verlag: BoD – Books on Demand, Norderstedt

ISBN: 978-3-7562-5877-2

Leerseite

Löschen Sie diesen Text und die Überschrift bei Bedarf.

Leerseite

Löschen Sie diesen Text und die Überschrift bei Bedarf.

Inhalt

Einleitung

Einleitung

Selbst der größte Beatles-Gegner mit eiskaltem Blick, bar jeder emotionalen Bindung zum Objekt der Begierde, muss uneingeschränkt zugeben, dass diese Liverpooler Gruppe, was ihre Bedeutung für die Entwicklung der Pop- und Rockmusik anbelangt, im Ranking ganz oben steht – immer noch! 52 Jahre nach dem unvermeidbaren, offiziellen Ende der Fab Four zaubert ihre Musik auch im Hier und Jetzt einen schillernden Regenbogen über den Horizont zeitgenössischer Poplandschaft und leuchtet golden bis in ferne Enden die letzten Tiefen aus.

Aber dem war nicht immer so. Auch die Beatles fingen einmal klein an, hatten wie viele andere Jugendliche ihre Idole und träumten megalomanisch davon, größer als Elvis zu werden. Und wenn man sich deren zaghaften Anfänge anhört, weiß man, dass diese juvenilen Träume ein Griff zu den Sternen war.

Dieses Büchlein geht explizit der Frage nach, wie die Beatles den Sprung ganz nach oben geschafft haben. Wie war der Aufstieg von der engagierten Anfängergruppe zur größten Band der Welt möglich? War es pures Vermögen, die zahllosen Auftritte, ein ausgeprägter Geschäftssinn, ein cleveres Management, unglaubliches Glück, der passende Produzent, die perfekte Bandkonstellation, in der sich vier Individuen wunderbar ergänzten und eine Einheit bildeten, die für Großes geschaffen war – oder von allem etwas zur richtigen Zeit?

Wir starten im Januar 1960, als Stuart Sutcliff, Lennons bester Freund, in die Band eintrat und als erstes empfahl, den pennälerischen Bandnamen Quarrymen zu wechseln. Er erkannte sehr wohl, dass seine Freunde im Ungewissen schwebten. Weder in der Schule, noch auf dem College geschweige denn im Musikgeschäft waren sie bislang angekommen. Doch das sollte sich bald ändern. Denn ab diesem Zeitpunkt verfolgen wir, wie sich die Band kontinuierlich verbesserte, sich nach dem ersten schweißtreibenden Engagement in Hamburg ein lokaler Erfolg im heimischen Liverpool einstellte, der immer mehr anwuchs, sich in England ausweitete, bis schließlich eine Hysterie um die Beatles ausbrach, die es bis dato in der Weltgeschichte noch nicht gegeben hat. Das Buch endet am dritten August 1963, als die Beatles zum letzten Mal in ihrer Karriere im Liverpooler Cavern Club spielten. Nach knapp 300 Konzerten in diesem Club waren sie ihrer Heimatstadt endgültig entwachsen und auf dem Sprung zu internationaler Berühmtheit. Die Beatles hatten es endlich geschafft. Es war ein harter Weg, aber sie waren auf dem Sprung nach ganz oben.

Um diesen Sprung in seiner ganzen Gewichtung nachvollziehen zu können, werden wir die unzähligen Auftritte der Beatles verfolgen, werden dabei die unglaubliche Kraftanstrengung erkennen, die hinter all den Auftritten steckte. Es gab wohl keine Band zuvor und danach, die solch ein unglaubliches Pensum absolvierte. Aber die vielen Auftritte würden nicht allein den weltverändernden Sprung erklären, um den es in diesem Buch vornehmlich geht. Neben den vielen Auftritten verfolgen wir die Aufnahmen, mit denen die Beatles erste Studioerfahrungen sammeln konnten. Einher mit den Aufnahmen spielen natürlich auch die Manager Allan Williams und Brian Epstein eine wichtige Rolle, die wir beleuchten werden. Auch hier werden wir bei all diesen für die Entwicklung bedeutenden Stationen erkennen, wie John, George, Paul und Ringo an diesen Aufgaben wuchsen, sich den Gegebenheiten nicht nur anpassten, sondern in gewisser Weise dabei neue Maßstäbe setzten. Im gleichen Maß, wie sich die Beatles entwickelten, veränderte sich das Verhältnis der Medien ihnen gegenüber und mit ihnen schwoll die Resonanz des Publikums mächtig an. Pete Best, der vor Ringo die Trommelstöcke schwang, war, trotz seines nicht in Frage zu stellenden Engagements, den Entwicklungen und den einhergehenden Sprüngen nicht gewachsen. Bitter genug für ihn, kurz bevor alles losging, sich das harte Tourleben endlich auszahlte, abserviert zu werden. Die Beatles wollten es schaffen und schreckten vor diesem harten Schritt nicht zurück. Dieser unbeugsame Wille, verbunden mit der Leidenschaft zur Musik, verband die Beatles, brachte kollektive Leistungen hervor, die zuerst zu lokaler Akzeptanz führten, die sich zur nationalen und später zur globalen Hysterie ausdehnte.

1960 - das Jahr der Wandlungen

1960 war das Jahr, in dem die Band entscheidende Wandlungen durchmachte. Wie Paul McCartney sich erinnert, stieg Weihnachten 59 Stuart Sutcliffe, ein Freund und Kollege Lennons vom Liverpooler College of Art, in die Band ein. Stuart bekam aufgrund seines großen Talents die Chance geboten, bei einer Ausstellung des Künstlers John Moore in Liverpool, die vom 17. November 1959 bis 17. Januar 1960 in der Walker Art Gallery in Liverpool stattfand, eines seiner Gemälde auszustellen. John Moore war vom Schaffen Stuarts so beeindruckt, dass er das Gemälde für die stattliche Summe von 65 englischen Pfund (ca. 800 Deutsche Mark) abkaufte. Lennon überredete seinen Freund, sich für das Geld einen Bass der deutschen Firma Höfner zu kaufen. Er entschied sich für einen Höfner President, Modell 500/5. Stuart hatte zwar in jungen Jahren etwas Klavier und Gitarre spielen gelernt, aber seine Begabung und Interesse lag eindeutig im Bereich der Malerei. So war klar, dass Sutcliffe keine großen musikalischen Impulse in die aufstrebende Band bringen konnte, aber für ihn war das Banddasein ein gelungener Kontrapunkt zur Malerei, und die Band hatte nun zumindest einen festen Bassisten, der zwar weit davon entfernt war, solide zu spielen, aber auf seine Art und Weise kreativ war. So steuerte er den Einfall bei, sich vom Bandnamen Quarrymen zu trennen, da Lennon schon seit drei Jahren nicht mehr an dieser Schule eingeschrieben war. Wie das große Vorbild Buddy Holly, der seine Band The Crickets (zu deutsch: Grillen) nannte, sollten sich auch die Quarrymen einen Insekten-bezogenen Namen zulegen. Von den Beetles (Käfer) kam er auf die Abwandlung The Beatals, ein Name, der im Laufe der nächsten Monate von Lennon alteriert wurde in Silver Beats, Silver Beetles, Silver Beatles, bis schließlich Mitte August 1960 der Name endgültig unverrückbar feststand: The Beatles.
Zwar hatten die Beatles nunmehr einen festen Bassisten in der Band, aber es fehlte an Schlagzeugern. Wie sich Lennon später erinnerte, lag der Mangel an Schlagzeugern in Liverpool darin begründet, dass die Instrumente für die meisten unerschwinglich waren, und die wenigen Schlagzeuger, die sich das teure Equipment leisten konnten, bereits in Bands untergekommen waren. Trotz oft wechselnder Schlagzeuger gab es im Jahr 1960 dennoch eine kontinuierliche Entwicklung: Die Band sollte ihre erste organisierte Tour in Schottland bekommen, die Gagen erhöhten sich, so dass die Hoffnung aufglomm,

von der Musik tatsächlich leben zu können; ab August gingen die Beatles für drei Monate nach Hamburg, um dort regelmäßig aufzutreten. Und schließlich kam es nach der Rückkehr aus Hamburg zu ersten Ansätzen einer Beatles-Begeisterung in Liverpool, knapp drei Jahren vor dem Einsetzen der landesweiten Beatles-Mania. Mitverantwortlich für diesen entscheidenden Schritt in die Professionalität war Allan Williams, Besitzer des Jacaranda Clubs, einer kleinen Kaffeebar in der Sales Street 23 im Zentrum Liverpools, der sich gelegentlich für Liverpooler Band einsetzte. John Lennon, Paul McCartney und George Harrison waren oftmals im Jacaranda-Club zugegen und traten dort auch ein paarmal auf. Der erste Gig war am 30. Mai – wie oft die Silver Beatles dort spielten, ist nicht bekannt. Es müssen etwa ein Dutzend Auftritte in diesem Jahr gewesen sein. Am Samstag, den 18. Juni, feierten die Silver Beatles Pauls 18. Geburtstag in Form eines Auftritts im Grosvenor Ballroom, Liscard, Wallasy, wo sie insgesamt in diesem Jahr neunmal auftraten, bis aufgrund von überhand nehmenden Schlägereien eine Stadtverordnung erlassen wurde, die besagte, dass in diesem Lokal nur noch langsamere Lieder gespielt werden durften, um die dort auftretende Gewalt einzudämmen. Rock' n'Roll war seitdem in diesem Lokal untersagt. Somit konnten die Silver Beatles dort nicht mehr auftreten.

Ein Vorspiel-Termin für Billy Fury

Vor dem großen Hamburg-Abenteuer konnten die Silver Beatles auf einer neuntägigen Schottland-Tournee als Begleitband des 20-jährigen Sängers Johnny Gentle eine Vorstellung gewinnen vom glamourösen Rock'n'Roll-Dasein on the road. Wie kam es dazu? Vom 14. bis 20. März 1960 traten Eddie Cochran und Gene Vincent im Liverpooler Empire auf. Veranstaltet wurde dieser Event von Larry Parnes, dem erfolgreichsten Impressario Englands, der in London residierte. Den Shows war ein großer Erfolg beschieden, und Allan Williams kam auf die Idee, dieses Spektakel zu wiederholen und zugleich Liverpooler Künstler ins Show-Boot zu hieven. Er konnte bei dieser geplanten Aktion, wie er selber später genüsslich anmerkte, das große Geld riechen. Also kontaktierte er Parnes in London und vereinbarte mit ihm eine Wiederholungsshow mit den beiden US-Stars Eddie Cochran und Gene Vincent für den dritten Mai erneut in Liverpool, aber diesmal im Stadium in der Boxtet Street. Neben vielen Künstlern aus London und Amerika traten nun auch Liverpooler

Künstler auf, darunter Cass & the Casanovas und Rory Storm and the Hurricanes. Der Vorverkauf der Tickets lief gut an, bis sich eine Tragödie ereignete. Am 17. April verunglückte Eddie Cochran auf dem Weg von Bristol zum Londoner Flughafen auf Höhe von Chippenham, Wilshire, bei einem Verkehrsunfall tödlich. Auch Gene Vincent, der mit Cochran im Wagen saß, wurde schwer verletzt. Neben einer Verletzung am Bein, die er sich als Jugendlicher bei einem Motorradunfall zugezogen hatte, kam nun eine Schlüsselbein-Fraktur hinzu.[1] Zum Konzert waren es noch genau 16 Tage, und Parnes dachte daran, das Konzert abzusagen, aber als er hörte, dass Vincent auftreten würde, engagierte er für den verstorbenen Cochran kurzerhand Julian ‚X' und Dean Webb. Allan Williams nutzte die Gelegenheit und lud für die Show weitere Liverpooler Acts ein: darunter Jerry and the Pacemakers[2], Bob Evans and his Five Shillings, Mal Perry und die Connaughts. The Beatals, so hießen die Fab Four zu diesem Zeitpunkt, waren nicht im Aufgebot. Das hatte mehrere Gründe. Williams mochte die Band, fand aber, dass sie spielerisch für diese Herausforderung noch nicht so weit waren wie die anderen nominierten Bands. Der ausschlaggebende Fakt jedoch war, dass The Beatals zu diesem Zeitpunkt wieder einmal keinen Schlagzeuger hatten. So kam ein Auftritt bei diesem Groß-Event erst gar nicht in Frage. Dafür saßen die vier Jungs – John, Stuart, Paul und George – unter den begeisterten Zuschauern in der 30. Reihe und genossen die Show. Vor allem von Gene Vincents Show waren sie beeindruckt, besonders Lennon. Diesem Event war ein großer Erfolg beschieden und Parnes, der extra aus London angereist war, erkannte das große Potential an Merseyside-Künstlern. So erklärte er Williams gleich nach der Show im

---

[1] Eine tragische Geschichte, die auch hätte anders ausgehen können. Bei der letzten Show vor dem Unfall am 16. April in der Colston Hall in Bristol nahm auch Jung-Star Johnny Gentle teil, der Eddie Cochran anbot, ihn mit dem eigenen Auto nach London mitzunehmen. Da Eddie unbedingt mit Freundin Sharon, Gene Vincent und Manager Pat Thomkins reisen wollte, musste Gentle passen. Johnny Gentle hatte seine Freundin bei sich, so dass nicht genügend Plätze in seinem kleinen Auto vorhanden waren. So kam es dass Cochran, Vincent, Sharon und der Manager ein Taxi nahmen. Die letzten Worte Cochrans zu Gentle waren: „Hey, that's no problem - I'll get a rental". Während der Fahrt zwischen Bath und Chippenham platzte dem Taxíauto ein Reifen und prallte gegen einen Laternenpfosten. Cochran erlitte eine schwere Kopfverletzung, an der er 16 Stunden später verstarb. Sein Einfluss auf die englische Jugend war immens. Die anderen Insassen überlebten.

[2] Auf den Plakaten für die Show stand tatsächlich Jerry und nicht Gerry

Jacaranda Club, dass er für seine Solo-Künstler, die bei ihm unter Vertrag standen, gerne Liverpooler Bands als Begleitgruppe verpflichten würde. Unter Parnes Künstlern waren sein Zugpferd Billy Fury, Duffy Power, Tommy Steele, Wickie Pride, Georgie Fame und der Liverpooler Johnny Gentle, um nur einige zu nennen. Billy Fury[3] stand kurz vor einer großen England-Tournee, und da sich seine Begleitband The Blue Flames aufgelöst hatte, suchte Parnes für ihn händeringend nach einer guten Begleitband. Daher vereinbarten Williams und Parnes eine Woche später, am 10. Mai, einen Termin, bei dem Liverpooler Bands sich vorstellen konnten. Zum Glück hatte Williams fünf Tage zuvor den Beatals einen Schlagzeuger vermittelt. Tommy Moore war 28 Jahre alt und somit deutlich älter als die vier Beatals, aber er war ein solider Schlagzeuger, der beste, den die Band bis dato hatte, wie Lennon später erzählte, und so konnten die Jungs an dem wichtigen Vorspieltermin teilnehmen. Brian Cassar, Sänger und Gitarrist bei Cass and the Cassanovas, konnte ein paar Tage zuvor die Beatals überreden, ihren Namen zu überdenken, da er ihn lächerlich fand. Er schlug vor, die Band solle sich in Long John and the Silver Beetles umbe-nennen, aber Lennon war gegen den Vorschlag, weil er sich nicht Long John nennen wollte. Aber sie einigten sich zu diesem Zeitpunkt auf den Namen Silver Beetles. Am 10. Mai 1960 fuhren die Silver Beetles also mit dem Bus in die Seel Street 108 in Liverpool, um im Blue Angel Club, wo die Audition statt-finden sollte, vorzuspielen. Sie erkannten natürlich, welch große Chancen das Vorspielen bot und Lennon freute sich sehr, den Jung-Star Billy Fury kennen-zulernen. Er hatte eigens ein Notizbuch für Autogramme bei sich, um sich eine Widmung von Fury zu sichern. Neben Veranstalter und Organisator Allan Wil-liams und einem befreundeten Fotografen Cheniston Roland, der den Event aufnehmen sollte, waren insgesamt sechs Bands vor Ort, die vorspielten: Headliner Rory Storm and The Hurricanes, Cass & The Casanovas, Gerry and the Pacemakers, weiterhin spielten Cliff Roberts and The Rockers, Derry and the Seniors sowie The Silver Beetles. Etwas später erschienen Parnes, sein Assistent Mark Forster und natürlich der Star, um den sich alles an diesem Tag

---

[3] Sein bürgerlicher Name war William Wycherley ‚und er war Jahrgang 1940 und somit im glei-chen Alter wie Lennon und Sutcliffe. Er wurde 1959 bei einem Konzert im Essoldo Theater in Birkenhead von Larry Parnes unter Vertrag genommen. Seine erste Single „Maybe Tomorrow" blieb neun Wochen in den UK-Charts und erreichte Platz 19. Für McCartney war Billy Fury der erste Liverpooler Lokalmatador, der den Sprung ins nationale Show-Business schaffte.

drehte: Billy Fury. Allan Williams hatte kurz zuvor auf einem Notizzettel die Reihenfolge der Bands festgelegt. Zuerst sollten die etablierten Bands spielen: Rory Storm and The Hurricanes, Cass and The Cassanovas, Derry and The Seniors, sowie Gerry and The Pacemakers. Diese vier Gruppen waren routiniert. Nach einer kurzen Pause folgten dann Cliff Roberts and The Rockers und schließlich zu guter Letzt the Silver Beetles. Grund für die Letztplatzierung war, dass die Silver Beetles ohne Schlagzeuger Tommy Moore erschienen und sie konnten nicht sagen, wann Moore aufkreuzen würde. So war Williams wegen des Fehlens des Schlagzeugers gezwungen, die Silver Beetles an letzter Stelle zu platzieren und war bestimmt irritiert ob der umprofessionellen Vorgehensweise der Band. Moore sammelte irgendwo in Liverpool Clubs diverse Schlagzeug-Utensilien auf, hatte sich im Zeitplan verschätzt und verspätete sich so zu dem bis dahin wichtigsten Termin der Band. Als die Silver Beetles am Schluss an die Reihe kamen, war Moore immer noch nicht aufgetaucht. Zum Glück konnte Williams Johnny Hutchinson, den Schlagzeuger von Cass & the Casanovas überreden, für Tommy Moore einzuspringen, der, wie man auf einem auf dem Showcase geschossenen Foto erkennen kann, sichtlich wenig erfreut war, für eine kleine Studentenband zu trommeln. Die Silver Beetles spielten vier Songs mit einer Spielzeit von etwa zehn Minuten. Während der Hälfte des Sets tauchte dann endlich Tommy Moore auf, der den gelangweilten Hutchinson ablöste. Williams, Parnes wie auch Künstler Fury beteuerten nach der Audition, dass ihnen die jungen Silver Beetles am besten gefallen habe, waren aber irritiert von der Vorstellung Stuart Sutcliffs am Bass wie auch von der Vorstellung des nervös wirkenden und zu spät gekommenen Schlagzeugers, der nicht richtig in das Gesamtbild passen wollte. Paul McCartney gab dem unsicheren Stuart vor dem Auftritt den Tipp, sich vom Publikum wegzudrehen und eine Elvis-Pose einzunehmen, um die gravierenden Schwächen am Bass besser zu kaschieren. Er war zu diesem Zeitpunkt immer noch Anfänger am Instrument. Natürlich fiel das mangelhafte Spiel auf. Angeblich wollte Parnes die Band überzeugen, sich von Sutcliffe zu trennen: Er bot ihnen hierfür 20 Pfund pro Kopf an sowie den Zuschlag als Begleitband für Fury, doch die Silver Beetles verhielten sich loyal und lehnten das Angebot ab. Sie standen geschlossen hinter Stuart Sutcliffe. Eine Begleitband für Fury wurde an diesem Tag nicht gefunden. Zwei Tage später bekam Williams jedoch die Nachricht, dass Parnes zwei weitere Solo-Künstler für die Bands anbietet. Unter den Künstlern war der 23 Jahre alte Liverpooler Sänger Johnny Gentle, für den eine kleinere Ballroom-Tour durch Nordengland und Schottland vorgesehen war. Die Silver Beetles waren die erste Wahl. Doch das erfuhren sie erst ein paar Tage später. Am 14. Mai hatten die Beatles ein Konzert in der Latham Hall in Seaforth, im Norden Liverpools. Veranstalter war diesmal nicht Williams sondern Brian Kelly. Wie Kollege Williams oder Agent Sam Leach erkannte er die große Chance, mit den Bands, die soeben den Sprung von Skiffle zu Rock'n'Roll wagten, großes Geld zu machen. An diesem Abend tauften sich die Silver Beetles um in Silver Beats. Sie waren nicht der Hauptakt des Abends, und auf den Plakaten gab es von ihnen keine Ankündigung. Attraktion des Abends waren Cliff Roberts and The Rockets, the Deltones sowie King Size Taylor and The Dominoes. Die Silver Beats spielten lediglich ein paar Songs in den Pausen, hauptsächlich um Veranstalter Brian Kelly von ihrem Können zu überzeugen. Es gibt zwei Berichte von diesem Abend, die unterschiedlicher nicht hätten sein können. Ein Teilnehmer meinte, die Band spielte so miserabel, dass Kelly nach dem ersten Song der Silver Beats abwinkte und die Band bat zu gehen; die lokale Zeitung Bootle Times wiederum schrieb, dass die Silber Beats sensationell aufgespielt hätten. Tatsache ist, dass Kelly die Band für einen weiteren Auftritt buchte. Am 21. Mai sollten die Silber Beats zusammen mit King Size Taylor erneut in der Lathom Hall auftreten. Für dieses Konzert ließ Kelly eigens Plakate drucken, doch die Silver Beats konnten das Engagement nicht ausführen. Drei Tage zuvor, am 18. Mai rief Allan Williams Paul McCartney zu Hause in der Forthlin Street an und teilte ihm mit, dass die Silver Beetles (so hießen sie nun wieder) mit Johnny Gentle auf Tour gehen sollten; die neuntägige Tournee mit sieben Auftritten war durch Schottland geplant worden - die Silver Beetles konnten ihr Glück kaum fassen.

Die Beat Ballad Show Tour

Dass die Tour unter dem Namen Beat Balls Show laufen sollte, kam nicht von ungefähr. Beat war 1960 durch die Popularität der Beat-Generation, allen voran natürlich Kerouac, in aller Munde. Nicht umsonst kocketierten die Silver Beetles, aka Beatals, aka Silver Beats etc mit diesem lodernden Wort. Der Begriff stand für Jugend, Abenteuer, Leidenschaft und ungezügelter Musik, die nach der Ablöse von Skiffle im Rock'n'Roll ungehemmt zur Geltung kam. Beat war hip! Und die Silver Beetles sollten zum ersten Mal bei einer richtigen Tournee mitwirken, noch dazu mit einem Star, was ausverkaufte Häuser garantierte. Für Liverpooler Bands war es in diesen Tagen eine große Sache, mit einem Star auf Tour zu gehen. Noch dazu auf eine Rock'n'Roll-Tour: wilde Musik, Mädchen, Bier in Strömen, und das zu tun, was man am liebsten tut: Musik machen. Die Silver Beetles bekamen den Zuschlag als einzige Band aus Allan Williams Stall. Trotz des nicht überzeugenden Bass-Spiels von Stuart und der Verspätung des Schlagzeugers hatte Larry Parnes Vertrauen in die Silver Beetles gefasst. Vermutlich waren es der Charme und das Auftreten, die Parnes das insgesamt unprofessionelle Rundherum vergessen ließ. In der festen Überzeugung, nun groß ins Pop-Geschäft einzusteigen, legten sich die Silver Beetles eigens für die Tour Pseudonyme zu: Paul nannte sich Paul Ramon, George nahm in seiner Verehrung für Carl Perkins dessen Vornamen an: Carl Harrison, Stuart Sutcliffe wurde zu Stuart de Stael, nach dem russischen Künstler Nicholas de Stael. Lennon hieß nun Johnny Lennon und aus Tommy Moore wurde Thomas Moore (wie der Schriftsteller). Harrison, der zu dieser Zeit als Lehrling bei der Firma Blackler in der Great Charlotte Street arbeitete, konnte sich für die geplante Tour frei nehmen. Bei McCartney war es etwas komplizierter: bei ihm standen die entscheidenden A-Level-Prüfungen an, für die er, mit der Duldung seines Vaters, nicht antrat. James McCartney war selbst Musiker, spielte lange in einer kleinen Jazz-Kombo (Jim Mac's Jazz Band) und wusste genau, wie wichtig dieses Engagement für seinen Sohn war. Lennon und Sutcliffe schwänzten die Kurse im College of Art. Die Tour wurde zusammengestellt und organisiert von Duncan McKinnon, der bekannt war als „drunken Duncan" und der, wie die Silver Beetles später feststellen sollten, keine Ahnung vom Booking-Geschäft hatte. Für die Tour mit Johnny

Gentle sollten die Musiker in den neun Tagen knapp 2000 km mit einem alten Bus herumreisen.

Die fünf Silver Beetles trafen sich am 20. Mai um 11.45 Uhr im Punch and Judy-Cafe in der Lime-Street, gleich um die Ecke vom Bahnhof in Liverpool. So war noch genug Zeit für einen Drink. Der Zug nach Glasgow ging pünktlich ab um 12.25 Uhr. Sie hatten ihre Instrumente und Verstärker mit an Bord. George Harrison war als Elektrik-Lehrling der Technik-Chef der Band. Im Falle eines Ausfalls der anfälligen Gitarrenverstärker hatte er Lötkolben, Sicherungen und ein Schraubenzieher-Set dabei. Der Zug hielt in Stirling, dort nahmen sie den Anschlusszug, der sie nach Alloa am Fluss Forth in Clackmananshire brachte, dem ersten Auftrittsort. Dort vereinbarten die Silver Beetles, ihren Namen erneut zu ändern. Während der Tour wollten sie sich schlichtweg The Beatles nennen – gemäß dem Vorbild von Buddy Holly and The Crickets. Auf den Plakaten war diese Änderung nicht festgehalten; dort stand lediglich Johnny Gentle and his Backing Band. Weder gaben sie Allan Williams über die Namenänderung Bescheid, der ihnen unter dem ihm bekannten Namen Silver Beetles in deren Abwesenheit im Grosvenor Ballroom einen Auftritt verschaffte. Auch Brian Kelly informierten sie nicht, dass der Gig in der Lathom Hall nicht klappen sollte. Promoter Kelly schaltetet eigens für den Gig eine Anzeige in der lokalen Zeitung Bootle Times. Es war das erste Mal, dass die Silver Beetles in einer Zeitung erwähnt wurden.

Die Beatles kamen gegen 19.30 Uhr in Alloa an und gingen stracks ins Alloa Minicipal Headquarter, wo das Konzert stattfinden sollte. Der Star und Headliner der Tournee, Johnny Gentle, war bereits anwesend. An diesem Abend war auch Alex Harvey zugegen, der ebenfalls auftreten sollte, wie auch Babby Tankine, ein schottischer Lokalheroe. Manager Duncan schickte die Beatles und Gentle in einen Nebenraum. Dort konnten sie kurz die Songs proben, die auf dem Programm standen. Sie übten „Poor Little Fool" und „Mary Lou" von Ricky Nelson, „He'll Have To Go" und „Have I Told You Lately" von Jim Reeves, von Clarence Henry spielten sie „I Don't Know Why I Love You". Elvis durfte nicht fehlen: von ihm übten sie „I Need Your Love Tonight". Die letzte Nummer des Abends, der vermeintliche musikalische Höhepunkt des Abends, war „OK, You Win", ein Song von Peggy Lee. Nach knapp einer Stunde war die Probe zu Ende. Die Beatles sollten auch ein eigenes Set am Abend haben:

Sie hatten folgende Songs im Programm: „Hello Little Girl", „The One After 909", „Bye Bye Love" von den Everly Brothers, „Tutti Frutti, „Lucille" und „Long Talk Sally" von Little Richard, „Twenty Flight Rock" und „Halleluja I Love Her So!" von Eddie Cochran, „Stuck On You" von Elvis, „That'll Be The Day" von Buddy Holly, „Be Bop A Lula" und „Wild Cat" von Gene Vincent, „What I'd Say" von Ray Charles, „Little Queenie" von Chuck Berry und schließlich „Hully Gully" von den Olympics. Das Konzert verlief so weit gut, alle Künstler wurden vom Publikum begeistert aufgenommen, auch das Set der Beatles überzeugte. Einzig Promoter Duncan fand den Auftritt der Beatles ungenügend. Für ihn war die Band eine Horde schäbig gekleideter Teenager. Am nächsten Morgen telefonierte er mit Larry Parnes, um ihm seinen negativen Eindruck mitzuteilen, die die Beatles bei ihm hinterlassen hatten. Parnes blieb gelassen, beruhigte den aufgebrachten Duncan und sprach kurz darauf mit Gentle. Der Solo-Künstler sah kein Problem, fand das Set der Beatles großartig. Er wusste genau, dass die Probe mit seinem eigenen Programm zu kurz war.

Am nächsten Tag ging es für den zweiten Gig über 200 Kilometer weiter nach Inverness, in den Northern Meeting Ballroom in der Church Street. Die Show ging über vier Stunden. Mit dabei waren erneut Alex Harvey und seine Band sowie Ronnie Watt and his Cheekers. Enttäuscht stellten sie fest, dass sie im Gebäude in der oberen Nebenhalle spielten, während in der unteren Haupthalle zur gleichen Zeit die traditionelle Lindsay Ross Band spielte zum „Old-tyme"-Tanz. Jedoch war die musikalische Präsentation der Beatles an diesem zweiten Tourtag deutlich besser als in Aloa. An diesem Abend, dem 21. Mai, hätten sie ihren ersten offiziell in der Presse angekündigten Auftritt in der Latham Hall gehabt. Der Veranstalter, der nicht wusste, dass die Beatles auf Tour waren, war mit Sicherheit nicht erfreut. Die Beatles hatten jedoch am zweiten Tag der Tour ganz anderes im Sinn. Die Nähe zu Gentle und Parnes brachte sie auf den Geschmack. Liebend gerne wären sie bei dem Londoner Impressario unter Vertrag gekommen und hofften insgeheim, dass Johnny Gentle, mit dem sie sich auf Anhieb gut verstanden, ihnen dabei helfen könnte.

Für den nächsten Tag war kein Konzert geplant, aber interessant ist, dass Johnny Gentle im Hotel eine Eigenkomposition anstimmte, die seines Erachtens noch nicht ganz stimmig war. Lennon sprang sofort ein und half ihm, den

B-Teil des Songs fertigzustellen. „I've Just Fallen For Someone" sollte zwei Jahre später eine Single werden, allerdings nicht unter dem Namen Gentle, sondern unter dem neuen, vielversprechenderen Namen Darren Young. Es war die erste veröffentlichte Aufnahme, an der John Lennon beteiligt war.

Am 23. Mai wanderte die Beat Ballad Show weiter nach Frazerburgh, in die Dalrymple Hall, 140 Kilometer westlich von Inverness. Vor der Fahrt machten die Beatles einen Ausflug ins Grüne zusammen mit McKinnon und kamen leicht betrunken zurück. Vor der Abfahrt wurde beschlossen, dass nicht der Fahrer Gerry Scott am Lenkrad sitzen soll, da er zu betrunken war, sondern Johnny Gentle – keiner der Beatles hatte einen Führerschein, was sich erst drei Jahre später ändern sollte. Auf der Hälfte der Strecke kam es zu einem Unfall. Gentle saß am Steuer, neben ihm saß Lennon, der schlief, der Rest war im hinteren Ende des Transporters. Kurz abgelenkt, übersah Gentle einen Austin an der Kreuzung und donnerte direkt in den Wagen, in dem ein älteres Ehepaar saß. Zum Glück blieb das Paar unverletzt und kam mit dem Schrecken davon, jedoch im Bus sausten durch den harten Aufprall Gitarrenkoffer durch die Luft, einen davon bekam Tommy Moore ab, direkt ins Gesicht. Seine Lippe platzte auf, und er verlor einen Vorderzahn. Im Krankenhaus wurden Moores Risse genäht. und er konnte trotz seines lädierten Aussehens und trotz eingenommener Schmerztabletten auftreten. Die anderen Insassen blieben zum Glück unversehrt. Der Gig verlief ungeachtet des Unfalls erstaunlich gut, aber die Beatles hatten ein weiteres Problem: sie waren völlig pleite und konnten sich weder Hotel noch Verpflegung leisten. Daher baten sie Parnes, die Gage früher als vereinbart zu schicken. Zum Glück hatten sie wieder einen freien Tag, so konnte sich Moore vom Unfall etwas erholen.

Am 25. Mai fuhren die angehenden Künstler mit dem alten Van weiter Richtung Keith. Dort, in dem 5000-Seelen-Nest, fand der Auftritt in der St. Thomas Hall, Chanel Street, statt. Es war der kleinste Ort auf der Tour. Die Beatles wollten an diesem Tag neue Songs im Programm aufnehmen. So probten sie „Words Of Love" von Buddy Holly, „Kansas City" und „Jenny Jenny" von Little Richard. So unscheinbar der Ort war, so spektakulär muss der Auftritt der Beatles an diesem Abend gewesen sein. Die eigenen Songs wie „One After 909" wurden begeistert vom Publikum aufgenommen. Höhepunkt des Abends war die ekstatische Darstellung von „Hey Hey Hey" und „Kansas City" der

Komponisten Leiber und Stoller. Ein Song, den die Beatles noch weitere fünf Jahre immer wieder spielen sollten. Allen Anwesenden, darunter Johnny Gentle und McKinnon, war klar, dass sie an diesem Abend die Zukunft des Rock'n'Roll gesehen und gehört hatten. Auch Williams hörte von dem Erfolg der Beatles und machte sich unverzüglich an die Arbeit, der Band nach Tourende ein paar Konzerte zuzuschanzen. So vereinbarte er sechs Konzerte im Institute in Wirral, Liverpool. An sechs Donnerstagen hintereinander sollten die Beatles dort spielen, beginnend ab 02. Juni.

Donnerstag, den 26. Mai, landete die Crew in Forres, Morayshire in der Town Hall. Rikki Barnes and The All Stars leiteten den Abend ein. Zum ersten Mal wurden die Beatles auf der Tour von Johnny Gentle mit deren Namen vorgestellt und erhielten tosenden Applaus.

Den nächsten Tag, es war Freitag, der 27. Mai, folgte die Show in Nairn, Nairnshire, in den Regal Ballroom. Nach einem 30-minütigen Auftritt von Gentle spielten die Beatles ihr eigenes Programm, spielten wie am Vorabend gut, das Publikum war begeistert, vor allem die Mädchen – es war ein kleiner Vorgeschmack, auf das, was knapp drei Jahre später zur Regel werden sollte.

Am Samstag, den 28. Mai, endete die Beat Ballade Show-Tour. An diesem finalen Tag spielten sie in der Rescue Hall in der Prince Street, in Peterhead, Gespannschaft Aberdeenshire. Johnny Gentle wurde vom öffentlichen DJ angekündigt, und dann ging es los. Die Beatles begleiteten ihn. Sie starteten mit „Poor Little Foot" und „I need Your Love Tonight", am Ende des Sets kam wie an jedem Abend „Well OK, Alright You Win". Gentle gab anschließend, wie an den anderen Abenden auch, Autogramme, aber an diesem Abend merkte er, dass er nicht die Hauptattraktion in den Augen der Mädchen war, sondern dass sie auf jemand anderen warteten. Diese „Anderen" waren die Beatles, die im Anschluss auftraten. Die Band startete mit „Kansas City", und die Menge tobte. Die Mädchen hatten nur Augen für Paul. Er sang wie entfesselt und auch John, Stewart und George sah man die Spielfreude an. Sie waren in ihrem Element, und man merkte am Ende der Tour, dass die Spielpraxis den Beatles einen Schub gegeben hatte. Sie hatten sich zum ersten Mal auf der Bühne zu Höchstleistungen anspornen können. Dieser Abend war die Krönung des bisherigen Band-Daseins. Das letzte Lied, das sie anstimmten, war „Jenny Jenny", dann gingen sie von der Bühne, verschwitzt aber glückselig.

Am nächsten Tag fuhr Gerry die Beatles um neun Uhr nach Aberdeen; der Zug von dort Richtung Liverpool ging um 10.45 Uhr ab. Johnny Gentle nahm einen späteren Zug nach London.

Der ersten Tour der Beatles durch Schottland war zwar kein finanzieller Erfolg beschieden, musikalisch betrachtet waren diese sieben Termine aber ein großer Schritt in Richtung Professionalität. Sie hatten sich als Begleitband wie auch als selbständiger Akt behaupten können und den Respekt der Veranstalter gewonnen. Nach dieser Tour wurden die Beatles von Allan Williams wesentlich ernster genommen als vor der Tour. Die Anzahl der Auftritte nach dieser Tournee potenzierte sich deutlich. Und nicht zu vergessen, die Beatles hatten seit Wochen mit Tommy Moore einen festen Schlagzeuger, der, wenn er auch vom Alter her nicht passte, doch in gewisser Weise ein Garant dafür war, vermehrt Gigs zu bekommen, besonders in größeren Dance-Halls. Obgleich auf der Tournee deutlich wurde, dass Moore aus den gehobenen Gesprächen über Beat-Literatur und Kunst ausgeschlossen war. Nicht allein das Alter war für eine gewisse Distanz ausschlaggebend. Alles in allem sah es im Frühjahr so aus, als ob die Beatles allmählich ins Geschäft kamen.

Gigs in Liverpool

Die Gigs häuften sich und die Silver Beetles – so hießen sie nun wieder nach der Tournee, weg vom Beat, dem großen Mode-Wort - etablierten sich neben Gerry and The Pacemakers, mit denen sie immer häufiger Abende bestritten, in der Liverpooler Club- und Dancehall-Szene. Ein wichtiger Indikator für den Ein- und Aufstieg war, dass sie nun in Clubs Folgegigs bekamen. Das bedeutete, dass die Veranstalter in den Silver Beetles einen Garanten für einen erfolgreichen Abend sahen. Sie spielten im Grunde nur in drei Clubs, dafür aber dort regelmäßig: immer montags im Jacaranda Club bei Allan Williams. Sie bekamen zwar keine Gage im Club, dafür konnten sie nach Belieben essen und trinken. Sodann im Institute in der Hinderton Road in Wirral, Chesire, wo sie insgesamt sechsmal auftraten. Hinzu kam, dass die Silver Beetles auch oft im Grosvenor Ballroom auftraten, dort gab es die „Big Beat-Nights", wo nicht nur das Tanzbein geschwungen wurde, sondern auch leider die Fäuste. Schlägertrupps tauchten unvermittelt auf und machten Ärger. Mit Schrecken sah die Band dort Massenprügeleien, die Tanzfläche war in Blut getaucht.

Am 11. Juni war ein erneuter Gig im Grosvenor Ballroom vorgesehen. Die Silver Beetles bauten ihre Verstärker auf und stellten fest, dass Tommy Moore fehlte. Gemeinsam fuhren sie zu seiner Wohnung. Dort empfing sie seine Freundin Veronica Hughes, die mitteilte, dass Moore keine Lust mehr hätte, in der Band weiterhin zu spielen und er einen Job als Gabelstapler in der Nachtschicht bekommen habe. Die Silver Beetles versuchten, auf die Freundin gut einzureden, doch sie beschimpfte die Band. So fuhren die Silver Beetles zur Flaschenfabrik Gaston, wo Moore als Gabelstapler-Fahrer beschäftigt war und versuchten ihn zu überreden. Vergebens. Moore stieg nicht einmal von seinem Gabelstapler ab. Er hatte genug von Lennons zynischen Attacken, mit denen er schon auf der Tournee seine Probleme hatte. So fuhren die Silver Beetles ohne Schlagzeuger zurück in den Ballroom. Als das Publikum feststellte, dass die Band zwar mit Schlagzeug, dafür aber ohne Schlagzeuger auf der Bühne stand, kippte die Stimmung. Um das Publikum in den Griff zu bekommen, ging Lennon ans Mikrofon und fragte nach, ob jemand im Saal das Schlagzeug spielen könne. Tatsächlich meldete sich jemand aus dem Publikum. Es war leider kein Schlagzeuger, sondern ein Hooligan namens Ronnie. Er war groß und angsteinflößend, und er war der Anführer einer Gang im Liverpooler Distrikt Wallasey. Während dieser Hooligan am Schlagzeug herumstocherte – spielen konnte er nicht, – rief Lennon in seiner Verzweiflung Allan Williams an und bat ihn schnell zu kommen, um das Equipment inklusive Schlagzeug zu retten. Williams eilte tatsächlich heran und erlöste die Band aus dieser beklemmenden Situation. So standen die Silver Beetles erneut ohne Schlagzeuger da. Und ein Entschluss stand für sie nach diesem Abend fest: Sie wollten sich nicht mehr der Gefahr einer Schlägerei aussetzen. Dazu kam es auch nicht mehr, denn weitere Engagements blieben aus. Kein Veranstalter wollte für einen Tanz-Abend eine Band ohne Schlagzeuger engagieren.

Tommy Moore spielte noch einen Gig mit den Silver Beetles vor deren Abreise nach Hamburg; danach fasste er nicht mehr Fuß im Musikgeschäft. Acht Jahre später veröffentlichte eine portugiesische Zeitschrift ein Porträt des ehemaligen Silver-Beetles-Drummers. Auf den Bildern war ein verhärmter Mann in ärmlichen Verhältnissen zu sehen, der täglich zehn Stunden für geringen Lohn in der Fabrik schuftete. Am 29. September 1981 starb Moore kurz vor seinem 51. Geburtstag an einer Hirnblutung.

Ein Kuriosum ist erwähnenswert. Zusammen mit einem indischen Geschäftsmann, der aufgrund seines Aussehens Lord Woodbine genannt wurde, da ihm immer und überall eine Zigarre aus dem Mundwinkel hing, öffnete Williams einen Stripclub namens New Cabaret Artistes in der Upper Parlament Street 174 a, dem Rotlichtviertel Liverpools, wo sich Prostituierte feilboten. Eigens für den Club engagierte Williams eine üppig ausgestattete Stripperin namens Janice, die ihm einen guten Umsatz versprach. Allerdings, so meinte sie, würde sie nur auftreten mit einer Band, die sie musikalisch unterstütze. Mit einer Jukebox-Beschallung im Rücken wolle sie nicht tanzen. Sie brauche für ihre Show eine richtige Live-Band. Da Williams wusste, dass die Silver Beetles ohne Schlagzeuger keine Auftritte hatten, buchte er sie für eine ganze Woche. Zuerst weigerten sich die Silver Beetles, diese Aufgabe zu übernehmen. Aber als sie hörten, dass sie für den Job pro Mann täglich 10 Schilling bekämen, sagten sie zu. Dieses Wochenengagement muss irgendwann im Juli 60 stattgefunden haben. Das genaue Datum lässt sich nicht mehr eruieren. Die Silver Beetles bauten ihre kleinen Verstärker auf, und die Stripperin übergab ihnen vor ihrem Auftritt Notenblätter von Beethoven und Khachaturian. Da keiner der vier Noten lesen, geschweige denn vom Blatt spielen konnte, spielten sie stattdessen alte Standards: „Harry Lime" (Third Man Theme), „Summertime", „Moonglow And The Theme From Picnic", „September Song", „It's A Long Way To Tripperary" und „Begin The Beguine". Diese Woche war ein Rückschlag in der Karriere der Schlagzeuglosen Silver Beetles.

Die vier Silver Beetles blieben zum Glück nicht lange ohne Schlagzeuger. Kurz nach dem Stripclub-Engegement hörten sie in der Slater Street gegenüber dem Jacaranca Club beim Verlassen des Lokals, wie jemand Schlagzeug übte. Nach einigem Suchen fanden sie Norman Chapman, dem sie die freie Stelle als Schlagzeuger anboten. Der Schlagzeuger willigte ein, in die Band einzusteigen unter der Bedingung, dass nicht mehr als drei Samstag-Gigs pro Monat gespielt werden sollten. Chapman war von Beruf Möbelrestaurator und Schlagzeug spielen betrachtete er als nettes Hobby nebenbei. Lange blieb Norman nicht in der Band. Er spielte mit den Silver Beetles insgesamt drei Mal im Grosvenor Ballroom, dann stieg er aus, weil er seinen zweijährigen Wehrdienst in Kenya und Kuwait ableisten musste. So fand seine Karriere bei den Silver Beetles ein jähes Ende.

Der erste Trip nach Hamburg

Für diesen für die Beatles essentiellen Sprung war erneut, wie bereits bei der Gentle-Tournee, Allan Williams maßgeblich beteiligt. Er brachte den Stein ins Rollen. Wie kam es dazu? Die Hausband im Jacaranda Club war die Royal Caribbean Steel Band, die von einem Tag auf den anderen sich davonschlich. Williams hatte keine Ahnung, wohin die Bandcrew gegangen war. Bis er ein paar Tage später Post bekam. Ein Mitglied der Steel Band schrieb ihm, dass die Band nun in Hamburg sei, genauer gesagt auf der Reeperbahn. Dort sei es ein leichtes, viel Geld zu verdienen und obendrein gäbe es viele freizügige deutsche Mädchen. Mit anderen Worten: Ein Traum für jeden Musiker. Und Williams wurde im Brief aufgefordert, vorbeizukommen und sich die Hamburger Clubszene persönlich anzuschauen. Da Williams immer offen war für lukrative Geschäftsmodelle, charterte er einen Flug von Liverpool nach Amsterdam, zusammen mit Lord Woodbine, seinem Kompagnon des Nachtclubs. Von dort reisten sie weiter per Bus nach Hamburg. Kurz vor der Reise lud Williams mehrere Bands für Aufnahmen ein. So kamen zu ihm die Silver Beetles, Gerry And The Pacemakers Cass and The Cassanovas, The Spinner's Folk Group sowie Noel Walker's Stompers, eine Jazz-Kombo. Er nahm die Bands auf einem Stereo-Tonbandgerät auf und gedachte, mit den Aufnahmen seine Bands vorzustellen und auch auf Vinyl zu pressen und die Scheiben in seinen Clubs zu verkaufen. Doch als er in Hamburg Bruno Koschmider, dem Manager des Kaiserkellers, gegenübersaß und das Band vorspielen wollte, hörte man nur undefiniertes Rauschen. Ohne den Demo-Aufnahmen platzte das Geschäft, bevor es angefangen hatte. So fuhren Williams und Lord Woodbine enttäuscht mit dem Zug zurück nach Liverpool. Sein Plan, Liverpooler Bands nach Hamburg zu exportieren, schien nicht aufzugehen. Doch Rettung kam in Form von Manager Larry Parnes, durch den die Idee des Band-Exports nach Hamburg dann doch realisiert wurde. Parnes hatte Williams versprochen, dass er ein oder zwei seiner Bands als Begleitgruppe für Solo-Künstler nehmen würde. Während der Sommersaison sollten Derry And The Seniors in Blackpool und Great Yarmouth auftreten. Mit dieser Zusage kündigten die Bandmitglieder ihre Jobs, doch dann kam plötzlich wie aus dem Nichts eine Absage von Parnes. Denny and The Seniors waren natürlich verärgert. Um die Wogen zu glätten, packte Williams am 24. Juli die Band kurzerhand in seinen Wagen und fuhr sie nach London, Soho, in die Two I's Coffee Bar, in der unter anderem Tommy Steel entdeckt worden war. Der Clubbesitzer Tommy Littlewood war ein alter Bekannter von Williams und gestattete daher, dass die Band in seinem Lokal für ein Set spielen dürfte. Und wie es der Zufall haben wollte, saß just, als die Band spielte, Bruno Koschmider im Lokal, der extra aus Hamburg angereist war, um sich englische Bands anzuhören. Williams' Kurzbesuch in Hamburg hatte ih beeindruckt, und obwohl das mitgebrachte Band nichts Hörenswertes geboten hatte, weckte Williams Promotionfeldzug sein Interesse an englischen Musikgruppen. Leider sprach Bruno Koschmider kein Wort Englisch, daher holte man vom Nebentisch einen Österreicher namens Steiner, der in der Lage war, zu dolmetschen. Denny and The Seniors, die soeben im Club aufspielten, bekamen den Zuschlag für ein Engagement im Kaiserkeller ab dem 31. Juli für eine tägliche Gage von 30 DM pro Mann.

Wie zuvor die Carribean Steel Band schrieben auch Derry and The Seniors begeisterte Briefe aus Hamburg. Und auch Koschmider teilte in einem Brief mit, dass das Geschäft boomte und er sich entschieden hatte, einen weiteren Club zu eröffnen, ganz in der Nähe des Kaiserkellers. Es handelte sich um das Indra, einem ehemaligen Striptease-Lokal. Also gab es nun die Gelegenheit, eine zweite Liverpooler Band nach Hamburg zu schleusen. Aber welcher Band sollte Williams den Zuschlag geben? Rory Storm and The Hurricanes waren zu diesem Zeitpunkt in Wales beschäftigt, Cass and The Cassanovas waren mit Duffy Power auf einer Schottland-Tournee. So offerierte Williams das Angebot an Gerry and The Pacemakers, die jedoch ablehnten. (Sie gingen ein paar Monate später nach Hamburg). So blieben nur noch die Silber Beetles übrig. Williams informierte Derry and The Seniors, dass die Silver Beetles nach Hamburg kämen. Unverzüglich kam ein Protestbrief zurück, in dem gewarnt wurde, diese Band zu schicken. Die Siiver Beetles wären zu umprofessionell und würden das Geschäft verderben. Fast die gesamte Band unterschrieb den Brief – außer Derry Wilkie, der schwarze Sänger der Band.

Die Silver Beetles sollten am 6. August im Grosvenor Ballroom in Giscard spielen, aber der Auftritt wurde kurz zuvor abgesagt: Wegen zunehmender Proteste aus der Nachbarschaft wegen Lärmbelästigung und häufiger Prügeleien wurden weitere Auftritte untersagt. So zogen die vier Gitarristen an diesem Abend weiter in den Casbah Club in West Derby. Dort spielten the Blackjacks, einige Bandmitglieder dieser Band kannten sie gut. Gitarrist Ken Brown war Mitglied der Quarrymen, und am Schlagzeug saß Randolph Peter Best, der Sohn von Mona Best, der Besitzerin des Ladens. Die weiteren Mitglieder waren Chas Newby und Bill Barlow. Pete Best war auf dem Sprung, ins Musikgeschäft einzusteigen, doch die anderen Bandmitglieder waren bereits in einem Alter, in dem man sich für einen sicheren Beruf entscheiden musste. Die Blackjacks waren kurz davor, auseinander zu brechen. Den Silver Beetles war ein Engagement in Aussicht gestellt in Hamburg, aber ohne Schlagzeuger konnten sie das Angebot nicht annehmen. Natürlich stach ihnen Pete Bests brandneues Schlagzeuge ins Auge, und als sie herausfanden, wie es um die Blackjacks stand und vor allem, dass Best gewillt wäre, ein professionelles Engagement zu übernehmen, boten sie ihm an, bei ihnen zu spielen. Pete Best war im gleichen Alter wie sie, er sah toll aus, und er strebte wie sie eine Musikkarriere an. Besser hätte es nicht laufen können. Am 12. August gab es eine flüchtige Audition im Blue Angel-Club – dort, wo die Silver Beetles ein paar Monate zuvor für Billy Fury vorgespielt hatten – Pete Best spielte den Silver Beetles vor, und es war klar, dass eine Absage von vornherein ausgeschlossen war. Das Angebot, nach Hamburg zu gehen, war zu verlockend. Also hatten sie endlich wieder einen festen Schlagzeuger in der Band, und das Abenteuer konnte beginnen.

Die kommenden Tage verschafften sich die fünf Beatles – so hatten sie sich währenddessen endgültig entschieden zu heißen – Visas und brachten ihre Pässe in Ordnung. An die Beschaffung einer mehrmonatigen Arbeitserlaubnis dachten sie nicht, und Koschmider unternahm seinerseits auch nichts in dieser Richtung. Am 16. August ging die Reise los. Allan Williams stellte seinen grünfarbenen Austin-Transporter zur Verfügung. Mit dabei an Bord waren seine Frau Berry, ihr Bruder Barry Chang sowie Lord Woodbine, also insgesamt neun Personen plus das gesamte Equipment der Beatles. Zuerst fuhren sie nach London, wo sie Herrn Steiner, den Österreicher, aufpickten, der bei der Übersetzung des Gesprächs zwischen Koschmider und Williams behilflich gewesen war. Dann tuckerten sie weiter nach Harwich, wo sie die Fähre nach

Hoek van Holland nahmen. In Arnheim, Holland, wo Hunderte von britischen Soldaten während des Zweiten Weltkriegs gefallen waren, wurde ein Foto vor einem Denkmal geschossen. John Lennon ist auf dem Foto nicht zu sehen. Er ging in einen Musikladen und klaute kurzerhand eine Mundharmonika. Williams war über den Vorfall verärgert, da er befürchtete, dass die Band wegen des Diestahls verhaftet werden könnte. Zum Glück passierte es nicht. Dann nahm der übervolle Bus Fahrt Richtung Deutschland auf. Sie kamen am frühen Abend des 17. August in Hamburg an. Rings um die Große Freiheit erwachte das Nachtleben, überall ging die Leuchtreklame an. Zuerst besuchten die Beatles und ihre Begleitung den Kaiserkeller, wo Derry and The Seniors gerade auf die Bühne gehen wollten. Der Empfang war alles andere als herzlich. Die Seniors hielten nichts von den Beatles und hätten es besser gefunden, wenn eine andere Band nach Hamburg gekommen wäre.

So hell beleuchtet die Gegend um den Kaiserkeller in der Großen Freiheit 36 war, so dunkel und abgelegen erschien das Indra in der Großen Freiheit 58. Koschmider investierte so gut wie nichts in den Club. Das Interieur war in die Jahre gekommen und kitschig, die Bühne winzig, und der Raum war gefüllt mit kleinen Tischen, auf denen eine kleine Lampe stand. Noch immer sah das Indra aus wie ein Nacht-Club. Die Unterkunft der Beatles wirkte noch armseliger. Am ersten Abend übernachteten die Beatles in Bruno Koschmiders Wohnung. Ab Tag zwei waren sie im Bambi-Kino untergebracht, einem weiteren Besitz Koschmiders. Dort zeigte er den Beatles den Schlafraum: es war ein kleiner, stickiger Raum hinter der Kinoleinwand. Waschen konnten sich die Jungs in der Kino-Toilette. Bevor es auf die Bühne ging, unterschrieben die Beatles den Vertrag, der vom 17. August bis 16. Oktober laufen sollte. Jeder Musiker bekam 30 DM am Tag, zahlbar jeden Donnerstag. Zusätzlich überwies Koschmider wöchentlich zehn Pfund auf das Konto von Williams als Provision. Die Spielzeiten waren festgelegt: jeden Tag sollten sie viereinhalb Stunden spielen, sonntags sechs Stunden. Ab 20 Uhr jeweils 30 Minuten mit 30 Minuten Pause bis zwei Uhr. Samstags spielten sie im 30 Minuten-Modus von 19 Uhr bis drei Uhr, wobei die letzten eineinhalb Stunden ohne Pause durchgespielt wurden. Sonntag ging es bereits um 17 Uhr los, und die Spielzeit dauerte bis 1.30 Uhr. Auch hier musste die letzte Stunde durchgespielt werden.

In Hamburg begann für die Beatles ein völlig neues Leben. Als sie am 17. August, gleich nach Ankunft zum ersten Mal die Bühne des Indra Clubs bestiegen, waren sie von der langen Reise zu müde und erschöpft, um sich richtig behaupten zu können. Nur wenige Besucher waren an diesem Abend gekommen. Aber sie kamen von Tag zu Tag besser ins Spiel, nur ein Problem zeigte sich bald. Eine ältere Dame, die gegenüber dem Club wohnte, beschwerte sich wegen der Lautstärke. Als das Indra noch ein Strip Club war, gab es dieserart keine Probleme. Aber nun, mit einer lauten Rock'n'Roll-Kapelle, war Ärger vorprogrammiert. Die Dame beschwerte sich bei Koschmider, wie auch bei der Polizei. Ihr Vorschlag, die Lautstärke so zu reduzieren, dass sie nicht mehr belästigt wurde, ließ sich nicht realisieren. Allein das Schlagzeug mit Pete Bests „Atomic Beat" war vermutlich krachend laut und tönte auf die Straße. Und die Beatles waren gewillt, den Rock'n'Roll kompromisslos laut zu präsentieren. So blieb Koschmider nichts anders übrig, als den neu eröffneten Club wieder zu schließen. Am 4. Oktober wechselten die Beatles zum wesentlich größeren Kaiserkeller, sie spielten 48 lange Nächte im Indra Club. Das Repertoire der Beatles umfasste an die 100 Songs. Eine stattliche Sammlung an Liedern, die dringend für die langen Abende benötigt wurde. Obgleich Lennon und McCartney stolz auf ihre Eigenkompositionen waren, spielten sie hauptsächlich Lieder bekannter Bands nach. Lediglich fünf eigene Songs nahmen sie im Repertoire auf: „The One After 909", „Love Of The Loved", „Like Dreamers Do", „Hello Little Girl", sowie das Instrumental „Catswalk". Ansonsten gab es eine Mischung aus aktuellen Rock'n'Roll-Nummern und traditionellen Standars. Die Beatles waren zu diesem Zeitpunkt stolz auf deren breites musikalisches Spektrum und noch weit davon entfernt, ein Konzert mit eigenen Nummern zu bestreiten.

Die Setliste von 1960

Hier eine Liste der Lieder, die die Beatles 1960 im Repertoire hatten[4]:

Lied	Lead-Sänger	Komponist	Interpret
Ain't She Sweet	John	Yellen/Ager	——
All Shook Up	Paul	Blackwell/Presley	Elvis Presley
Apache	Instrumental	Lordan	The Shadows
Bad Boy	John	Williams	Larry Williams
Be-Bop-A-Lula	John	Vincent/Davies	Gene Vincent and his Blue Caps
Begin The Beguine	?	Porter	Pat Boone
Blue Moon Of Kentucky	Paul	Monroe	Elvis Presley
Blue Suede Shoes	John	Perkins	Carl Perkins
Bony Maronie	John	Williams	Larry Williams
Carol	John	Berry	Chuck Berry
Cathy's Clown	?	Everly/Everly	Everly Brothers
Catswalk	Instrumental	McCartney	———
Clarabella	Paul	Pingatore	The Jodimars
C'mon Everybody	?	Cochran/Capehart	Eddie Cochran
Corinne, Corrina	?	McCoy/Chatman/Williams/Parish	Joe Turner oder Ray Peterson
Crying, Waiting, Hoping	George	Holly	Buddy Holly

---

[4] Mark Lewisohn, The Beatles Live!, S. 49/50

Lied	Lead-Sänger	Komponist	Interpret
Dance In The Street	?	Davis/Welch	Gene Vincent and his Blue Caps
Darktown Strutters Ball	?	Brooks	Joe Brown
Dizzy Miss Lizzy	John	Williams	Larry Williams
Don't Forbid Me	George	Perkins	Carl Perkins
Don't Let The Sun Catch You Crying	Paul	Greene	Ray Charles
Fools Like Me	John	Clement/Maddux	Jerry Lee Lewis
Glad All Over	George	Schroeder/Tepper/Bennett	Carl Perkins
Gone Gone Gone	?	Perkins	Carl Perkins
Good Golly Miss Molly	Paul	Blackwell/Marascalco	Little Richard
Gypsy Fire Dance	?	?	?
Hallelujah, I Love Her So	Paul	Charles	Ray Charles / Eddie Cochran
Heavenly	?	Twitty/Nance	Conway Titty
Hello Little Girl	John	Lennon/McCartney	— —
Hey, Good Looking	?	Williams	Larry Williams
High School Confidential	Paul	Lewis/Hargrave	Jerry Lee Lewis
Home	?	Van Steeden/Clarkson	?
Honey Hush	?	Turner	Joe Turner
Hound Dog	John	Leiber/Stoller	Elvis Presley
Hully Gully	Paul (?)	Smith/Goldsmith	The Olympics

Lied	Lead-Sänger	Komponist	Interpret
I Forgot To Remember To Forget Her	George	Kesler/Feathers	Elvis Presley
I Got A Woman	John	Charles/Richards	Ray Charles
I Remember	?	Cochran/Capehart	Eddie Cochran
I'm Gonna Sit Right Down and Cry Over You	John	Thomas/Biggs	Elvis Presley
It's A Long Way To Tipperary	?	Judge/Williams	Traditional
It's Now Or Never	?	DiCapua/Schroeder Gold/Capurro	Elvis Presley
It's So Easy	?	Holly/Petty	Buddy Holly
Jailhouse Rock	John	Leiber/Stoller	Elvis Presley
Johnny B. Goode	John	Berry	Chuck Berry
Lady Miss Clawdy	?	Price	Lloyd Price
Lend Me Your Comb	John/Paul	Twomey/Wise/Weisman	Carl Perkins
Like Dreamers Do	Paul	Lennon/McCartney	——
Little Queenie	Paul	Berry	Chuck Berry
Long Tall Sally	Paul	Johnson/Penniman/Blackwell	Little Richard
Love Me Tender	Stuart	Presley/Matson	Elvis Presley
Love Of The Loved	Paul	Lennon/McCartney	——-
Lucille	Paul	Penniman/Collins	Little Richard
Maybe Baby	?	Holly/Petty	Buddy Holly
Mean Woman Blues	?	Demetrius	Jerry Lee Lewis

Lied	Lead-Sänger	Komponist	Interpret
Midnight Special	?	Traditional	Lonnie Donegan
Money (That's What I Want)	John	Gordy/Bradford	Barret Strong
Moonglow and the Theme of Picnic	?	Hudson/De Lange/Mills/Duning/Allen	The McGuire Sisters
Nothin' Shakin' But The Leaves On The Trees	George	Colacrai/Fontaine/Lampert/Cleveland	Eddie Fontaine
The One After 909	John	Lennon/McCartney	— —
Ooh! My Soul	Paul	Penniman	Little Richard
Over The Rainbow	Paul	Harburg/Arlen	Gene Vincent
Peggy Sue	John	Holly/Allison/Petty	Buddy Holly
Ramrod	Instru-mental	Casey	Duane Eddy
Raunchy	Instru-mental	Justis/Manker	Bill Justis
Red Sails In The Sunset	Paul	Kennedy/Williams	Joe Turner
Reelin' And Rockin'	?	Berry	Chuck Berry
Rock And Roll Music	John	Berry	Chuck Berry
Roll Over Beethoven	John	Berry	Chuck Berry
Searchin'	Paul	Leiber/Stoller	The Coasters
September Song	?	Anderson/Weill	Johnny Ray
Shaking All Over	?	Heath	Johnny Kidd
Shimmy Shimmy	John/Paul	Massey/Schubert	Bobby Freeman
Short Fat Funny	John	Williams	Larry Williams
Shout	John/Paul/George	Isley/Isley/Isley	The Isley Brothers

Lied	Lead-Sänger	Komponist	Interpret
Slow Down	John	Williams	Larry Williams
Summertime	?	Gershwin	Sam Cooke
Sure To Fall (In Love With You)	Paul	Perkins/Claunch/Cantrell	Carl Perkins
Sweet Little Sixteen	John	Berry	Chuck Berry
Teenage Heaven	?	Cochran/Capehart	Eddie Cochran
Tennessee	John	Perkins	Carl Perkins
That'll Be The Day	John	Holly/Allison/Petty	Buddy Holly
That's All Right (Mama)	Paul	Crudup	Elvis Presley
Think It Over	?	Holly/Allison/Petty	Buddy Holly
Three Cool Cats	George	Leiber/Stoller	The Coasters
Three Steps To Heaven	?	Cochran	Eddie Cochran
Too Much Monkey Business	John	Berry	Chuck Berry
True Love	?	Porter	Bing Crosby
Tutti Frutti	Paul	Penniman/LaBostrie	Little Richard
Twenty Flight Rock	Paul	Cochran/Fairchild	Eddie Cochran
Well … (Baby Please Don't Go)	John	Ward	The Olympics
What I'd Say	Paul	Charles	Ray Charles
Whole Lotta Shaking Going On	?	Williams/Davic	Jerry Lee Lewis
Words Of Love	John/Paul	Holly	Buddy Holly
The World Is Waiting For The Sunrise	John/Paul	Lockhart/Seitz	Les Paul / Mary Ford
Yakety Yak	?	Leiber/Stoller	The Coasters

Lied	Lead-Sänger	Komponist	Interpret
You Are My Sunshine	?	Davis/Mitchell	Duane Eddy
You Don't Understand Me	John	Massey	Bobby Freeman
You Were Meant For Me	?	Freed/Brown	?
You Win Again	John	Williams	Hank Williams
Youngblood	George	Leiber/Stoller/Pomus	The Coasters
You True Love	George	Perkins	Carl Perkins

Die Setliste zeigt deutlich, dass die Beatles 1960 sich als Unterhaltungsband verstanden. Das Hauptinteresse galt dem Nachspielen bekannter Größen, um sich so messen zu können. Dieses Nachspielen war mit Sicherheit eine gute Schule, sich musikalisch fortzubilden und als Band sich zu entwickeln. Das enorm hohe Pensum, das die Beatles im Indra Club und Kaiserkeller absolvierten, war entweder der Sprung zur Routine und Professionalität, oder aber sie würden daran zerbrechen. Nicht umsonst griffen die Beatles wegen der überbordenden Müdigkeit zu Preludin und Gallonen an Alkohol, um die langen Nächte über wach zu bleiben, und um die Energie aufrechtzuerhalten. Pete Best hielt sich von den Gelagen und Drogeneinnahmen raus. Die anderen vier langten kräftig zu.

Der Wechsel in den Kaiserkeller war, was die Größe anbelangte, ganz klar ein Sprung nach vorne. So einen geräumigen Club hatten die Beatles bis zu diesem Zeitpunkt nur selten bespielt. Es gab eine riesige Tanzfläche, und die Tische und Stühle waren in Schiffsrümpfen eingebaut. Allerdings war die mächtige Bühne in einem miserablen Zustand. Bis zum Besuch ihres Managers Allan Williams am 10. Oktober war die Bühnenpräsenz der Beatles überschaubar. Sie standen nur auf der Bühne und spulten das Programm ab. Williams, der befürchtete, dass das geringe Bühnen-Engagement Konsequenzen haben könnte, feuerte seine Schützlinge an: „Make a show boys". Irgendwann fruchteten seine Anfeuerungen, und die Beatles kamen in die Gänge. Immer mehr. Als ob Dämme gebrochen wären, gaben sie plötzlich Gas. Vor allem

Lennon schreckte vor keinem Blödsinn zurück. Er hüpfte wie der behinderte Gene Vincent über die Bühne, hing sich eine Klosettbrille um den Hals, beschimpfte das Publikum als „fucking Nazis" , schrie „Heil Hitler" und „Sieg heil", obwohl politische Parolen 15 Jahre nach Ende des zweiten Weltkriegs aufs strengste verboten waren. Das Publikum liebte sie für die ausgefallene Show. Koschmider übernahm den Slogan Wiilliams' und feuert ebenfalls die Beatles im besten Pidgin-Englisch an: „Mack Show!" Am 2. Oktober lief der Vertrag von Derry And The Senior aus. Nach deren Abreise kamen Rory Storm And The Hurricanes, direkt nach dem soeben beendeten Engagement im Butlins Sommercamp. So lernten die Beatles deren Schlagzeuger Richard Starkey kennen, der sich den Künstlernamen Ringo Starr zugelegt hatte. In seinem coolen Outfit und souveränen Art machte er auf die Beatles enormen Eindruck, wie überhaupt die Band sehr professionell wirkte. George Harrison fand Ringo eingebildet. Er hatte ihn bereits in Liverpool einmal gesehen, und meinte sogar, dass man sich vor diesem Typen in Acht nehmen müsse. Mit dem sei nicht gut Kirschen essen![5] Aber sie lernten auch deutsche Studenten kennen. Eines Abends verschlug es Klaus Voormann auf die Reeperbahn und hörte auf der Straße einen Sound, der ihn faszinierte. Er ging in den Club, woher der Sound kam, und sah die Beatles auf der Bühne. Am darauffolgenden Abend brachte er seine Ex-Freundin Astrid Kirchherr und Studienfreund Jürgen Vollmer mit. Allesamt aus einem gehobenen Milieu, die wenig anfangen konnten mit dem Flair der Reeperbahn. Jedoch mit den Beatles. Ihr Sound und ihre natürliche Art schlug sie in ihren Bann. Es wurde eine Freundschaft fürs Leben.

Ab dem 4. Oktober teilten sich die beiden Bands, die Beatles und Rory Storm Hurricanes, die Spielzeit. Beide Bands gaben ihr Bestes, und es entstand der Wettkampf, welche der Bands es als erstes schaffte, die wackelige Bühne zu zerstören. Sieger war Rory Storm. Bei einem großen Sprung zum Lied „Blue Suede Shops" krachte die Bühne zusammen. Koschmider war nicht sonderlich erfreut; er stauchte den Sänger zusammen und zog ihm zur Strafe 65 Mark von der Gage ab. Es herrschten raue Sitten auf der Reeperbahn.

---

[5] The Beatles Anthology, S. 49

Das Ende des ersten Hamburg-Trips

Am 16. Oktober wurde der Vertrag der Beatles von Koschmider bis zum 31. Dezember verlängert. Doch der Vertrag wurde vorzeitig gekündigt. Grund war die Eröffnung eines neuen Clubs auf der Reeperbahn, in unmittelbarer Nähe zum Kaiserkeller. Ab Oktober gab es den Top Ten Club. Besitzer dieses Clubs war Peter Eckhorn, ein direkter Rivale Koschmiders. Als erstes warb er seinem Kontrahenten den Türsteher und Ex Boxprofi Horst Fascher ab. Sodann verpflichtete er Tony Sheridan und seine Band The Jets. Die Beatles waren von Sheridans Auftritten beeindruckt und schätzten seine Musikalität, nicht umsonst konnte er bereits Veröffentlichungen und TV-Auftritte in England aufweisen. Zudem war er ein versierter Sessionmusiker. Häufig besuchten sie ihn in den Spielpausen im Top Ten und sahen sich seine Show an. Es dauerte nicht lange, bis sie anfingen, mit Tony Sheridan gemeinsam zu jammen. Für Koschmider stellten die häufigen Besuche der Beatles im Top Ten Verrat dar. Auch ärgerte er sich noch immer über die von Rory Storm zerstörte Bühne. In seinen Augen handelte es sich um Vertragsbruch, da eine Vertragsklausel besagte, dass die Beatles während der Vertragszeit im Umkreis von 40 Kilometern in keinem Club spielen dürften. Die Jam-Sessions im Top Ten Club waren in seinen Augen ein eindeutiger Vertrags- und Vertrauensbruch. Daher verkürzte er die Spieldauer der Beatles um einen Monat auf Ende November. Noch dazu erfuhr die Polizei, – man weiß nicht genau durch wen und wie - dass George Harrison noch nicht volljährig Abend für Abend auftrat, was gegen geltendes Gesetz verstieß. So wurde George nichtsahnend am Montag, den 21. November, von der Polizei verhaftet und des Landes verwiesen. Alleine machte sich George auf den Heimweg und verbrauchte für Zug-, Bahnticket und Taxi sein erspartes Geld. Die übrigen Beatles machten ohne Georges Leadgitarre weiter, verbrachten so wenig Zeit wie nur möglich im Kaiserkeller und spielten so oft es ging im Top Ten. Peter Eckhorn gefiel der Sound der Beatles, und er vereinbarte mit ihnen ein einmonatiges Engagement für den kommenden April. Manager Allan Williams wurde von dieser mündlichen Abmachung nicht in Kenntnis gesetzt. Zudem bot Eckhorn ihnen ab sofort eine bessere Unterbringung an. Statt des muffigen Raums hinter der Leinwand des Bambi-Filmkunsttheaters konnten sie nun oberhalb des Top Ten-Clubs in einem Etagenbett-Zimmer nächtigen. Die neue Unterkunft war nicht berauschend, aber im Gegensatz zu der Behausung im Bambi war es eine deutliche Verbesserung der Schlafverhältnisse. Doch die Freude währte nicht lange. Ende November, kurz vor Vertragsende, gingen Paul McCartney und Pete Best zurück ins Bambi-Kino, um ihre persönlichen Sachen abzuholen. Es war Nacht, das Kino war unbeleuchtet, der Strom war abgeschaltet, der Raum war stockfinster, und es gab weder Kerzen noch Taschenlampen. So kamen die beiden Beatles auf die törichte Idee, für etwas Licht die von den Wänden herabhängende Tapete an einer Ecke anzuzünden. Im schwachen Schein der glimmenden Tapete packten sie rasch ihr Hab und Gut ein. So schnell sie kamen, so schnell gingen sie wieder und vergaßen völlig die schwelende Tapete. Vermutlich wurde die Glut durch die feuchte Wand gelöscht. Jedoch dauerte es keine Stunde, bis Koschmider in Kenntnis gesetzt wurde, man weiß nicht von wem, dass zwei der Beatles versucht hätten, Feuer im Bambi-Filmkunsttheater zu legen. Koschmider meldete unverzüglich den Fall der Polizei. Eine bessere Gelegenheit, sich der Beatles zu entledigen, hätte es nicht geben können. Zuerst wurde Paul verhaftet und in eine Zelle geworfen; kurz darauf folgte Pete Best. Beide wurden über Nacht in der Zelle festgehalten und am frühen Morgen entlassen. Da sie durch das Verhör und Aufregung kaum Schlaf gefunden hatten, legten sie sich im Top Ten hin. Am frühen Nachmittag wurden sie jedoch unsanft aus dem Schlaf gerissen. Zwei Polizisten standen vor der Tür und nahmen beide mit aufs Revier. Dort wurde ihnen mitgeteilt, dass sie des Landes verwiesen würden und hierfür es einen Flug nach London gäbe um Mitternacht. Die beiden wurden zurückgefahren ins Top Ten, sie bekamen fünf Minuten Zeit, ihre Sachen zu packen. Paul McCartney schulterte seine Gitarre, Pete Best musste sein Schlagzeug zurücklassen. Dann wurden sie erneut in die Zelle zurückgebracht. Weil beide Beatles sprachliche Schwierigkeiten hatten, und kaum verstanden, aus welchen Gründen sie das Land verlassen mussten, wollten sie mit der britischen Botschaft sprechen. Dieses Anliegen wurde ihnen verweigert. Kurz vor Abflug wurden die beiden zum Flughafen eskortiert und in das Flugzeug nach London gesetzt. Zum Glück hatten Paul und Pete genügend Geld bei sich, um von dort am nächsten Morgen den Zug nach Liverpool zu nehmen. Sie kamen in ihrem Heimatort am ersten Dezember an.

Drei Beatles waren also des Landes verwiesen. Nun suchte die Polizei die letzten beiden verbliebenen Musiker. Am 10. Dezember verließ John Lennon freiwillig Hamburg. Ohne intakte Band war Hamburg nicht mehr lohnenswert. Mit Verstärker, Koffer und Gitarre reiste er mit Zug und Fähre zurück in sein Heimatland. Stuart Sutcliffe hingegen tauchte unter bei seiner Freundin Astrid Kirchherr. In ihrer Wohnung konnte ihn die Polizei nicht finden. Er reiste erst Ende Februar 61 zurück nach Liverpool.

Der große Knall

Für eine kurze Zeitspanne wussten Paul, George und Pete nicht, dass Lennon wieder zurück gekehrt war nach Liverpool. Erst am 15. Dezember schlossen sie sich wieder zusammen – bis auf auf Stuart. Sie beschlossen, Gigs in Liverpool zu bekommen, doch benötigten sie hierfür einen Bassisten. Pete Best rief Chas Newby an, der in Everton wohnte, und in seiner alten Band The Blackjacks Bassist war. Wie Paul McCartney hatte er am 18. Juni Geburtstag, allerdings war er ein Jahr älter, und er war wie Paul Linkshänder. Er sagte zu, aber ihm fehlte ein Bass sowie eine schwarze Lederjacke, die seit den Hamburger Tagen zum Markenzeichen der Beatles gehörte. Er konnte sich auf die Schnelle Bass und Jacke ausborgen und so stand er zur Verfügung. Am 17. Dezember spielten die Beatles zum ersten Mal nach Hamburg wieder live im Casbah Club, Pete Bests Zuhause. Zwei Tage später folgte ein Auftritt im Grosvenor Ballroom. Dann kam der große Knall: Am 27. Dezember 1960 hatten die Beatles ein Konzert im Town Hall Ballroom in Litherland. Diesen Auftritt verschaffte ihnen der 28-jährige Bob Wooler, der seine Anstellung bei der Bahn aufgab und DJ wurde. Wieder einmal hatte jedoch Allan Williams seine Finger im Spiel. Inspiriert von seinen Besuchen in Hamburg, beschloss er, neben dem Jacaranda Club und dem Blue Angel einen weiteren Club in Liverpool zu eröffnen: den Top Ten Club in der 100 Soho Street. Für die Eröffnungsparty am 1. Dezember lud er Terry Dene und Garry Mills ein. Disc-Jockey dieses Clubs war Bob Wooler. Doch am 6. Dezember, nur fünf Tage nach Veröffentlichung, brach im Club ein Feuer aus und vernichtete das Interieur. Vermutlich war es Brandstiftung. Wooler war dadurch arbeitslos und kam im Jacaranda Club mit den Beatles ins Gespräch. Er versprach ihnen, ein Konzert zu organisieren über Veranstalter Brian Kelly, den die Beatles für die Schottland-Tournee im Mai hatten sitzen lassen auf einem Auftritt. Kelly erinnerte sich natürlich, dass die Beatles ihn damals hängen ließen, doch Wooler zuliebe willigte er ein. Allerdings wollten die Beatles 8 Pfund Gage, er bot vier Pfund an, man einigte sich schließlich auf 6 Pfund. Drei weitere Gruppen waren für diesen Abend schon gebucht worden: Del Renas, The Searchers und The Deltones. Da der Auftritt der Beatles zu spät erfolgte, um ihn in der Bootle Times zu inserieren, ließ Kelly auf die bereits gedruckten Plakate den Zusatz aufkleben: „Direct From Hamburg, The Beatles!"

Der Vorhang ging auf, fünf Beatles waren zu sehen, ganz in Leder gekleidet, und Paul sang, besser schrie Little Richards Rock'n'Roll-Klassiker „Long Tall Sally". So eine musikalische Kraft hatte das Liverpooler Publikum noch nie erlebt. McCartney schrie aus Leibeskräften, und die Band spielte hart und laut. Die 500 Stunden Bühnenerfahrung in Hamburg machten sich bemerkbar – der Sound muss überwältigend gewesen sein. Ab dem ersten Ton war das Publikum wie elektrifiziert. Alle starrten auf die Bühne: die geballte Kraft der Musik, das Outfit, die Ausstrahlung, alles passte. Die Beatles selbst – Paul McCartney, John Lennon, Pete Best, George Harrison und Chas Newby – waren von der Euphorie des Publikums angesteckt und gaben ihr Bestes. Ab diesem Konzert waren die Beatles die heißeste Band in Liverpool. Keine andere Band konnten ihnen nunmehr das Wasser reichen. „Plötzlich waren wir in aller Munde. Und dabei muss man sich klar machen, dass siebzig Prozent der Zuhörer dachten, wir seien die angesagteste Gruppe aus Deutschland. ... An jenem Abend kamen wir zum ersten Mal aus unserem Schneckenhaus und legten los. Zum ersten Mal jubelten uns die Leute richtiggehend zu. Damals kam uns der Gedanke, dass wir richtig gut waren. In Hamburg dachten wir, wir wären OK, aber nicht gut genug. Erst in Liverpool merkten wir den Unterschied und sahen, was mit uns passiert war, während alle anderen Gruppen diesen Cliff Richard Mist spielten." (John Lennon)[6]

---

[6] The Beatles Anthology, S. 56

Exkurs: Einstieg in die Drogen

Die Beatles waren allesamt dem Rauchen verfallen. Lennon fing mit 14 Jahren an, Zigaretten zu rauchen, obwohl ihm der Geruch und Qualm nicht gefiel, George war erst elf Jahre alt, als er zur ersten Zigarette griff. Einem Lehrer im Liverpooler Institute fiel auf, dass seine Finger vom Nikotin gelb geworden waren. Stuart, Pete und Paul rauchten ebenfalls, jedoch nicht so viel wie John und George.

Hinzu kam Alkohol, der reichlich floss – sowohl bei den Auftritten als auch in den Cafés und Clubs bei den abendlichen Treffs. Weitgehend Bier, aber auch härtere Sachen, wenn sie denn verfügbar und auch erschwinglich waren. Aber bei Zigaretten und Alkohol blieb es nicht.

Im April 1960, kurz nach der Schottland-Tour als Backing-Band von Johnny Gentle, lernte George im Jacaranda Club einen Beatnik aus London kennen. Sein Name war Royston Ellis, er war 19 Jahre alt und gerade auf einer Tournee durch England und war in Liverpool gelandet. Er hielt Vorlesungen, bei denen Bands im Hintergrund spielten. Im Juni 1960 traf er in Liverpool ein, um dort seine „Rocketry", wie er seine Happenings nannte, zu veranstalten. Wie es der Zufall wollte, landete er bei Allan Williams im Jacaranda Club, dort lernte er den erst 17-jährigen George Harrison kennen, der von dem „King of the Beatniks", wie Ellis genannt wurde, beeindruckt war. George erkannte sofort die Gelegenheit zu einem Auftritt in Form eines Beat-Happenings und schleppte Ellis in die 3 Gambier Terrace, wo er seit kurzem mit John, Stuart und Rod Murray, einem weiteren Kommilitonen auf dem Liverpool College, wohnte. Überall lagen Kleider am Boden, und in einer Ecke der Wohnung fläzte John, als Ellis mit George eintraf. John war beeindruckt von dem Besucher, der bereits einen Fernseh-Auftritt hinter sich hatte und ein Buch zu schreiben begann, das 1961 unter dem Titel „The Big Beat Scene" auf den Markt kam. Ellis' Buch war eine Bestandsaufnahme der aktuellen Jazz-, Skiflle- und aufkeimenden Rock'n'Roll-Szene in den Clubs und Cafés in England. Und er fasste Themen auf, die zu dieser Zeit heikel waren: sexuelle Befreiung und Loslösung von religiösen Dogmen. So ein Gast war willkommen. Die Chemie passte, so durfte Ellis in der Künstler-WG übernachten, solange er in Liverpool blieb. Am 24. Juni 1960 wurde er für eine Lesung gebucht im Café an der Liverpooler Universität. Ende des Monats traten die Beatles mit Ellis im Jacaranda-Club auf. Lennon war begeistert von der Idee, Poesie mit Musik zu verbinden. Ellis sprach seine Texte und die Beatles begleiteten ihn mit einem 12-Bar-Blues. Am meisten beeindruckte die Beatles jedoch, als Ellis ihnen einen Trick mit einem Vick-Inhalator zeigte. Er brach einen Inhalator auf und schnitt die Innenwand in kleine Streifen, die er den Beatles zu essen gab. An der imprägnierten Innenwand befand sich Benzedrin, das bei der Einnahme eine Energie befeuernde Wirkung hatte. Zudem versetzte das Mittel in Hochstimmung. Ellis hatte den Trick bei der Londoner Band The Crusaders kennen gelernt. Mit deren jungen Gitarristen Jimmy Page war Ellis befreundet. Besonders John und George fanden die „Spitballs", wie die Benzedrin-Streifen genannt wurden, großartig. Paul war eher zurückhaltend. Seine Mutter war Krankenschwester und hatte ihn eindringlich und nachwirkend vor chemischen Substanzen aller Art gewarnt. Wenn man diese mit Benzedrin imprägnieren Streifen in Alkohol oder Kaffe legte, wirkte das Mittel noch stärker. Diese B-Bomben wurden von der Beat-Generation gerne verwendet, Jack Kerouac, Allen Ginsberg und William Burroughs machten jedoch bei dieser Droge nicht halt.

Als die Beatles nach Hamburg kamen, waren sie mit dem Problem konfrontiert, wach zu bleiben. Die langen Spielzeiten und der Konsum von Alkohol trieb die fünf Musiker an den Rand der Erschöpfung. Beim ersten Hamburger Aufenthalt vom 17. August bis 30. November 1960 blieben die Beatles bei Alkohol und Zigaretten.

Bei ihrem zweiten Aufenthalt in Hamburg vom ersten April bis zum ersten Juli machte sie Tony Sheridan, mit dem sie ihre erste gemeinsame Platte aufnahmen, mit dem Mittel Preludin bekannt. Preludin, mit medizinischem Namen Phenometrazin, ist aus der Gruppe der Amphetamine und Moropholine und wurde ursprünglich verwendet als Schlankheitsmittel, da es das Hungergefühl und den Appetit dämpft und zudem die Sympathikusaktivität anregt, wodurch es zu einer überhöhten Wachheit und verringertem Schlafbedürfnis führt. Genau das richtige Mittel, um die strapaziösen Auftritte zu überstehen. Ab April 1961 warfen John und George regelmäßig diese Pillen ein. Stuart und Paul hielten sich zurück, und Pete lehnte es ab, diese Droge einzunehmen. Bekommen haben John und Co. die Pillen von der Putzfrau im Star-Club. Die Pillen waren verschreibungspflichtig. Paul McCartney erinnert sich heute noch an die Wirkung, die dieses Mittel bei John und George bewirkte: ununterbrochen redeten die beiden, quasselten wie ein Wasserfall, und die Müdigkeit war, egal wie spät es war, bei beiden wie weggeblasen.

An den Drogen-Einstieg mit Benzedrin erinnerte sich Lennon 1973 in einem Interview für die International Times: „By the way, the first dope from a Benzedrine Inhaler was given to The Beatles by an Royston Ellis, known as „beat poet". He read poetry whilst we played 12/bar blues at the local inplace." (Die erste Dosis aus einem Benzedrin-Inhalator bekamen die Beatles übrigens von einem Royston Ellis, der als "Beat-Poet" bekannt war. Er trug Gedichte vor, während wir in der örtlichen Kneipe 12/Bar Blues spielten.)

In späteren Jahren griffen die Beatles zu Marihuana, LSD, Lennon später auch zu Heroin. Am verheerendsten war jedoch die Wirkung von Nikotin. Das Rauchen forderte den größten Tribut. Nahezu alle im Umfeld der Beatles rauchten. Johns Tante Mimi rauchte, Charles Powell, der Vater von Cynthia, war Kettenraucher und starb mit 57 Jahren an Lungenkrebs. McCartneys Vater Jim litt jahrelang an den Folgen des Rauchens und starb 1976 an einer Bronchopneumonie. Harrisons Vater starb 1978 an einem Lungenemphysem. 1997 wurde bei George Lungenkrebs diagnostiziert, und er wusste genau, dass es vom Rauchen herrührte. George war Kettenraucher seit 1954.

Der zweite Besuch in Hamburg

Ab dem Spektakel in der Litherland Town Hall waren die Beatles die aufregendste Band in Liverpool, und das machte sich unverzüglich bemerkbar in der Zahl der Auftritte. Brian Kelly vermittelte ihnen von Januar bis März allein an die 36 Auftritte bei einer Gage zwischen sechs und acht Pfund. Es waren genau diese Auftritte, die den exzellenten Ruf der Band zementierten. Die Beatles fingen nun auch an, regelmäßig im Cavern Club zu spielen, und die Fangemeinde wuchs von Auftritt zu Auftritt. Allan Williams bemühte sich ebenfalls, Auftritte für die Beatles zu organisieren, aber mehr als eine Handvoll Gigs sprang von seiner Seite nicht heraus. So halfen Mona Best und ihr Sohn, den Beatles weitere Auftritte zu verschaffen. Spätestens zu diesem Zeitpunkt war klar, dass sich die Band entschieden hatte, von der Musik zu leben. George Harrison hatte seine Lehre bei der Firma Blacklers Department abgebrochen; Paul McCartney hatte dem Liverpool Instite den Rücken gekehrt, das A-Level-Examen war in unerreichbare Ferne gerückt. John Lennon schwänzte die Unterrichtsstunden im College of Art, und auch Pete Best hatte keine andere Perspektive, als am Schlagzeug zu sitzen und damit Geld zu verdienen. Nur für Stuart Sutcliffe war klar, dass seine Bestimmung nicht in der Musik lag. Mona Best bemerkte natürlich den Sprung, den die Band geschafft hatte und mit ihrer Unterstützung half sie sowohl der Gruppe als auch ihrem Sohn. Da ihr verstorbener Mann Profi-Boxer war und auch er bereits von ihr promotet worden war durch regelmäßige Artikel im Liverpooler Echo, brachte sie für das Booking der Beatles eine solide Routine mit. Es war klar, dass die Beatles häufig im Casbah, ihrem eigenen Club, auftraten, aber sie vermittelte ebenso Auftritte in anderen Clubs. Aufgrund der großen Nachfrage spielten die Beatles nicht nur einmal am Abend, sondern gleich mehrmals am Tag. Dabei handelte es sich nicht nur um 20 Minuten-Sets, sondern reguläre Auftritte von zwei bis drei Stunden.

Innerhalb von sechs Monaten, seit der Tournee mit Johnny Gentle, hatten sich die Beatles zu einer ernst zu nehmenden Größe entwickelt. Ihre Spielweise und ihr eigenes musikalisches Selbstverständnis sollten sich noch weiter steigern. Chas Newby musste zurück ans College und verließ die Band im Januar, so standen die Beatles wieder ohne Bassisten da, weil Stuart Sutcliffe erst im Februar wieder zurück in Liverpool war. John versuchte George zu überreden, den Basspart in der Band zu übernehmen, doch dieser weigerte sich beharrlich. Er sah seine Zukunft im Gitarrenspiel begründet. Und seine Abkehr von der Gitarre wäre musikalisch betrachtet ein zu großer Verlust für die Band gewesen. Seine Mixtur aus komplexen Jazzakkorden und Rock'n'Roll-Licks waren ein zu gewichtiger Faktor. So bekam Paul den Zuschlag, der von der Rhythmusgitarre und gelegentlichem Piano-Einsatz nun zum Viersaiter wechselte. Da er keinen Bass besaß, verwendete er zuerst seine Rosetti Solid 7-Gitarre, entfernte die Gitarrensaiten und spannte stattdessen dicke Piano-Saiten auf. Erst beim zweiten Aufenthalt in Hamburg hatte Paul genügend Geld gespart, um sich seinen später berühmt gewordenen Höfner Bass H500/1 in Violin-Form zu kaufen. Logistisch wurden die Auftritte immer aufwändiger, bedingt durch die Menge, der größer werdende Aktionsradius und die Spielzeiten. Zwar war das Equipment der Beatles 1961 überschaubar. Sie hatten, wenn überhaupt drei kleine Verstärker, die Gitarren, ein Schlagzeug mit höchstens einer Hängetom. Die Gesangsanlage wie auch die Mikrofone stellten zu diesen Zeiten die Veranstalter zur Verfügung. Pete Best fand eine Lösung, indem er seinen Freund Neil Aspinall überredete, der Roadmanager der

Beatles zu werden. Neil fiel es nicht schwer, seinen Buchhaltungskurs abzu-
brechen, da er ihn langweilte, stattdessen kaufte er einen alten Bus für 80
Pfund und wurde der erste permanente Begleiter der Beatles bis zum Ende –
einen Schritt, den er nie bereute. Ein Problem blieb bei den Auftritten in diesen Tagen bestehen. Obwohl die Teddy-Boy-Szene sich allmählich auflöste,
blieben Schlägereien in einigen Clubs an der Tagesordnung. In der Hambleton
Hall im Liverpooler Stadtteil Huyton wurden Paul und George zusammenge-
schlagen. Bei jedem Auftritt waren Schlägertrupps anwesend, die den Auf-
und Abbau des Equipments beobachteten und nur auf eine Glegenheit warteten, handgreiflich zu werden. Neil Aspinall musste beim Auspacken des
Equipments aus dem Bus aufpassen, dass nichts geklaut wurde oder gar der
Bus verschwinden würde. Keine leichte Aufgabe in diesen Tagen. Paul Mc-
Cartney erinnerte sich später, dass, wenn immer er "Hully Gully" sang, eine
Prügelei vom Zaun gebrochen wurde. Messerstechereien waren keine Selten-
heit. Zum Glück war der Cavern-Club in der Mathew Street 10 im Zentrum
Liverpools frei von Schlägereien. Ray McFall hatte im Oktober 1959 den Club
vom Vorbesitzer Alan Snyder übernommen und setzte zuerst das dort etablier-
te Jazz-Programm fort. Innerhalb von 12 Monaten engagierte er immer mehr
Beat- und Rock'n'Roll-Bands zum Entsetzen des Jazzpublikums. Im Mai 1960,
just als die Beatles mit Johnny Gentle in Schottland tourten, gab es die erste
„all-beat-night" im Cavern Club, in der Cass and the Cassanovas sowie Rory
Storm and the Hurricanes spielten. Es war der Schwanengesang für den Jazz.
Anfänglich war es schwierig für die Beatles, sich im Cavern Club zu etablieren,
aber Mona Best und Bob Wooler konnten McFall überzeugen, die Beatles zu
engagieren. Die Quarrymen hatten bereits im August 1957 einen Auftritt im
Cavern Club gehabt, aber damals war Skiffle Musik in diesem Club verpönt
und ein Folgegig wurde nicht in Aussicht gestellt. Die Beatles spielten am 9.
Februar 1961 eine Lunchtime-Session, es war der Auftakt zu einer Serie von
insgesamt 292 Auftritten. Der Cavern Club wurde ihr zweites Zuhause. Am 03.
August 1963 sollten sie zum letzten Mal in diesem Club auftreten. Die Bedeutung dieses Clubs für die Entwicklung der Beatles kann man nicht hoch genug
bewerten. Man musste 18 Stufen hinuntersteigen und betrat einen langen,
schwach beleuchteten Raum, ohne Lüftung, ohne Tische oder Stühle, keine
Tapete, keine Dekoration, am Ende des Raums war die Bühne. Die Toiletten
waren in einem bestürzenden Zustand. Ursprünglich war der Club ein Lager-

raum für Obst. Nun drängten sich hunderte Fans in diesem klaustrophobischen Raum, um die Beatles zu sehen. Unter den Mädchen fanden vor dem Auftritt erbitterte Kämpfe statt, wer ganz vorne vor den Helden stehen durfte. Aber allen Widrigkeiten zum Trotz gab es keine Gewaltakte in diesem Club. Es lag vermutlich auch daran, das kein Alkolhol ausgeschenkt wurde. Für Lunchtime-Sessions bekamen die Beatles fünf Pfund, für eine Abendvorstellung 15 Pfund. Für John Lennon waren diese Abende die Erfüllung. Die ekstatischen musikalischen Momente, die Nähe zu den Fans – als sie später in großen Stadien oder Hallen spielten, abgeschirmt von den Massen, umbraust vom endlosen Geschrei, begann der musikalische Zauber zu schwinden. Im Cavern Club formte sich das Image der Beatles heraus. John Lennon war der arrogante, unnahbare, Paul McCartney der gut aussehende, freundliche, George Harrison, der zurückhaltende, humorvolle – jedoch Pete Best kam mit seiner unnahbaren zurückhaltenden Art am Besten an. Er war der Schwarm und Liebling der weiblichen Cavern-Cub-Fangemeinde.

Kurz nach dem Cavern-Debüt reisten die Beatles erneut nach Hamburg. Allerdings war es nicht einfach, die Probleme, die bei der Abschiebung während des ersten Hamburg-Aufenthalts entstanden waren, zu lösen. Es bedurfte großer Anstrengung seitens Pete und Mona Best, die behördlichen Hürden zu überwinden. Aber ihre Korrespondenz mit der deutschen Einwanderungsbehörde zeigte Wirkung. Das Einreiseverbot, das bei der Abschiebung von Pete und Paul aus Deutschland angeordnet wurde, hatte das Auswärtige Amt durch eine Sondergenehmigung aufgehoben. Die beiden hatten nun die Erlaubnis für einen 12-monatigen Aufenthalt in Deutschland erhalten. Peter Eckhorn beglich die Schulden, die sie bei der Deportation hinterlassen hatten. Er zahlte 158 DM als Vorauszahlung der Gage. Noch dazu stand er zu der mündlichen Vereinbarung, dass die Beatles für einen Monat im Top Ten-Club auftreten konnten. Stuart Sutcliffe, der Ende Februar nach Liverpool gekommen war, reiste am 15. März wieder zurück nach Hamburg. Er hatte sich mittlerweile mit seiner Freundin Astrid Kirchherr verlobt und sich in der Akademie der Künste in Hamburg eingeschrieben. Von der Musik hatte er sich längst verabschiedet. Das Studium war ihm wichtiger. Unklar ist, wie weit Allan Wiliams bei den Verhandlungen mit den deutschen Behörden beteiligt war. In seinem Buch „The man who gave The Beatles away" beteuerte er, dass er maßgeblich an diesem Prozess beteiligt gewesen war und dass es ihm hauptsächlich zu verdanken sei, dass die Beatles zum zweiten Mal Hamburg besuchen durften. Dem gegenüber spricht die von Mona und Pete geführten Korrespondenz sowie die direkte Übereinkunft der Beatles mit Eckhorn. So enorm wichtig wie Allan Williams noch ein Jahr zuvor war – durch ihn kam die Tour mit Johnny Gentle zustande wie auch das erste dreimonatige Engagement in Hamburg. Nicht zu vergessen die von ihm finanzierte erste Hamburg-Reise mit seinem grünen Austin und Fähre – so geriet er nun allmählich ins Hintertreffen. Die Beatles entglitten ihm ... noch nicht ganz, aber es war nur eine Frage der Zeit, bis sie sich aus seiner Einflusssphäre ganz verabschiedeten.

Kurz bevor die Beatles abreisten, trafen sich Band und Mona Best bei ihr zu Hause, um mit Eckhorn zu telefonieren. Der mündlich vereinbarte Vertrag sollte nochmals bestätigt und in den Details ausgearbeitet werden. Die Vereinbarung ähnelte dem Engagement im Indra und Kaiserkeller. Wie könnte es auch anders sein? Club ist Club und es ging um das Geschäft. Von Montag bis Freitag spielten die Beatles von 19 bis 2 Uhr, und am Wochenende von 19 Uhr bis 3 Uhr, mit 15 Minuten Pause pro Stunde. Als Gage wurden 35 DM pro Mann vereinbart. Ende März fuhren die Beatles von Lime Street mit dem Zug ab, nahmen die Fähre und in Holland abermals den Zug nach Hamburg. Ab dem ersten April spielten sie täglich im Top Ten, der Vertrag wurde zweimal prolongiert bis ersten Juli.

Im April 1961 spitzte sich die Krise mit Allan Williams zu. Kein Wunder, die von Williams erwartete wöchentlich ausbezahlte Provision blieb aus. So schrieb er den Beatles und forderte sie in seinem Schreiben auf, die ihm zustehende Kommission zu leisten. Stuart Sutcliffe, der nur noch gelegentlich mit den Beatles auftrat und viel lieber mit Astrid und anderen ihrer Freunde als Besucher ins Top Ten kam, wurde die Aufgabe zuteil, Allan Williams zu antworten. Es mag daran liegen, dass er, weil er kein festes Mitglied mehr war, eine gewisse Distanz mitbrachte, die anderen Vier plagten sich mit einem schlechten Gewissen, obwohl hierfür, im Rummel des Hamburger Rotlicht-Milieus, wenig Zeit dafür blieb. Stuart beteuerte in seinem Antwortschreiben, dass die Beatles nicht gewillt seien, eine Kommission an ihn zu bezahlen, da sie ohne seine Hilfe den Vertrag mit Eckhorn ausgehandelt hatten.

Daraufhin antwortet Williams mit einem Brief, datiert vom 20. April 1961. Außer dem beginnenden „Dear All" ist dem Brief die Enttäuschung und Verletzung anzumerken. Williams drohte unter anderem den Beatles, sie innerhalb von 14 Tagen aus Deutschland ausweisen zu lassen. Aber nichts dergleichen geschah. Die Wut von Allan Williams verrauchte, und er machte ohne die Beatles weiter.

Wie die Beatles zum Pilzkopf kamen

Bei diesem zweiten Hamburg-Besuch erspielten sich die Beatles ein kleines elitäres Publikum, das vorwiegend aus Studenten bestand. Die meisten kamen aus dem Umfeld von Astrid Kirchherr und Klaus Voormann. Bei jeder sich bietenden Gelegenheit schoss Astrid Kirchherr Fotos von den Beatles. Zu dieser Zeit entstand der Haarschnitt, den die Beatles später salonfähig und berühmt gemacht haben: der Pilzkopf. Eines Tages erschien Stuart Sutcliffe mit den Haaren nach vorne über die Stirn gekämmt im Top Ten Club und erntete schallendes Gelächter der vier Beatles, die dem Teddy-Boy-Look anhingen mit geöltem Haar nach hinten zur Tolle gekämmt. Seien Freundin hatte ihm die Haare geschnitten, auch sie trug einen Bubi-Kopf. Klaus Voormann, der Ex-Freund Astrids, hatte ebenfalls einen Pilzkopf wie auch der befreundete Fotograf Jürgen Vollmer. Die Beatles blieben vorerst unbeeindruckt, aber unbewusst kam wohl ein Prozess ins Rollen. Gitarrist George Harrison berichtete: „Astrid und Klaus hatten großen Einfluss auf uns. Als wir einmal im Schwimmbad waren und meine nassen Haare herunterhingen, sagten sie ‚Lass das so, das sieht gut aus!' Ich hatte sowieso keine Pomade dabei und dachte: ‚Mensch, diese Leute sind cool. Wenn sie sagen, dass das gut aussieht, dann lass ich das so!"[7]

Zu seinem 21. Geburtstag bekam John Lennon von Verwandten 100 Pfund geschenkt, die er für einen Urlaub nutzte. Nachdem er von Stu Sutcliffe erfahren hatte, dass ihr gemeinsamer Freund Jürgen Vollmer mittlerweile in Paris lebte, beschlossen John und Paul, ihn dort zu besuchen. Vom 30. September bis 14. Oktober waren John und Paul seine Gäste. Vollmer war Künstler durch und durch, was sich auch in seinem Aussehen niederschlug. Er trug weite Schlaghosen – zu dieser Zeit skandalös – und er hatte, wie McCartney sich

---

[7] Beatles Anthology, S. 58

später erinnerte, lange Haare mit Seitenscheitel, „er sah ein bisschen aus wie Hitler mit langen Haaren, und wir wollten genauso aussehen."[8] Irgendwann baten die beiden ihn, ihnen die Haare zu schneiden Zuerst sträubte sich Vollmer, weil er den Rock'n'Roll-Look von John und Paul gut fand, aber dann kam es doch zur Geburtsstunde des Pilzkopfs. Vollmer schnitt ihnen nicht den Look, den er selber trug mit dem Seitenscheitel, sondern kämmte die Haare einfach nach vorne. Als John und Paul nach Liverpool zurückkehrten, irritierten sie die Fans mit dem neuen Look. Die Fans fragten, ob die Haare nicht mehr richtig liegen würden, und die beiden antworteten, dass dies der neue Stil sei. Der geistige Einfluss, den die Hamburger Elite-Clique auf die Beatles hatte, ist enorm. Hamburg war nicht nur in musikalischer Hinsicht eine Bereicherung. Astrid, Klaus und Jürgen öffneten den Blick für Neues. Die Beatles nahmen dieses große Geschenk dankbar entgegen.

Erste Gehversuche im Schallplatten-Geschäft

Hamburg war nicht nur eine exzellente Spiel-Schule für die Beatles, in der sie sich eine gewisse Technik für die Instrumente aneigneten, ihre Stimmen ausbildeten, den Satzgesang einübten und erwachsen wurden, nein, in der deutschen Hansestadt tasteten sich die Beatles an professionelle Studio-Aufnahmen heran.

Schon zwei Jahre zuvor, noch unter dem Namen Quarrymen, nahmen sie zwei Lieder auf. In Liverpool gab es 1958 das Unternehmen Phllips Sound Recording Services, betrieben von Percy F. Phillips in 38 Kensington, Liverpool L7 8XB in einem Viktorianischen Haus, das heute noch zu bestaunen ist. Dort nahmen John Lennon, George Harrison und Paul McCartney am 14. Juni 1958 ihre erste Schellackplatte auf.[9] Auf dem Programm standen zwei Lieder: „That'll Be The Day" von Buddy Holly sowie die Eigenkomposition „Inspite Of

---

[8] Beatles Anthology, S. 64

[9] Laut einer kleinen Gedenktafel, angebracht an der Frontseite des Hauses in 38 Kensington, ist als Termin der 14.06.58 vermerkt. Allerdings findet sich für diesen Montag kein Eintrag in Phillips Geschäftsbuch. Es ist eher anzunehmen, dass die Aufnahmen zwei Tage zuvor, am Samstag, den 12. Juni, stattfanden. Aber da sich keiner der ehemaligen Quarrymen-Mitglieder erinnern kann, bleibt das genaue Datum Spekulation.

All The Danger", ein Song von Paul McCartney, der heute noch, nach über 60 Jahren, in seinem Live-Repertoire auftaucht. Die Aufnahmen dauerten ca. 15 Minuten und kosteten 17 Schillinge und drei Pence. Bei den Aufnahmen wirkten der damalige Schlagzeuger Colin Hanton sowie John „Duff" Lowe mit, ein Schulfreund McCartneys, der das Piano einspielte. Laut den Erinnerungen McCartneys kam die Band samt Verstärkern und Instrumenten mit dem Bus an, Schlagzeuger Colin reiste separat. Wie beim Zahnarzt saßen sie im Wartezimmer und warteten, bis die Band vor ihnen mit den Aufnahmen fertig waren. Dann kamen die Quarrymen an die Reihe. Schnell wurden die Verstärker hingestellt, das kleine Schlagzeug aufgebaut, alle positionierten sich um ein Mikrofon in der Mitte des Raumes, innerhalb von 15 Minuten waren die Aufnahmen auf einem Grundig-Tonband gesichert, wovon ein 10-inch Acetat erstellt wurde. Da die Quarrymen nur 15 Schillinge aufbringen konnten, bekamen sie die Scheibe erst ein paar Tage später, als sie den Rest des Geldes zusammengekratzt hatten. Nach Aushändigung der Schellack-Scheibe wurde das Tonband gelöscht, um es für weitere Aufnahmen zu verwenden. Tonbänder waren kostspielig. Nicht auszudenken, wenn das Tonband mit der Originalaufnahme erhalten geblieben wäre. Aber dem war nicht so. Für Phillips waren die Quarrymen eine unter unzähligen Skiffle-Gruppen, und zu diesem Zeitpunkt stimmte es auch. Nichts deutete auf den kommenden Erfolg hin. Zuerst bekam Lennon die Aufnahmen für eine Woche ausgehändigt, dann reichte er sie weiter an McCartney, dieser gab sie Harrison, dann kam Hanton an die Reihe, bis die Scheibe schließlich bei Gastmusiker Lowe landete, wo sie in Vergessenheit geriet. Erst 1981, 23 Jahre später, meldete der Journalist Stephen Pile in der Sunday Times, dass bei dem großen Auktionshaus Sotheby in London eine verloren geglaubte Aufnahme der Quarrymen zum Kauf angeboten wurde. McCartney bekam Wind von dieser Aktion und telefonierte unverzüglich mit der Mutter von Lowe, der damals nicht mehr in Liverpool, sondern in Worcester lebte und hinterließ ihr seine Nummer mit der Bitte um Rückruf. McCartney konnte es kaum glauben, dass die Aufnahmen von 1958 tatsächlich noch existierten und war natürlich sehr daran interessiert, die Scheibe zu bekommen. Lowe meldete sich telefonisch, und die beiden ehemaligen Schulfreunde verhandelten tagelang, bis sie sich einigen konnten. McCartney verriet den Preis nicht, nannte ihn jedoch inflationär, aber gemessen an der Bedeutung dieser Aufnahme mit Sicherheit ein akzeptabler Preis. Da diese Acetat-Platte durch das Spielen stark abgenutzt war, ließ McCartney von einem Tontechniker die Aufnahme digital überspielen und restaurieren. Von diesem Ergebnis ließ er 50 Vinyl-Platten anfertigen und verteilte sie an seine Familie und Freunde. 1995 kam auch die übrige Welt in den Genuss der Single durch die Veröffentlichung auf der Anthology eins-CD.

Die Forthlin Road-Tapes

Knapp zwei Jahre später, im April 1960, kurz vor der Johnny Gentle-Tournee, nahmen die Jungs nochmals auf, damals unter dem Namen The Silver Beetles. Für dieses Vorhaben lieh sich Paul McCartney ein Grundig-Tonbandgerät TK20 aus von Charles Hodgson, einem Nachbarn der McCartneys. Aufgenommen wurde im Haus der McCartneys, in der Forthlin Road 20. Bei den Aufnahmen waren dabei John Lennon, Paul McCartney, George Harrison und Stu Stutcliffe, der knapp vier Monate zuvor in die Band eingetreten war. Der jüngere Bruder Michael McCartney durfte den Beat klopfen, indem er auf einem Gitarrenkoffer trommelte. Das war nötig, da die Silver Beetles zu diesem Zeitpunkt keinen Schlagzeuger hatten. Tommy Moore kam erst ein paar Wochen später hinzu. An diesem Tag nahmen sie sieben Instrumentalnummern auf, sechs undefinierte Stücke und „Cayenne", ein Instrumentalstück von McCartney sowie „Well, Darling", vermutlich ein Song von McCartney, da er bei dem Song die Lead-Stimme übernahm wie auch bei „I Don't Know". Angeblich wurden, so erinnert sich McCartney, die Aufnahmen im Bad der McCartneys aufgenommen, um ein besseres Tonergebnis zu erreichen. Wenn man Bilder von diesem Bad gesehen hat, kann man sich schwer vorstellen, dass in diesen kleinen Raum fünf Musiker passen. Egal, in welchem Raum in der Forthlin Road 10 aufgenommen wurde, die Aufnahmequalität war miserabel.
Im Juni oder Juli des gleichen Jahres nahmen die Silver Beetles erneut Lieder auf in McCartneys Haus. Vermutlich spielten sie an mehreren Tagen, da sie insgesamt 19 Songs auf Band brachten. Von diesen Tonband-Aufnahmen wie auch von den April-Aufnahmen fertigten die Silver Beatles drei Kopien an, indem sie die Monospuren auf ein weiteres ausgeliehenes Tonbandgerät überspielten. Diese drei Kopien, die vermutlich unterschiedliche Lieder aufweisen, verschenkten sie. Ein kopiertes Band erhielt Hans-Walther Braun, ein Freund der Beatles aus Hamburg; ein weiteres Band erhielt Astrid Kirchherr und das

dritte Band schenkten sie Charles Hodgson, der ihnen das Tonbandgerät ausgeliehen hatte. Angeblich befinden sich auf Hodgsons Band die Urform der Lieder „Ask me Why", „When I'm Sixty-Four" und „Winston's Walk".

Es ist spannend, was mit mit diesen Bändern geschehen ist! Im Januar 1967 spielte das deutsche Fernsehen in der Sendung „The Beatles damals in Hamburg" einen Song aus dem Forthlin Road-Aufnahmen-Fundus: „I'll Follow The Sun", einen Song, den die Beatles 1964 auf dem Album „For Sale" nochmals aufnahmen und berühmt machten. Das Lied stammte vom Hans-Walther Braun-Band, so viel war sicher. Wie Braun mitteilte, wurden ihm nach der Sendung für das Band 10000 Deutsche Mark angeboten, aber er lehnte das Angebot ab. 1977 gaben Kirchherr und Braun ihre beiden Bänder an Frank Dostal, ehemaliger Sänger der Beatgruppe The Rattles und Bekannter der Beatles. In den Hamburger Teldec-Studios ließ Dostal die Bänder technisch aufbereiten und fertigte von dem Ergebnis drei Kopien an. Ein Band erhielt Braun, ein anderes Kirchherr, die dritte Kopie behielt Dostal für sich. Von der EMI erhielt Dostal ein Angebot von 200 000 Deutsche Mark, falls er das Band verkaufen würde. Er lehnte das Angebot ab. Auch Kirchherr wurden für den Verkauf ihres Originalbandes 50000 Deutsche Mark geboten. Auch sie weigerte sich zu verkaufen. Stattdessen gab sie ihr Band 1994 an George Harrison weiter. Dieser Schritt zeigt, welch integre Person und wahre Freundin Astrid Kirchherr für die Beatles war. Hamburg war in vielerlei Hinsicht ein Quell der Inspiration und Freundschaft fürs Leben.

Bereits in den 80er Jahren kursierten unzählige Bootleg-Aufnahmen von den Forthlin-Tapes. Mittlerweile findet man nahezu alle Songs auf YouTube. Peter Hodgson, der Enkelsohn von Peter Hodgson, fand im Nachlass die Tonband-Aufnahmen der Beatles und verkaufte sie an Paul McCartney. Diese Bänder waren die Vorlage für die Veröffentlichung der Anthology 1-CD. So sind „Halleluja, I Love Her So", „You'll Be Mine" und „Cayenne" darauf zu hören.

Erste Aufnahme in Hamburg

In Hamburg, ein paar Wochen nach Ankunft, landeten die Beatles erneut in einem kleinen Studio in der Kirchenallee 57. Wie bei Phillips in Liverpool konnte man dort ebenfalls für relativ wenig Geld sich einen Traum erfüllen und eine Aufnahme anfertigen lassen, um sie dann auf Acetat zu bannen. Am 15. Oktober 1960 lud Lu Waters[10], der Bassist von Rory Storm and the Hurricanes, die Beatles ein. Er wollte die Gershwin-Nummer „Summertime" aufnehmen, und die Beatles sollten hierfür die Begleitband sein. Wie Harrison viel später mitteilte, war keiner der Anwesenden überzeugt, dass Wally ein richtiger Sänger sei. Aber er bezahlte die Session. Interessant ist, dass just an diesem Tag John Lennon, Paul McCartney, George Harrison und Ringo Starr zum ersten Mal in ihrer Karriere zusammenspielten. Bassist Stuart Sutcliffe war zwar zugegen, spielte jedoch nicht mit. Er fühlte sich der Aufnahme spielerisch nicht gewachsen. Und Schlagzeuger Pete Best war erst gar nicht erschienen. Er hatte sonderliche Weise keine Lust auf Aufnahmen. Vermutlich fühlte auch er sich nicht gut genug für diese Herausforderung. Anwesend im Studio war auch Manager Allen Williams sowie die beiden Gitarristen Johnny Byrne und Ty Brian von Rory Storm and the Hurricanes. Kurz vor 20 Uhr stoppte Williams die Session, weil er Angst hatte, die Beatles könnten ihr Engagement im Kaiserkeller verpassen. Es wurden sechs Pressungen hergestellt, die jedoch alle verloren gegangen sind. Die Beatles werden sich bei diesem Studioeinsatz mit Sicherheit an ihre erste Aufnahmesession zwei Jahre zuvor erinnert haben, als sie in Liverpool ihre beiden Songs aufgenommen haben. Sie überlegten, selber das Studio in Hamburg zu mieten, um dort einen eigenen Song aufzunehmen, aber die Pläne zerschlugen sich. Bedauerlich, dass die Aufnahmen unwiderruflich verloren gegangen sind. Es wäre interessant zu hören, wie die Beatles diesen Jazz-Standard gemeistert haben. Knapp ein Jahr später hatten sie den Jazz-Song „September In The Rain" im Programm. Angelehnt an der orchestralen Version von Dinah Washington erarbeiteten sie sich eine spannende Gitarrenversion. Bestaunen lässt sich der Song, weil ihn die Beatles auf den Decca Tapes verewigten. John Lennon betonte mehrmals, dass er Jazz nicht mochte. Vermutlich war es McCartneys Leidenschaft für

---

[10] Er hieß eigentlich Walter Eymond, aber alle nannten ihn Wally

etabliertes Liedgut, dass die Beatles sich an alte Größen heranwagten. Eine Eigenheit, die er aus seinem Elternhaus mitbekam. Sein Vater Jim McCartney spielte Zeit seines Lebens in Jazzbands. Seine erste Kapelle formierte er mit seinem Bruder Jack. Sie nannten sich The Masken Melody Makers. Musik war im McCartney-Haus groß geschrieben. Aber auch in anderen Bereichen des Lebens war der Vater für Paul McCartney ein Vorbild. Er prägte ihm ein, Maß zu halten. Sein Credo lautete: „Never overdo it. Have a drink, but don't be an alcoholic. Have a cigarette, but don't be a cancer case."

Die Setliste von 1961

Hier ist die Liste aller Songs, die die Beatles im Jahr 1961 im Repertoire hatten und live spielten[11]:

Lied	Lead-Sänger	Komponist	Interpret
Ain't She Sweet	John	Yellen/Ager	——
Bad Boy	John	Williams	Larry Williams
Be-Bop-A-Lula	John	Vincent/Davies	Gene Vincent and his Blue Caps
Besame Mucho	Paul	Velazquez /Skylar	The Coasters
Blue Moon Of Kentucky	Paul	Monroe	Elvis Presley
Blue Suede Shoes	John	Perkins	Carl Perkins
Bony Maronie	John	Williams	Larry Williams
Boys	Pete	Dixon/Farrell	The Shirelles
Carol	John	Berry	Chuck Berry
Catswalk	Instru-mental	McCartney	———
Clarabella	Paul	Pingatore	The Jodimars

---

[11] The Beatles Live!, Mark Lewinsohn, S. 83 - 86

Lied	Lead-Sänger	Komponist	Interpret
C'mon Everybody	?	Cochran/Capehart	Eddie Cochran
Corinne, Corrina	?	McCoy/Chatman/ Williams/Parish	Joe Turner oder Ray Peterson
Cry For A Shadow	Instru-mental	Lennon/Harrison	— —
Crying, Waiting, Hoping	George	Holly	Buddy Holly
Dance In The Street	?	Davis/Welch	Gene Vincent and his Blue Caps
Darktown Strutters Ball	?	Brooks	Joe Brown
Dizzy Miss Lizzy	John	Williams	Larry Williams
Don't Forbid Me	George	Perkins	Carl Perkins
Everybody's Trying To Be My Baby	George	Perkins	Carl Perkins
Falling In Love Again	Paul	Hollander	Marlene Dietrich
Fools Like Me	John	Clement/Maddux	Jerry Lee Lewis
Glad All Over	George	Schroeder/Tepper/ Bennett	Carl Perkins
Good Golly Miss Molly	Paul	Blackwell/Marascal-co	Little Richard
Hallelujah, I Love Her So	Paul	Charles	Ray Charles / Eddie Cochran
Heavenly	?	Twitty/Nance	Conway Titty
Hello Little Girl	John	Lennon/McCartney	— —
Hey, Good Looking	?	Williams	Larry Williams
High School Confidential	Paul	Lewis/Hargrave	Jerry Lee Lewis

Lied	Lead-Sänger	Komponist	Interpret
The Hippy Hippy Shake	Paul	Romero	Chan Romero
Hold Me Tight	Paul	Lennon/McCartney	— —
The Honeymoon Song	Paul	Theodorakis/Sansom	Manuel
Hound Dog	John	Leiber/Stoller	Elvis Presley
Hully Gully	Paul (?)	Smith/Goldsmith	The Olympics
I Forgot To Remember To Forget Her	George	Kesler/Feathers	Elvis Presley
I Got A Woman	John	Charles/Richards	Ray Charles
I Got To Find My Baby	John	Berry	Chuck Berry
I Just Don't Understand	John	Wilkin/Westberry	Ann-Margret
I Remember	?	Cochran/Capehart	Eddie Cochran
I Wish I Could Shimmy Like My Sister Kate	John	Piron	The Olympics
I'm Gonna Sit Right Down and Cry Over You	John	Thomas/Biggs	Elvis Presley
It's Now Or Never	?	DiCapua/Schroeder Gold/Capurro	Elvis Presley
Johnny B. Goode	John	Berry	Chuck Berry
Kansas City/Hey-Hey-Hey-Hey!	Paul	Leiber/Stoller/Penniman	Little Richard
Lady Miss Clawdy	?	Price	Lloyd Price
Leave My Kitten Alone	John	John/Turner/McDougal	Little Willie John
Lend Me Your Comb	John/Paul	Twomey/Wise/Weisman	Carl Perkins
Like Dreamers Do	Paul	Lennon/McCartney	— —

Lied	Lead-Sänger	Komponist	Interpret
Little Queenie	Paul	Berry	Chuck Berry
Lonesome Tears In My Eyes	John	Burnette/Burlison/ Mortimer	Johnny Burnette Trio
Long Tall Sally	Paul	Johnson/Penniman/ Blackwell	Little Richard
Love Me Tender	Stuart	Presley/Matson	Elvis Presley
Love Of The Loved	Paul	Lennon/McCartney	——-
Lucille	Paul	Penniman/Collins	Little Richard
Mailman, Bring Me No More Blues	?	Roberts/Katz/Clayton	Buddy Holly and The Crickets
Matchbox	Pete	Perkins	Carl Perkins
Maybe Baby	?	Holly/Petty	Buddy Holly
Mean Woman Blues	?	Demetrius	Jerry Lee Lewis
Memphis Tennessee	John	Berry	Chuck Berry
Money (That's What I Want)	John	Gordy/Bradford	Barret Strong
New Orleans	?	Guida/Royster	Gary „US" Bonds
Nothin' Shakin' But The Leaves On The Trees	George	Colacrai/Fontaine/ Lampert/Cleveland	Eddie Fontaine
The One After 909	John	Lennon/McCartney	——
Ooh! My Soul	Paul	Penniman	Little Richard
Over The Rainbow	Paul	Harburg/Arlen	Gene Vincent
Peggy Sue	John	Holly/Allison/Petty	Buddy Holly
Please Mister Postman	John	Holland/Bateman/ Gordy	The Marvelettes
Red Hot	John	Emerson	Ronnie Hawkins
Red Sails In The Sunset	Paul	Kennedy/Williams	Joe Turner

Lied	Lead-Sänger	Komponist	Interpret
Reelin' And Rockin'	?	Berry	Chuck Berry
Road Runner	?	McDaniel	Bo Diddley
Rock And Roll Music	John	Berry	Chuck Berry
Roll Over Beethoven	John	Berry	Chuck Berry
Save The Last Dance For Me	John	Pomus/Shuman	The Drifters
Searchin'	Paul	Leiber/Stoller	The Coasters
September In The Rain	Paul	Dubin/Warren	Dinah Washington
Shaking All Over	?	Heath	Johnny Kidd
The Sheik Of Araby	George	Smith/Snyder/ Wheeler	Fats Domino
Shimmy Shimmy	John/ Paul	Massey/Schubert	Bobby Freeman
Short Fat Funny	John	Williams	Larry Williams
Shout	John/ Paul/ George	Isley/Isley/Isley	The Isley Brothers
Slow Down	John	Williams	Larry Williams
So How Come (No One Loves Me)	George	Bryant	The Everly Brothers
Sure To Fall (In Love With You)	Paul	Perkins/Claunch/ Cantrell	Carl Perkins
Sweet Little Sixteen	John	Berry	Chuck Berry
Take Good Care Of My Baby	George	Goffin/King	Bobby Vee
Teenage Heaven	?	Cochran/Capehart	Eddie Cochran
Tennessee	John	Perkins	Carl Perkins
That's All Right (Mama)	Paul	Crudup	Elvis Presley

Lied	Lead-Sänger	Komponist	Interpret
Thirty Days	John	Berry	Chuck Berry
Three Cool Cats	George	Leiber/Stoller	The Coasters
Three Steps To heaven	?	Cochran	Eddie Cochran
Till There Was You	Paul	Willson	Peggy Lee
To Know her Is To Love Her	John	Spector	The Teddy Bears
Too Much Monkey Business	John	Berry	Chuck Berry
Tutti Frutti	Paul	Penniman/LaBostrie	Little Richard
Twenty Flight Rock	Paul	Cochran/Fairchild	Eddie Cochran
Well … (Baby Please Don't Go)	John	Ward	The Olympics
What I'd Say	Paul	Charles	Ray Charles
Whole Lotta Shaking Going On	?	Williams/Davic	Jerry Lee Lewis
Wild In The Country	Pete	Peretti/Creatore/Weiss	Elvis Presley
Will You Love Me To-morrow	John	Goffin/King	The Shirelles
Wooden Heart	Paul	Twomey/Wise/Weisman/Kaempfert	Elvis Presley
Words Of Love	John/Paul	Holly	Buddy Holly
You Don't Understand Me	John	Massey	Bobby Freeman
You Win Again	John	Williams	Hank Williams
Youngblood	George	Leiber/Stoller/Pomus	The Coasters
Your Feet's Too Big	Paul	Benson/Fisher	Fats Walker
You True Love	George	Perkins	Carl Perkins

Aufnahmen mit Tony Sheridan

Beim zweiten Hamburg-Aufenthalt hatten die Beatles ein Engagement im Top-Ten-Club und teilten sich die Bühne mit Tony Sheridan, der vor seinem Engagement in Hamburg ein gefragter Studiomusiker war und für Rock'n'Roll-Stars wie Gene Vincent und Eddie Cochran die Gitarre spielte. So wie die Beatles verschlug es ihn mit seiner Gruppe The Jets 1960 von England nach Hamburg, wo er im Kaiserkeller und in der Großen Freiheit auftrat. Als die Jets zurück gingen nach England, blieb Sheridan allein in Hamburg und trat als Solo-Künstler im Top-Ten-Club auf. Die Beatles stießen im April hinzu und wurden gleich nach Ankunft kurzerhand von Tony als Begleitband rekrutiert, schon allein der guten Harmoniestimmen wegen, aber auch weil sie sich auf Anhieb gut verstanden und gemeinsam die Unterkunft teilten. Noch in späteren Jahren blickten Lennon, Harrison und McCartney gerne zurück und schwärmten von ihrem „Teacher", der ihnen viele Tricks und Kniffe an der Gitarre zeigte. Tony Sheridan hatte kurz zuvor einen Vertrag unterzeichnet mit der Deutschen Grammophon, um auf dem Label Polydor Aufnahmen zu machen. So kam es, dass an einem Abend im April Alfred Schacht auftauchte, ein Mitarbeiter des Aberbach Musik Verlags, wo die Werke Sheridans verlegt werden sollten, um mit dem Künstler den weiteren Verlauf zu besprechen. Schacht sah und hörte an diesem Abend nicht nur Sheridan, sondern auch die Beatles und war von dem gemeinsamen Auftritt begeistert. Die Beatles und Sheridan rockten im Top Ten-Club, was das Zeug hielt. Gleich nach dem Abend kontaktierte Schacht seinen Freund Bert Kaempfert, der als Orchesterleiter, Produzent, Komponist und Arrangeur tätig war und kurz zuvor in Amerika mit dem Song „Wonderland By Night" einen Nummer eins-Hit verbuchen konnte. Schacht berichtete ihm von seinem Club-Besuch. Kurz entschlossen lud Kaempfert die Beatles in sein Büro ein und unterbreitete den Vorschlag für einen Schallplatten- und Verlagsvertrag. Die Beatles erkannten dieses Angebot sofort als große Chance und waren damit einverstanden. Sie konnten ihr Glück kaum fassen. Es war das erste Mal, dass die Beatles einen Schallplatten- und Verlagsvertrag unterzeichneten. Kaempfert war, abgesehen von Erstmanager Allan Williams, der erste Produzent, der das Potential der Beatles erkannte.

Am 22. Juli 1961 um acht Uhr rückte Bernd Kaempfert morgens mit zwei Taxis vor dem Top Ten Club an, um die Beatles samt Instrumenten und Equipment abzuholen. Allerdings schliefen die Beatles wie auch Sheridan noch, da sie die Nacht durchgespielt hatten bis drei Uhr. Müde aber hochmotiviert fuhren sie in das Friedrich-Ebert-Gymnasium, Alter Postweg 30-38, in Harburg. Und waren enttäuscht. Anstelle eines professionellen Studios fanden sie eine Schulaula vor. Hinter der Bühne der Aula hatte Kaempfert mit Hilfe des Tontechnikers Karl Hinze ein mobiles Stereo-Tonbandgerät aufgebaut, zwei Mikrofone positioniert und die Seiten mit Vorhängen bespannt, um den Raumhall zu reduzieren. Da Kaempfert in diesem Fall als freier Produzent tätig war, wollte er Geld einsparen und kein großes Risiko eingehen. Sein Plan war, mit den fertigen Aufnahmen einen Schallplatten-Deal bei der deutschen Polydor auszuhandeln, und er war, dank seines Erfolges in Amerika, überzeugt, dass es klappte. Es muss erwähnt werden, dass es sich bei dieser Aula um einen renommierten Konzertsaal handelte, der gerne von Polydor und Philips für Aufnahmen benutzt wurde aufgrund der außergewöhnlich guten Raumakustik. Sheridan und die Beatles hatten ihre Verstärker und Instrumente dabei, die sie auch im Top-Ten-Club verwendeten. John Lennon spielte seine Rickenbacker 325, von der Teacher Sheridan wenig begeistert war. Als Verstärker verwendete er seinen frisch gekauften Fender Deluxe mit 18 Watt, eingebautem Hall und einem 12-Zoll-Jensen-Speaker. Harrison hatte immer noch seine Futurama-Gitarre trotz der hohen Saitenlage, über die er sich oft beschwerte. Kurz zuvor hatte er Kollegen Sutcliffe seinen Gibson-GA40-Les-Paul-Verstärker abgekauft, den er nun anstelle seines schwachbrüstigen Selmer Truvoice-Amps verwendete. Pete Best nutzte sein Premier-Schlagzeug mit der 26-Inch großen Basstrommel für seinen, wie er es nannte, „Atomic-Beat". McCartney sollte den Bass-Part übernehmen, da Stu Sutcliffe kurz zuvor der Band mitgeteilt hatte, seine Musikkarriere zu beenden. Er hatte vor, bei seiner Verlobten Astrid Kirchherr in Hamburg zu bleiben und sich wieder auf die Malerei zu konzentrieren. Auch wusste er, dass er technisch nicht fit genug für eine solide Aufnahme gewesen wäre. Das konnte Bandkollege und Multiinstrumentalist McCartney viel besser. So lieh sich McCartney von seinem Ex-Bandkollegen den Höfner 333-Bass, als Verstärker nutzte er den von Harrison ausrangierten Selmer Truvoice-Verstärker. Tony Sheridan besaß eine Martin D28E, eine mit Pickup verstärkte Akustikgitarre, sowie zwei Gibson ES175-Gitarren, die wegen ihres vollen Klanges und ihrer leichten Bauweise von Jazz-Musikern geschätzt wurde, darunter auch von Joe Pass. An diesem Tag verwendete Sheridan seine Martin-Gitarre. Die Beatles und Sheridan nahmen an zwei Tagen vier Lieder auf. Das erste Lied, auf das sie sich stürzten, war „My Bonnie", eine traditionelle Nummer, die im Rock'n'Roll-Stil aufgepeppt wurde. Harrison spielte die Lead-Gitarre, sein Solo-Part wurde aber herausgeschnitten und durch das Spiel von Sheridan ersetzt, Lennon spielte die Rhythmus-Gitarre, McCartney den Bass, und Pete Best sorgte für den Beat. Es wurden auch zwei Intros separat eingespielt: eines auf Englisch, das andere auf Deutsch, geeignet für den deutschen Markt. Die Übersetzung kam von Bernd Bertie. Anschließend kam der Song „The Saints" an die Reihe. Auch hier handelte es sich um ein altes amerikanisches Volkslied („When The Saints Go Marching In"), das ebenfalls modernisiert wurde. Tags darauf kamen Eigenkompositionen an die Reihe. Das Lied „Why" entsprang der kreativen Ader Tony Sheridans, und das Instrumental „Cry For A Shadow" war eine Tonschöpfung von Harrison und Lennon, für das sie einen Tag später ihren ersten Verlagsvertrag mit Kaempfert unterschrieben. Harrison räumte später ein, dass diese Instrumental-Nummer als Persiflage auf die Shadows gedacht war. Die Shadows waren zu dieser Zeit die angesehensten Künstler Englands, und die Beatles mussten zwangsweise auf Wunsch des Hamburger Publikums deren Hit „Apache" covern, was sie ungern machten, weil sie weder die Musik noch das Gehabe der Shadows besonders leiden konnten mit ihren einstudierten koketten Tanzschritten und dem steifadretten Aussehen. Zu diesem Zeitpunkt traten sie in rauer Lederkluft auf und konnten sich nicht vorstellen, ein Jahr später genau so adrett auszusehen.

Am Samstag, den 24. Juni, folgte die dritte Session, die im Studio Rahlstedt im Gebäude M1, Rahlau 128 in Hamburg-Tonndorf stattfand. Diesmal handelte es sich um ein professionelles Musikstudio, wo die Beatles und Sheridan drei weitere Songs aufnahmen: „Ain't She Sweet", für das Lied übernahm Lennon die Lead-Stimme. Zu hören ist diese Aufnahme auf der Anthology 1-CD. Bei den anderen beiden Nummern „Nobody's Child" und „Take Out Some Insurance On Me, Baby" war Sheridan wieder der Haupt-Sänger. Aber es zeigt, dass Bert Kaempfert von den gesanglichen Qualitäten John Lennons überzeugt war. Die Beatles befanden sich auf dem richtigen Weg. Ein Jahr später, am 24. Mai 1962, sollten sie noch einmal in dieses Studio zurückkehren, um zwei weitere

Songs aufzunehmen: „Sweet Georgia Brown" und „Swanee River". An diesem Tag war Sheridan nicht dabei, seine Stimme wurde nachträglich aufgenommen und in die bestehenden Aufnahmen kopiert. Jedoch der Pianist Roy Young wirkte mit, der auch im Star Club mit den Beatles gelegentlich auftrat. Laut späteren Aussagen Sheridans wurden bei den zurückliegenden Sessions noch drei weitere Songs aufgenommen: „Some Other Guy", „Kansas City" und „Rock'n'Roll-Music", aber von diesen Aufnahmen fehlt bislang jede Spur. Aber allzu groß ist der Verlust nicht, da von diesen Liedern andere gute Versionen der Beatles existieren. Jeder der vier Beatles bekam für die Aufnahmesessions 175 Deutsche Mark. Am zweiten Juli endete ihr Engagement im Top-Ten-Club. So reisten sie zurück nach Liverpool und kehrten erst ein Jahr später nach Hamburg zurück, anlässlich der Eröffnung des Star Clubs am 13. April 1962.

Die Aufnahmen mit Bernd Kaempfert waren für die Beatles in diesem Stadium enorm wichtig. Sie unterzeichneten zum ersten Mal einen Schallplattenvertrag sowie Lennon und Harrison einen Verlagsvertrag. Somit waren sie für ein Jahr vertraglich gebunden an Polydor und Bert Kaempfert. Die Single „My Bonnie"/"The Saints" erschien am 21. Oktober 1961 bei Polydor unter der Katalognummer NH 24673. Auf dem schwarz-weiß gehaltenen Cover wurden die Beatles mit keiner Silbe erwähnt, und auf dem Labeldruck stand „Tony Sheridan & The Beat Brothers". Aus dem Bandnamen Beatles wurde kurzerhand The Beat Brothers gemacht. Grund hierfür war die Befürchtung der Plattenfirma, dass der Name Beatles zu sehr an den Ausdruck „Piedel" erinnert, der vornehmlich im norddeutschen Raum das männliche Geschlechtsorgan bezeichnet. Daher wurde der Name der Beatles kurzerhand transformiert, was aber dem Erfolg der Single keinen Abbruch tat. Polydor verkaufte an die 100.000 Einheiten, die Single erreichte Platz fünf der deutschen Hitparade. Bei der Single-Version beinhaltete „My Bonnie" ein deutsches Intro. Polydor veröffentlichte am ersten Januar 1962 eine weitere Single-Version in Deutschland mit gleichbleibender Katalognummer, enthielt jedoch ein englisches Intro für „My Bonnie". Interessanterweise und für die Beatles hoch bedeutsam erschien diese Single-Version auch in Großbritannien unter der Katalognummer Polydor NH 66833 und auch am 23. April 1962 in den Vereinigten Staaten (Katalognummer DECCA 31382). Die Single erreichte in Großbritannien die Chartposition 48, in den USA sogar Platz 26 und in Deutschland immerhin Platz 32 der regulären Charts. Die britische Variante der Single führt richtigerweise auf dem Label als Interpreten Tony Sheridan & The Beatles an. Dies ist also die erste Platte, auf der die Beatles als ausführende Künstler namentlich erwähnt worden sind. Und es ist genau dieser Song, durch den Brian Epstein auf die Beatles aufmerksam wurde. Besser hätte es zu diesem Zeitpunkt nicht laufen können.

Brian Epstein wird der Manager der Beatles

Die Beatles spielten von Samstag, den ersten April, bis einschließlich Samstag, den ersten Juli, im Hamburger Top Ten Club. Dieser zweite Hamburg Besuch beinhaltete 92 Nächte, an denen sie insgesamt laut Vertrag an die 503 Stunden spielten. Hatten sie schon nach dem ersten Hamburg-Besuch musikalisch einen großen Sprung nach vorne gemacht, so wirkte sich der zweite Hamburg-Besuch genauso gewinnbringend aus. Die Bühnen-Performanz, das umfangreiche Repertoire wie auch die Musikalität erreichte ein noch höheres Niveau. Spielerisch hatten die Beatles im Kreise der Merseybeat-Bands den Status der Unerreichbarkeit erlangt.

Vom 4. bis 12. Juni gönnten sich die Beatles einen Kurzurlaub, dann spielten sie regelmäßig im Cavern Club, meist Lunchtime-Sessions mit anschließenden abendlichen Auftritten. Alle Clubs, in denen die Beatles auftraten, waren gerammelt voll. Die Anhängerschaft, meist weiblichen Geschlechts, wuchs kontinuierlich. Am 27. Juli traten sie zusammen mit der Liverpooler Band The Big Three, ehemals Cass and the Cassanovas, die sich nach dem Weggang des Sängers Brian Cassar umbenannt hatten, in der St. John's Hall auf. An diesem Abend hatte eine junge Sängerin namens Priscilla White mit den Big Three ihr Debüt, die später unter dem Namen Cilla Black Berühmtheit erlangen sollte[12]. Der größer werdende Bekanntheitsgrad, den die Beatles in Liverpool erreichten, wurde unterstützt durch die zweiwöchentlich erscheinende Zeitschrift Mersey Beat, die von Bill Harry herausgegeben wurde, einem ehemaligen

---

[12] Cilla Black trat des öfteren im Cavern Club auf, wo sie die Beatles kennenlernte. John Lennon war von der talentierten Sängerin so beeindruckt, dass er Brian Epstein empfahl, sie unter Vertrag zu nehmen. Epstein vermittelte Cilla Black zu George Martin, der sie produzierte. Als eine der wenigen Merseybeat-Künstler setzte sie sich durch

Studienkollegen von John und Stuart. Zusammen mit seiner Verlobten Virginia Snowry besuchte Harry monatelang Clubs, interviewte Bands und erkannte das große musikalische Potenzial der städtischen Bands und die sich herausbildende Szene, die ein starkes Pendant zur Londoner Szene darstellte. Schon vor dem zweiten Hamburg-Besuch präsentierte er ein Porträt der Beatles in seiner Ausgabe vom 6. bis 20. Juli. Auch ein witziger Artikel[13], den Lennon noch vor der Abreise nach Hamburg verfasst hatte, wurde von Harry auf Seite zwei platziert. Knapp drei Jahre später veröffentlichte Lennon sein erstes Buch „In His Own Write" (In seiner eigenen Schreibe), in dem er seinen exzentrischen Schreibstil beibehielt. Durch die Unterstützung der Presse erhielt das Image der Beatles innerhalb der Liverpooler Szene einen deutlich fühlbaren Schub, aber das permanente Spielen in den Clubs, vor allem die Dauerauftritte im Cavern Club, führten zu einem gewissen Stillstand. Routine kehrte ein, die Beatles hatten sich zu einem gewissen Punkt hochgekämpft, sie waren die unumstrittene Nummer eins der Bands in Liverpool. Nun hatten sie Sorge, dass sich durch die endlos erscheinenden Wiederholungen und das Spielen im immer selben Kreis dieser Erfolg abnutzen könnte. Sie ahnten nicht, dass es einen Ausweg aus dieser Sackgasse geben würde. Als in Deutschland die Single „My Bonnie/The Saints" am 23. Oktober 1961 von der Polydor veröffentlicht wurde, schickte Stuart Sutcliffe, der in Hamburg geblieben war, einige Kopien dieser Scheibe an George. Dieser reichte die Schallplatte weiter an Bob Wooler, der in seiner Funktion als Diskjockey die Platte in den Dancehalls und Clubs auflegte. Obgleich das Cover betitelt war mit Tony Sheridan & The Beat Brothers erfuhr die Liverpooler Merseybeat-Szene, dass es sich bei den Aufnahmen um die Beatles handelte. So legte Wooler eines Nachts die Platte in der Hampelton Hall auf, wo der 18-jährige Raymond Jones aus Huyton „My Bonnie" hörte. Der Rest ist Geschichte. Am Samstag, den 28. Oktober, gegen 15 Uhr, ging Jones, gekleidet in typischer Teenager Montur mit Lederjacke und Jeans in den Nems-Plattenladen am Whitechapel und fragte Brian Epstein, den Manager dieses Ladens, nach der Platte. Epstein hatte weder von der Single gehört, noch war ihm die Band bekannt, aber er versprach Jones, nach der Platte zu suchen und auch, falls die Möglichkeit bestünde, in Deutschland zu bestellen. Den Montag darauf kamen zwei Mädchen in den

---

[13] „Being a short diversion on the dubious origins of Beatles"

Plattenladen mit dem gleichen Anliegen. Auch sie fragten nach der Single. Epstein begann stutzig zu werden, da es offensichtlich eine Nachfrage nach einem Produkt gab, das im von der Musikindustrie herausgegebenen Record Retailer nicht gelistet war und somit in England nicht vertrieben wurde. Epstein begann nun intensiver zu recherchieren, kontaktierte Plattenimporteure in London, aber auch diese Spezialisten für Auslandsexporte hatten noch nie von dieser Single gehört, von der in Deutschland an die 100.000 Einheiten verkauft worden waren und auf Platz fünf der deutschen Charts geklettert war. Epstein war nahe dran, seine Recherche einzustellen, als er zufälligerweise Bill Harry begegnete, mit dem er wegen Anzeigen und Plattenrezensionen im Mersey Beat-Magazin für seinen Plattenladen in regelmäßigen Kontakt stand. Beiläufig erwähnte er den Vorfall und war überrascht, als Harry ihm erklärte, dass die Beatles nicht, wie er annahm, eine deutsche Band wäre, sondern aus Liverpool kämen, noch dazu die beliebteste Band in ihrer Heimatstadt seien. Da Epstein die Zeitschrift Mersey Beat sehr gut kannte und auch abonniert hatte, ist es verwunderlich, dass er die Beatles nicht kannte, obwohl sie nicht nur mit Fotos das Titelblatt zierten und große Artikel über sie erschienen waren, sondern selbst die Veröffentlichung der Platte in Deutschland in der Zeitung groß dargestellt worden war. Laut Bill Harry kam man, wenn man die Zeitung las, an den Beatles nicht vorbei, und Epstein war ein regelmäßiger Leser der Zeitschrift. Es ist nur zu erklären, dass sich Brian Epstein mit seinen 27 Jahren für jugendliche Bands und vor allem für Rock'n'Roll nicht interessierte und alles ausblendete, was für ihn ohne Bedeutung war.[14] Da ihm Harry auch mitteilte, dass der Cavern Club keine zweihundert Meter von seinem Plattenladen entfernt war, entschied Brian Epstein, der Band einen Besuch abzustatten. Am neunten November tauchte Brian Epstein zur Lunchtime-Session im Cavern Club auf. Er trug einen feinen Nadelanzug, hatte eine Aktentasche unter den Arm geklemmt und wurde flankiert von seinem Assistenten Alistair Taylor, der wie sein Chef viel zu fein gekleidet war für das Cavern-Club-Ambiente. So stiegen die beiden Herren die 18 Stufen des Clubs herunter und betraten eine völlig neue Welt, wie Epstein in einem BBC Radio-

---

[14] In seinem Buch „A Cellarful Of Noise" erinnert sich Epstein, dass ihm einmal ein Plakat aufgefallen war für eine Veranstaltung in Liverpool, auf dem der Name Beatles abgedruckt war. Er wunderte sich über die falsche Schreibweise

interview 1964 bekundete: „It was pretty much of an eye-opener, to go down into this darkened, dank, smoky cellar the middle of the day, and to see the crowds of kids watching these four young men on stage, They were rather scruffily dressed – in the nicest possible way or, I should say, in the most attractive way: black leather jackets and jeans, long hair of course. And they had a rather untidy stage presentation, non terribly aware, and not caring very much, what they looked like. I Think they cared more even then for what they sounded like. I immediately liked what I heard. They were free and they were honest, and they had what I thought was a sort of presence and, this is a terribly vague term, star quality."[15] Fest steht, dass sich Epstein nach dem Auftritt der Beatles durch die verschwitzte Teenagerhorde kämpfte, um zu dem kleinen Bandraum hinter der Bühne zu gelangen. Als erstes begegnete er George Harrison, der im sarkastischen Ton fragte, was Mr. Epstein denn hierher in den Cavern-Club führe. Epstein erklärte, dass er vorhabe, zweihundert Exemplare der Single „My Bonnie" zu bestellen. Mit diesem kurzen Gespräch war die erste Kontaktaufnahme mit der Band beendet und Epstein ging zusammen mit Taylor zurück zu Nems, bestimmt beeindruckt von den neuen Eindrücken. Es folgten die nächsten Tage weitere Besuche von Epstein, um die Beatles zu hören, die sich bestimmt geschmeichelt fühlten von dem Interesse, das ihnen Brian Epstein entgegenbrachte. Bei diesen Besuchen kam Epstein wohl zum ersten Mal der vage Gedanke, die Band zu managen und ins Musikgeschäft groß einzusteigen. Er telefonierte mit Angestellten von Plattenläden in London und verschaffte sich einen groben Überblick, wie es im Musikgeschäft läuft. Er suchte sogar Allan Williams, den ersten Manager der Beatles, im Blue Angel-Club auf und bat ihn um Rat. Doch Williams war noch verbittert von seinen Erfahrungen, die er mit den Beatles bei ihrem zweiten

---

[15] The complete Beatles Chronicle, Mark Lewisohn; Übersetzung: Es war ein ziemlicher Augenöffner, mitten am Tag in diesen dunklen, feuchten, verrauchten Keller hinabzusteigen und zu sehen, wie viele Kids diesen vier jungen Männern auf der Bühne zusahen. Sie waren ziemlich schäbig gekleidet - auf die schönste Art und Weise, oder sollte ich sagen, auf die attraktivste Art und Weise: schwarze Lederjacken und Jeans, lange Haare natürlich. Und sie präsentierten sich auf der Bühne ziemlich unordentlich, ohne sich groß darüber bewusst zu sein, wie sie aussahen, und ohne sich groß darum zu kümmern. Ich glaube, sie kümmerten sich schon damals mehr darum, wie sie klangen. Mir gefiel sofort, was ich hörte. Sie waren frei und sie waren ehrlich, und sie hatten etwas, was ich für eine Art von Präsenz und, das ist ein schrecklich vager Begriff, Starqualität hielt.

Hamburg-Besuch gemacht hatte, und warnte Epstein eindringlich, die Band zu managen. Trotz seiner Unentschlossenheit lud Epstein die Band zu sich ins Büro. Termin war Sonntag, der dritte Dezember, 16.30 Uhr. Paul verspätete sich zu dem Termin. Er zog es vor, ein ausführliches Bad zu nehmen. Brian Epstein war verwundert, dass ein Beatle zu dem Termin zu spät kommt, aber George Harrison meinte lakonisch, dass er wenigsten frisch gewaschen erscheinen würde. Als Paul endlich ankam, zogen die Gruppe und Epstein weiter in ein Café, wo sie die Vor- und Nachteile eines Managements diskutierten. Die Beatles waren einer geschäftlichen Beziehung nicht abgeneigt, und so trafen sie sich erneut nachmittags am Mittwoch, den sechsten Dezember. Währenddessen holte Epstein Rat ein bei Rex Makin, dem Rechtsanwalt der Familie. Der Rechtsanwalt riet ihm ab, die Band zu managen. Er glaubte nicht, dass Brian den nötigen Ehrgeiz und das nötige Durchhaltevermögen für diese Aufgabe aufbringen würde. Jedoch ließ sich Epstein nicht beirren, seine Entscheidung stand mittlerweile fest. So teilte er den Beatles am 6. Dezember mit, dass er bereit sei, die Band zu managen, vorausgesetzt er bekäme 25 Prozent von allen Brutto-Einnahmen, wöchentlich ausbezahlt. Hierfür machte er folgende Versprechungen, die für die Band verlockend geklungen haben müssen: Die Auftritte der Beatles, so verkündete er, sollten nunmehr besser organisiert werden und vor allem habe er vor, den Aktionsradius auszuweiten. Zudem garantierte er, dass für Auftritte mindestens 15 Pfund bezahlt werden sollten, ausgenommen waren die Lunchtime-Sessions im Cavern-Club. Dort wollte Epstein die Gage durch Verhandlungen mit Clubbesitzer Ray McFall von fünf auf zehn Pfund anheben. Hinzu kam, dass Epstein sich bemühen wollte, die Beatles von der Vertragsverpflichtung gegenüber Bert Kaempfert zu befreien, um einen offiziellen Schallplattenvertrag in England zu erhalten. Dieser Punkt beeindruckte die Beatles am meisten. Da Epstein mit NEMS (North End Music Stores) einen der größten Schallplattenläden im Nordwesten Englands besaß, trauten die Beatles es ihm zu, seine Versprechen einzulösen. Dennoch herrschte nach den Verlautbarungen Epsteins einige Sekunden Stille, bis John Lennon das Wort erhob: „Right then, Brian, manage us. Now where's the contract, I'll sign it!" (In Ordnung, Brian, manage uns. Wo ist also der Vertrag, ich werde ihn unterzeichnen!) Brian hatte an diesem Tag nur einen Standardvertrag zur Hand, der ihm nicht zusagte. Die nächsten Tage besserte er diese Vorlage aus und gestaltete ihn nach seinen Vorstellungen und seines Erachtens nach zu faireren Konditionen. Am zehnten Dezember trafen sich die Beatles und Brian Epstein erneut, diesmal im Casbah-Club. Alle vier Beatles stimmten dem Vertrag zu, unterschrieben jedoch noch nicht. Erst am 24. Januar 1962, kurz nach einer der zahllosen Lunchtime-Sessions im Cavern Club, trafen sich die Vertragspartner, um den Vertrag zu unterschreiben. Als Zeuge war Alistair Taylor anwesend. Auffallend ist, dass alle vier Beatles unterschrieben, jedoch Brian Epstein nicht. Vermutlich war dies seiner eigenen Unsicherheit geschuldet. Er wollte erst herausfinden, wie weit er seine der Band gegenüber gemachten Versprechungen einhalten konnte. Gleichwohl war ab diesem Tag Brian Epstein der Manager der Beatles. Nach Allan Williams, Larry Parnes und Bob Wooler war dies das erste richtige und ernst zunehmende Management.

Am 10. November 1961 veranstaltete Sam Leach, ein Promoter in Liverpool das bis dato größte Show-Event im Tower Ballroom, das er in weiser Voraussicht „Operation Big Beat" betitelte. Die größten Bands Liverpools waren an diesem Abend dabei. Natürlich The Beatles, aber auch Rory Storm and The Hurricanes, Gerry & The Pacemakers, The Remo Four sowie Kingsize Taylor and The Dominoes. 3000 Zuschauer erlebten das fünfeinhalb stündige musikalische Spektakel, das erstaunlicherweise von der Liverpooler Presse kaum wahrgenommen wurde, geschweige von den großen Impressarios Londons. Dabei sollte es nur knapp zwei Jahre dauern, bis alle Bands, die an diesem Abend spielten, die englischen Charts dominierten – durch die Arbeit Brian Epsteins. Am 24. November wurde dieses Event aufgrund der großen Nachfrage wiederholt. Das einzige Blatt in Liverpool, das auf die Veranstaltung reagierte, war der Liverpool Echo, der regelmäßig Plattenkritiken unter der Rubrik „Off The Record" lieferte. Der Redakteur, der sich mit dieser Kolumne befasste, gab sich den Nom de plume Disker. Im Dezember wendete sich Epstein in einem Brief an diesen Redakteur in der Hoffnung, dass dieser eine Rezension für die Beatles/Sheridan Single veröffentlichte. Epstein bekam jedoch irritierender Weise keine Antwort aus der Redaktion in Liverpool, sondern direkt aus London. Disker hieß mit richtigem Namen Tony Barrow, und war fest angestellt bei der Firma Decca als Verfasser von Künstler- und Productfacts. Da er gebürtiger Liverpudlian war, schrieb er zusätzlich für den Liverpool Echo. Seine Antwort war positiv, worauf Epstein nach London fuhr und sich mit ihm traf. Doch das Treffen verlief entmutigend. Epstein hatte eine Aufnahme vom Cavern Club dabei in einer fürchterlichen Qualität, die Barrow nicht beeindruckte. Zugleich erklärte er Epstein, dass die Kolumne „Off The Record" nur für aktuelle Veröffentlichungen verwendet würde und nicht für Singles, die in England nicht erschienen sind. Dennoch musste entweder Epstein oder doch das schlecht klingende Acetat aus dem Cavern Eindruck hinterlassen haben, denn nach dem Treffen telefonierte Barrow mit Dick Rowe, dem Chef der A&R-Abteilung von Decca und erzählte ihm von seinem Treffen mit Epstein. Da Epstein einen florierenden Plattenladen in Liverpool betrieb, hatte man Sorge, den Partner mit einer Absage zu verärgern. So vereinbarten Barrow und Rowe, dass am 13. Dezember Mike Smith, der junge Assistent von Rowe, in den Cavern Club kommen solle, um eine komplette Abendshow der Beatles live zu erleben. Zu ersten Mal in der Musikgeschichte kam ein Londoner Artist & Repertoire-Agent nach Liverpool, um sich dort eine Band anzuhören. Entsprechend aufgeregt war die Stimmung an diesem Abend im Cavern Club. Und der große Coup Epsteins ging auf: die Beatles überzeugten Smith, der zwar nicht gleich einen Vertrag aus der Tasche zauberte – dafür hatte er als Assistent nicht die nötige Kompetenz, aber er vereinbarte ad hoc einen Aufnahmetermin im Londoner Decca-Studio für den ersten Januar 1962. Bereits vor Vertragsunterzeichnung als Manager der Beatles hatte Epstein somit sein erstes großes Versprechen, sich um einen Schallplattenvertrag zu bemühen, beeindruckend unter Beweis gestellt.

Die Decca-Tapes

Das Wetter am 31. Januar 1961 konnte nicht schlechter sein. Während Brian Epstein mit dem Zug anreiste, kämpften sich die Beatles auf einer zehnstündigen Fahrt durch einen nicht enden wollenden Schneesturm. Der Bus war vollgepackt mit Verstärkern und Instrumenten, es war kalt, und die Sicht war so miserabel, dass Fahrer Neil Aspinall bei Wolverhampton vom Weg abkam und sich verfuhr. Dennoch schafften die Beatles es, heil und unbeschadet anzukommen und trafen sich mit Epstein im Royal Hotel am Woburn Platz, wo sie alle nächtigten für 27 Shilling pro Bett und Frühstück. Trotz der strapaziösen Fahrt war die Stimmung gut, die Zuversicht, einen Deal zu erlangen, groß, und Epstein und die Beatles tranken Whisky-Cola, welches für Jahre das Beatles-Getränk werden sollte und beendeten auf diese Weise das turbulente Jahr 1961.

Pünktlich um 11 Uhr vormittags saßen sie am ersten Januar im Empfangsbereich der Decca Studios in Westhampstad. Mike Smith war nicht zugegen. Er verspätete sich. Den Abend zuvor hatte er ausgiebig auf einer Silvesterparty gefeiert. Kein guter Start, Epstein war ungehalten über die Verspätung und sah in ihr eine gewisse Geringschätzung der Band gegenüber. Smith führte gleich nach seiner Ankunft die Beatles unverzüglich in das Studio, und dort gab es gleich das erste Problem. Die Verstärker der Beatles hatten durch die vielen Nächte in Hamburg und in Liverpool eine gewisse Patina erreicht und wirkten nicht tauglich für eine professionelle Tonaufnahme. So schlug Smith den drei Gitarristen vor, das studioeigene Equipment zu verwenden. Die eigenen, vertrauten Instrumente durften sie zum Glück nutzen. Dieser Wechsel der Verstärker war gravierend. Die Band wusste, dass sich durch die Verwendung anderer, ungewohnter Klangwandler der Sound ändern würde. Aber es blieb ihnen nichts anderes übrig, und sie fügten sich ihrem Schicksal. Die Aufnahmesession begann, und die Beatles fühlten sich merklich unwohl, was sich in einer leicht verhaltenen Spielweise bemerkbar machte. Das schlechte Wetter, die strapaziöse Reise und das Spielen mit fremden Equipment waren denkbar schlechte Voraussetzungen, die gewohnte Leistung abzurufen. Hinzu schlich sich eine Nervosität ein. Kein Wunder, die Beatles standen zum ersten Mal in ihrem Leben in einem richtigen Studio in England, und sie wussten, was auf dem Spiel stand: nichts anderes als ihre Karriere. Lennon fühlte sich, nachdem er im Oktober 21 Jahre alt geworden war, fast zu betagt für das Showgeschäft. Er hatte das Gefühl, dass ihm die Zeit davonrennt. Aber tapfer kämpften sich John, Paul, George und Pete durch folgende Songs:

Titel	Gesang	Komponist
1. Like Dreamers Do	Paul	Lennon/McCartney
2. Money (That's What I Want)	John	Gordy/Bradford
3. Till There Was You	Paul	Willson
4. The Sheik Of Araby	George	Smith/Wheeler/Snyder
5. To Know Her Is To Love Her	John	Spector
6. Take Good Care Of My Baby	George	Goffin/King
7. Memphis, Tennessee	John	Berry
8. Sure To Fall (In Love With You)	Paul	Cantrell/Claunch/Perkins

9. Hello Little Girl	John	Lennon/McCartney
10. Three Cool Cats	George	Leiber/Stoller
11. Crying, Waiting, Hoping	George	Holly
12. Love Of The Loved	Paul	Lennon/McCartney
13. September In The Rain	Paul	Warren/Dubin
14. Besame Mucho	Paul	Velazquez
15. Searchin'	Paul	Leiber/Stoller

Auffällig ist, dass Paul McCartney mit sieben Liedern den Hauptanteil des Leadgesangs übernahm. Lennon und Harrison teilten sich mit jeweils vier Songs den Leadgesang der übrigen Songs. Auch die Auswahl, bei der Epstein behilflich war, ist interessant: alle Lieder, die sie bei Decca spielten, waren aus ihrem aktuellen Repertoire. Der Anteil der eigenen Lieder war eher gering. Nur mit den Kompositionen „Like Dreamers Do", „Hello Little Girl" und „Love Of The Loved" stellten sich die Beatles bei der Decca als eigenständige Komponisten vor. Der Rest sollte die musikalische Bandbreite der Band abdecken, auf die besonders McCartney stolz war: von Rock'n'Roll-Standards bis zur Jazz-Nummer war alles geboten. Entscheidend jedoch ist, dass sich die Beatles an diesem Tag unter Wert verkauften. Die Aufnahmen klingen zu verkrampft. Erst ab dem letzten Drittel, wie Lennon später feststellte, fingen sie sich und wurden lockerer. Von der später so beeindruckenden musikalischen Souveränität und dem First-Take-Zauber im Studio waren sie noch weit entfernt. Das größte Defizit bei diesen Aufnahmen war der wackelige Rhythmus. Pete Bests Schlagzeugspiel harmoniert nur in seltenen Momenten mit Bass und Gitarren. Beim konzentrierten Hören bekommt man das Gefühl, dass Bests HiHat immer am vorgegebenen Beat vorbei läuft. Auch die Snare wird kaum wahrgenommen. Es ist davon auszugehen, dass die Decca-Ingenieure eine Standard-Einstellung der Mikrofone vorgenommen hatten. Wie üblich zur damaligen Zeit, gab es ein Mikrofon für das gesamte Schlagzeug. Es lag am Schlagzeuger selbst, den passenden Sound durch sein Spiel zu erzeugen. Das hat Pete Best an diesem Tag nicht geschafft. Mit einem prägnanteren Beat wären die Aufnahmen deutlich besser ausgefallen. Dass dies nicht nur an der Tagesform lag, sondern ein grundsätzliches Problem für den Sound der Beatles darstellte, sollte ein paar Monate George Martin auffallen. Gesanglich präsentierten sich Paul, John und auch George durchaus selbstbewusst. Die Aufnahme von „Till There Was You" weicht deutlich von der Version auf dem Album „With The Beatles" ab. Auf der Decca-Aufnahme ist das Gitarrenspiel Georges im Strophenpart noch nicht so ausgefeilt. Auch spielt er statt einem zwei Soli, dadurch ist die Decca-Aufnahme mit drei Minuten Spielzeit ca. 50 Sekunden länger als die Version, die sie auf der zweiten Langspielplatte „With The Beatles" im November 1963 präsentierten.

Dennoch war Smith trotz der Defizite vom Ergebnis beeindruckt und gab der Band ein gutes Gefühl. Gleich nachdem der letzte Song verklungen war, mussten die Beatles unverzüglich abrücken, weil Decca eine weitere Band an diesem Tag gebucht hatte. Smith erwartete Brian Poole and the Tremeloes, die aus Barkin, Essex, kamen. So fuhren die Beatles nach Liverpool zurück. Sie wussten, dass sie nicht das Optimum im Studio abgeliefert hatten, dennoch hofften sie wie auch Brian Epstein auf einen lukrativen Schallplattenvertrag. Gleich nach ihrer Rückkehr veröffentlichte Bill Harry am vierten Januar in seiner Zeitung Mersey Beat die Ergebnisse einer Beliebtheitsumfrage, aus der die Beatles als deutliche Sieger hervorgingen. Um Längen ließen sie die Konkurrenz hinter sich. Auf den weiteren Plätzen der beliebtesten Bands positionierten sich Gerry and The Pacemakers, The Remo Four, Rory Storm and The Hurricanes, Johnny Sandon und The Searchers. Am fünften Januar folgte dann, initiiert von Brian Epstein, die Veröffentlichung der Tony Sheridan-Single „My Bonnie" in England. Diesmal wurde auf dem Cover der Single der richtige Bandname gedruckt. Obgleich die Wahrscheinlichkeit gering war, dass die Single eine höhere Chartposition erreichen würde, nahmen die Beatles den Song in ihrem Repertoire auf. John übernahm die Leadstimme. Auf den Postern für die Auftritte in den Liverpooler Dancehalls ließ Epstein die Phrase „Beatles - Polydor Recording Artists" einfügen. Nur in Liverpool verkaufte sich die Single. Andernorts waren keine Platten-Umsätze zu vermelden.

Die von Epstein geplanten Gagenforderungen machten sich bezahlt. Die Beatles hatten deutlich mehr englische Pfund in den Taschen, die Auftritte verlagerten sich immer mehr außerhalb von Liverpool, die unkoordinierte Abfolge der Songs bei den Auftritten wurde abgelegt, es gab nun eine feste Reihenfolge und höchstens zwei Sets pro Abend wurden gespielt. Auch mit Hamburg verhandelte der frisch gebackene Manager, auch hier wurde für die Frühlings-Tour eine deutlich bessere Gage ausgehandelt. In die festgefahrene Karriere kam wieder Bewegung, dank Brian Epstein. Noch dazu hofften sie unentwegt, dass als Krönung ein Schallplattenvertrag folgte. Der größte Schritt, den die Beatles bis dato machten, war der Sprung von den Lederklamotten zu den Anzügen. Es wird oft diskutiert, ob die Beatles von Epstein gezwungen wurden, Anzüge zu tragen. Zwang auszuüben war nicht unbedingt das Bestreben Epsteins. Vielmehr überzeugte er durch Argumente, dessen kräftigstes war, mit Anzügen und einem professionelle Auftreten deutlich bessere Auftritte und Gagen zu erzielen, was sich auch bewahrheitete. Am 7. März erhielten alle vier Beatles je ein braunes Paket, das ihnen von der Schneiderei Reno Dorn in der Orange West Road, Birkenhead, zugeschickt wurde. Die Anzüge waren aus gebürstetem Tweed, hatten ein dünnes Revers, und dazu gab es die passende Krawatte. Die Kosten von 160 Pfund übernahm Epstein. Jeder Beatle musste eine Anzahlung von drei Pfund leisten. And diesem Abend waren sie in Manchester und nahmen eine Sendung für die BBC auf.   Kurz zuvor, Ende Februar, kam endlich eine Antwort von der Decca, auf die die Beatles und auch Epstein sehnsüchtig gewartet hatten. Die große Erwartung schlug um in Enttäuschung, denn Decca sagte der Band ab. Im März vereinbarte Epstein einen Besprechungstermin und fuhr nach London. Dort traf er sich mit Salesmanager Sidney Arthur Beecher Steevens und A&R-Manager Dick Rowe. Bei einer Tasse Kaffee meinte Rowe: „Ich will nicht um den heißen Brei herumreden, Mr. Epstein. Uns gefällt der Sound ihrer Jungs nicht. Gitarrengruppen werden bald nicht mehr angesagt sein."[16] Noch dazu meinte der A&R-Manager, dass es lukrativer sei, sich mehr auf NEMS zu konzentrieren. Epstein ließ sich nicht entmutigen und versuchte mit vielen Argumenten zu retten, was zu retten war bei den beiden Decca-Managern. Er überlegte sich sogar, den Vorschlag zu unterbreiten, 3000 Beatles-Platten direkt von der Decca abzukaufen, um sie bei sich im Laden zu verkaufen. Doch verwarf er diesen Gedanken wieder. Schließlich vermittelte Rowe, wohl um Epstein zu besänftigen und abzuwimmeln, den Kontakt zu dem unabhängigen Produzenten Tony Meehan, der als Schlagzeuger der Ur-Besetzung der Shadows angehört hatte, aber wegen seines exzentrischen, sprunghaften Benehmens aus der Band geflogen war. Meehan sollte für 100 Pfund die Beatles nochmals aufnehmen, wofür ein

---

[16] Brian Epstein. Der fünfte Beatle erzählt, S. 61

Termin ausgemacht, jedoch später von Epstein abgesagt wurde. Damit war die Verbindung zu Decca endgültig gekappt.

Brian Epstein fuhr mit der Bahn von London zurück nach Liverpool, traf sich mit den Beatles gleich nach Ankunft in der Innenstadt in Joe's Café in der Lime Street. Er teilte ihnen mit, dass sein Gespräch mit der Decca nichts an der Absage geändert hatte. Die Band war natürlich niedergeschlagen. Doch Epstein gab nicht auf. Er arbeitet den unerledigten Berg an Arbeit bei NEMS ab und reiste nach ein paar Tagen, vermutlich am achten Februar, erneut nach London, um die Band bei den großen Plattenfirmen anzupreisen. Doch wo er auch hinkam, hagelte es Absagen: bei Pye-Records wie auch bei Oriole-Records, denen er das Decca-Band vorspielte, doch ohne Erfolg. Nun blieb noch ein Termin in der HMV-Filiale, einem EMI-Ableger in der Oxford Street. Dort trat er sich mit Bob Boast, dem Manager von HMV, den er ein Jahr zuvor bei einem Vertriebskurs, den die Deutsche Grammophon in Hamburg veranstaltete, kennengelernt und sich angefreundet hatte. Er spielte Boast auszugsweise das Band vor, dieser hörte zu, erklärte aber, dass er nicht in der Position sei, zu helfen. Jedoch gab Boast den Tip, aus dem unhandlichen Tonband ein Acetat zu erstellen. Er führte hierfür seinen Gast in ein kleines Studio der HMV im ersten Stock, wo für Kunden 78 rpm-Präsentations-Vinylscheiben angefertigt wurden. Jim Foy, der Toningenieur, schnitt die Matrize von Epsteins Band, und ihm gefiel der Sound der Band. Epstein erwähnte daraufhin beiläufig, dass drei der Lieder von der Band selbst komponiert worden seien – ungewöhnlich in der damaligen Zeit. Foy fragte nach, ob diese drei Stücke schon verlegt seien. Epstein verneinte, woraufhin Foy ihm mitteilte, dass das Büro von Ardmore & Beechwood, einem Subverlag der EMI, sich im obersten Stockwerk dieses Gebäudes befinde, und er den Chef dieser Abteilung, Sid Coleman, herunterbitten würde. Brian Epstein konnte sein Glück kaum fassen. Plötzlich öffnete sich eine neue Tür, zwar deutlich kleiner als die der großen Schallplattenfirmen, aber dafür ging sie auf. Coleman erschien, hörte sich die drei Stücke der Beatles an, was er hörte, gefiel ihm, so war es naheliegend, dass er Epstein einen Verlagsvertrag anbieten wollte. Die beiden gingen nach oben in Colemans Büro und verhandelten den Vertrag aus, während Foy unten die Matrize für das Acetat fertig stellte. Epstein war natürlich überwältigt von Colemans unerwartetem Entgegenkommen, aber dennoch war für ihn oberste Priorität einen Schallplattenvertrag zu erlangen, da half ein Verlagsvertrag nur wenig. Coleman zeigte Verständnis und telefonierte unverzüglich mit George Martin, dem Chef der Artist und Repertoire-Abteilung der Parlophone. Parlophone war, verglichen mit Columbia und HMV, das schwächste Glied in der Kette der EMI. Am Telefon meldete sich die Sekretärin Judy Lockhart, George Martin war nicht im Haus. Epstein vereinbarte mit ihr einen Termin für Dienstag, den 13. Februar. Zuvor, am neunten Februar, wollten sich Coleman und Martin treffen. Vermutlich ging es hierbei auch um das Anliegen Epsteins.

An besagtem Dienstag marschierte Brian Epstein zur Manchester Square und traf sich zum ersten Mal mit George Martin. Beide verstanden sich auf Anhieb, und waren, was die Umgangsformen anging, sehr ähnlich. Brian Epstein erzählte ausführlich, welch dominierende Rolle die Beatles in der Merseybeat-Szene ausübten, Martin hingegen gab zu, dass er noch nie von den Beatles gehört hatte. Geschult von den unzähligen Absagen, ließ sich Epstein nicht aus der Fassung bringen, sondern spielte seine letzte Karte aus: er spielte Martin die von Foy neu geschnittene Vinylscheibe der Beatles vor und wusste, dass nicht die Argumente, sondern allein die Musik zählte. Er hielt den Atem an, als Martin aufmerksam lauschte. Anders als die A&R-Manager zuvor fand Martin Zugang zur Musik und hörte über die Schwächen der Aufnahmen hinweg ein gewisses Potenzial heraus, das ihn fesselte. Die Komposition „Hello Little Girl" gefiel ihm gut, ebenso überzeugte ihn das Cover „Till There Was you" mit dem Gitarrenspiel Harrisons. Die melodische Stimme Pauls sagte ihm am meisten zu. Er fand sie eingängig und sah in ihm beim ersten Hören den musikalischen Kopf der Gruppe. Am Ende beteuerte Martin, die Beatles kennenzulernen zu wollen. Ein konkreter Termin wurde bei diesem Treffen jedoch nicht vereinbart.

Als Epstein nach Liverpool zurückkehrte, ohne nennenswertem Ergebnis, nur mit der vagen Ankündigung eines Treffens mit dem A&R der Parlophone ohne konkret formulierten Termin, war die Stimmung in der Gruppe alles andere als gut. Besonders Lennon war aufgebracht. Für ihn war Epstein eindeutig der Schuldige. Warum es mit der Decca nicht geklappt hatte, lag seines Erachtens daran, dass sich Epstein bei der Zusammenstellung der Songs zu stark eingemischt hatte. Wenn es nach ihm gegangen wäre, hätten die Beatles mehr

Rock'n'Roll gespielt. Auch in späteren Jahren, als die Beatles längst berühmt waren, reagierte Lennon empfindlich, wenn sich Epstein in musikalische Themen einmischte. Für ihn waren Business und Musik streng getrennt, Grenzüberschreitungen duldete er in dieser Hinsicht nicht. Viel Zeit, sich zu ärgern, blieb den Beatles jedoch nicht, denn der dritte Hamburg-Besuch stand an.

Die Beatles in Hamburg, Teil 3

Im Dezember 61 kam Peter Eckhorn, der Manager des Top Ten Clubs, zusammen mit Tony Sheridan nach Liverpool, um dort mit verschiedenen Bands Verträge über Gastspiele in seinem Club abzuschließen. So kontaktierte er den frischgekürten Manager der Beatles, der, wie mit der Band vereinbart, eine höhere Gage herausschlagen wollte. Epstein forderte 500 DM pro Woche, umgerechnet 44,5 englische Pfund, Eckhorn hingegen bot 450 DM (40 Pfund) die Woche an. Keiner der beiden wich von seinen Vorstellungen ab, so verließ Eckhorn Liverpool am 30. Dezember, ohne dass ein Vertrag mit den Beatles zustande gekommen wäre. Ein paar Wochen später, Mitte Januar, kam Horst Fascher nach Liverpool, zusammen mit dem Musiker Roy Young, der kurze Zeit in der Band Cliff Bennett and The Rebel Rousers mitspielte, ansonsten ein gefragter Studiomusiker war. Fascher, ehemaliger Preisboxer und Türsteher in Bruno Koschmiders Kaiserkeller und anschließend in Eckhorns Top Ten Club hatte nun einen neuen Brötchengeber. Er arbeitete für Manfred Weissleder, der kurz davor war, den Star Club in der Großen Freiheit 39 zu eröffnen. Fascher war, was die Gage anbelangte, zugänglicher als Eckhorn. Er bot von sich aus 500 DM pro Woche und pro Mann an sowie eine zusätzliche einmalige Zahlung von 1000 DM. Epstein willigte ein und so wurde ein Vertrag vereinbart mit einer Laufzeit vom 13. April bis 31. Mai 1962.

Es war das erste Mal, dass die Beatles per Flugzeug nach Hamburg reisten. Die Zeiten, mit Bus oder Zug zu fahren, waren überwunden. John, Paul und Pete flogen am 11. April vom Manchester Flughafen ab; George, der sich unwohl fühlte, folgte mit Brian Epstein einen Tag später. Am Flughafen in Hamburg erwartete John, Paul und Pete eine böse Überraschung. Astrid Kirchherr, Stuarts Verlobte, war zur Ankunft erschienen, völlig aufgelöst – Stuart war einen Tag zuvor an den Folgen einer Hirnblutung auf dem Weg ins Krankenhaus gestorben. Er wurde gerade 21 Jahre alt. Stuart brach bereits Ende 61 in der Hochschule zusammen, ein weiterer Zusammenbruch erfolgte im Februar

62. Seit längerem litt er unter extremen Kopfschmerzen.[17] Die Freunde waren entsetzt, besonders John, der zu Stuart ein enges Verhältnis hatte und ihn als seinen besten Freund betrachtete. „Ich sah zu Stu auf. Ich verließ mich auf seine Meinung. Wenn er sagte, etwas sei gut, dann glaubte ich ihm."[18] Am 13. April, dem Tag, an dem der Star Club seine Tore öffnete, kam Stuarts trauernde Mutter an. Sie hatte die furchtbare Aufgabe, ihren toten Sohn zu identifizieren und die Überführung des Leichnams nach Liverpool zu organisieren.

Am selben Abend gingen die Beatles zum ersten Mal auf die Bühne im Star Club. Wie Klaus Voormann berichtete, war John gekleidet wie eine Putzfrau und ahmte einen Krüppel nach. Er hinkte über die Bühne, warf Mikrofonständer und das Schlagzeugs um. Dann fing er zu putzen an. Er reinigte die Mikrofone und säuberte als Krönung des Schauspiels Pauls und Georges Achselhöhle. Die Gäste im Club lachten über die groteske Situation; sie wussten nichts von Stuarts Tod und dass er der beste Freund Johns war. Es war Lennons skurrile Art, mit dem Tod seines Freundes umzugehen und den Schmerz und die Trauer zu bewältigen.

Sieben lange Wochen spielten die Beatles im Star Club. Der Vertrag sah vor, dass sie an einem Tag vier Stunden und am darauffolgenden Tag drei Stunden spielen mussten. Immer im Wechsel: eine Stunde auf der Bühne, eine Stunde Pause. Zwei Wochen spielten sie zusammen mit Gene Vincent. Der 20. April war frei. Insgesamt brachten sie es bei ihrem dritten Aufenthalt in Hamburg auf insgesamt 48 Tage und 172 Stunden reine Spielzeit.

Ein wichtiger Schritt war für Brian Epstein in seiner Rolle als Manager der Beatles, seine Band, in die er so große Hoffnungen setzte, aus dem Vertrag mit dem Produzenten Bert Kaempfert zu lösen. Die Vertragsbindung sollte bis 30. Juni 62 laufen. Kaempfert war mit der früheren Aufhebung des Vertrages einverstanden, bedingte jedoch eine weitere Aufnahmesession mit den Beat-

---

[17] Es wurde viel spekuliert um Stuarts frühen, tragischen Tod. Pauline, Sutcliffes jüngere Schwester, veröffentlichte 2001 ihre Memoiren, in denen sie Lennon die Schuld an Stuarts Tod gab. Angeblich habe Lennon ihn mit dem Fuß am Kopf getreten. Andere Quellen vermuten, dass nach einem Beatles-Konzert in der Latham Hall im Januar 61 Stuart von Rowdies verprügelt wurde; Lennon und Best hätten ihm zur Seite gestanden. Laut Kirchherr litt Stuart unter einer seltenen Krankheit, die sein Gehirn anschwellen ließ.

[18] The Beatles: *The Beatles Anthology*, S. 69

les während ihres Hamburger Aufenthaltes. Am 24. Mai[19] fuhren die Beatles ins Studio Rahlstedt, Gebäude M1, in Rahlau 128, Hamburg-Tonndorf. Dort nahmen sie unter der Leitung von Produzent Bert Kaempfert und des Tontechnikers Hans Falkenberg zwei Lieder auf: „Swanee River" und „Sweet Georgia Brown". Neben den Beatles verpflichtete Kaempfert auch den Pianisten Roy Young, der wie die Beatles im Star Club auftrat. Tony Sheridan nahm an den Aufnahmen nicht teil, er war zu diesem Zeitpunkt anderweitig in England verpflichtet. Er nahm nachträglich am siebten Juni seine Stimme auf, die er jedoch am dritten Januar 1964 modifiziert neu aufnahm. Er änderte den Text von „Sweet Georgia Brown". Die ursprüngliche Textfassung lautete: „Fellas that she can't get, are fellas she can't get, Georgia claimed her, Georgia named her, Sweet Georgia Brown" Daraus wurde nun: „In Liverpool she even dared, to criticize The Beatles hair, with their whole fan club standing there, Ah, meet Sweet Georgia Brown" Das Masterband mit der Aufnahme von „Swanee River", die die Beatles einspielten, ist verloren gegangen. Die EP „Ya Ya" erschien in Deutschland im Oktober. Auf dieser Platte ist die Version der Beatles als Begleitband von „Sweet Georgia Brown" zu hören. „Ya Ya" hingegen wurde nicht von den Beatles eingespielt. Die beiden Nummern „Sweet Georgia Brown" und „Swanee River" hatte Sheridan bereits am 21. Dezember 1961 aufgenommen, jedoch ohne Hilfe der Beatles, die zu diesem Zeitpunkt in Liverpool waren. Diese Aufnahmen Sheridans, mit einer anderen, unbekannten Begleitband eingespielt, kamen bereits im April 61 auf „My Bonnie", dem Debüt-Album Sheridans, auf den Markt.[20] Laut den Erinnerungen von Pete Best spielten die Beatles bei dieser Aufnahmesession den Song „Skinnie Minnie" ein. An „Swanee River" kann sich der Ex-Schlagzeuger hingegen nicht erinnern.

---

[19] Laut Lewisohn war die Session am 24. April, der Dokumentation des Tontechnikers Hans Falkenberg zufolge war der Termin am 24. Mai.

[20] Insgesamt nahm Tony Sheridan am 21. Dezember zehn Lieder auf. Bei der Session nahmen teil: Roy Young am Klavier, Colin Melander am Bass, Rikki Barnes am Saxophon, Jimmy Doyle und Johnny Watson am Schlagzeug. Aufnahmeleiter war Bert Kaempfert. Lediglich die beiden Songs „My Bonnie" und „The Saints", die die Beatles eingespielt hatten, wurden für das Album verwendet. Als Begleitband wurde auf der Langspielplatte der Name „The Beat Brothers" angegeben

Interessanterweise liegt im Polydor Archiv eine Notiz vor, die besagt, dass die Beatles planten, am 28. und 29. Mai im Studio Rahlstedt zwölf Lieder aufzunehmen unter der Leitung von Bert Kaempfert. Für die Produktionskosten wären 1500 DM zu zahlen gewesen. Dieses Vorhaben wurde abgesagt, da ein Vorspieltermin für die Parlophone in London bevorstehen sollte.

Die Setliste von 1962

Das Live-Programm der Beatles hat sich im Zuge des täglichen Spielens im Star Club und dem Drang, aktuelle Lieder im Repertoire aufzunehmen, abermals geändert. Hier ist die Liste aller Songs, die die Beatles 1962 im Repertoire hatten und live spielten:

Lied	Lead-Sänger	Komponist	Interpret
Ain't She Sweet	John	Yellen/Ager	——
Anna (Go To Him)	John	Alexander	Arthur Alexander
Ask Me Why	John	Lennon/McCartney	————
Baby It's You	John	M. David, Bacharach, Williams	The Shirelles
Bad Boy	John	Williams	Larry Williams
Beautiful Dreamer	Paul	Foster	Slim Whitman
Be-Bop-A-Lula	John	Vincent/Davies	Gene Vincent and his Blue Caps
Besame Mucho	Paul	Velazquez /Skylar	The Coasters
Boys	Pete/ Ringo	Dixon/Farrell	The Shirelles
Carol	John	Berry	Chuck Berry
Catswalk	Instru-mental	McCartney	———
Clarabella	Paul	Pingatore	The Jodimars
C'mon Everybody	?	Cochran/Capehart	Eddie Cochran

Lied	Lead-Sänger	Komponist	Interpret
Crying, Waiting, Hoping	George	Holly	Buddy Holly
Dance In The Street	?	Davis/Welch	Gene Vincent and his Blue Caps
Darktown Strutters Ball	?	Brooks	Joe Brown
Devil In her Heart	George	Drapkin	The Donna's
Dizzy Miss Lizzy	John	Williams	Larry Williams
Don't Ever Change	George	Goffin/King	The Crickets
Dream	George	Miller	Cliff Richard and the Shadows
Dream Baby (How Long Must I Dream)	Paul	Walker	Roy Orbison
Everybody's Trying To Be My Baby	George	Perkins	Carl Perkins
Falling In Love Again	Paul	Hollander	Marlene Dietrich
Glad All Over	George	Schroeder/Tepper/Bennett	Carl Perkins
Hallelujah, I Love Her So	Paul	Charles	Ray Charles / Eddie Cochran
Hello Little Girl	John	Lennon/McCartney	——
Hey! Baby	Paul	Cnannel/Cobb	Bruce Channel
The Hippy Hippy Shake	Paul	Romero	Chan Romero
Hold Me Tight	Paul	Lennon/McCartney	——
Honey Don't	John	Perkins	Carl Perkins
The Honeymoon Song	Paul	Theodorakis/Sansom	Manuel
I Fancy My Chances	?	Lennon/McCartney	——-

Lied	Lead-Sänger	Komponist	Interpret
I Forgot To Remember To Forget Her	George	Kesler/Feathers	Elvis Presley
I Got A Woman	John	Charles/Richards	Ray Charles
I Got To Find My Baby	John	Berry	Chuck Berry
I Just Don't Understand	John	Wilkin/Westberry	Ann-Margret
I Remember	?	Cochran/Capehart	Eddie Cochran
I Saw Her Standing There	Paul	Lennon/McCartney	———
I Wish I Could Shimmy Like My Sister Kate	John	Piron	The Olympics
If You Gotta Make A Fool Of Somebody	Paul	Clark	James Ray
I'm Gonna Sit Right Down and Cry Over You	John	Thomas/Biggs	Elvis Presley
I'm Talking Bout You	John	Berry	Chuck Berry
Johnny B. Goode	John	Berry	Chuck Berry
Kansas City/Hey-Hey-Hey-Hey!	Paul	Leiber/Stoller/Penniman	Little Richard
Leave My Kitten Alone	John	John/Turner/McDougal	Little Willie John
Lend Me Your Comb	John/Paul	Twomey/Wise/Weisman	Carl Perkins
Like Dreamers Do	Paul	Lennon/McCartney	——
Little Queenie	Paul	Berry	Chuck Berry
Lonesome Tears In My Eyes	John	Burnette/Burlison/Mortimer	Johnny Burnette Trio
Long Tall Sally	Paul	Johnson/Penniman/Blackwell	Little Richard
Love Me Do	Paul	Lennon/McCartney	———
Love Of The Loved	Paul	Lennon/McCartney	——-

Lied	Lead-Sänger	Komponist	Interpret
Lucille	Paul	Penniman/Collins	Little Richard
Mama Said	?	Dixon/Donson	The Shirelles
Mailman, Bring Me No More Blues	?	Roberts/Katz/Clayton	Buddy Holly and The Crickets
Matchbox	Pete oder John	Perkins	Carl Perkins
Memphis Tennessee	John	Berry	Chuck Berry
Money (That's What I Want)	John	Gordy/Bradford	Barret Strong
Mr. Moonlight	John	Johnson	Dr. Feelgood
My Bonnie Lies Over The Ocean	John	Trad./Sheridan	Tony Sheridan and The Beatles
Nothin' Shakin' But The Leaves On The Trees	George	Colacrai/Fontaine/ Lampert/Cleveland	Eddie Fontaine
The One After 909	John	Lennon/McCartney	——
Ooh! My Soul	Paul	Penniman	Little Richard
Open (Your Lovin' Arms)	George	Knox	Buddy Knox
Over The Rainbow	Paul	Harburg/Arlen	Gene Vincent
Peppermint Twist	Pete	Dee/Glover	Joey Dee and the Starliters
A Picture Of You	Paul	Beveridge/Oakman	Joe Brown and the Bruvvers
Pinwheel Twist	Paul	Lennon/McCartney	———-
Please Mister Postman	John	Holland/Bateman/ Gordy	The Marvelettes
Please Please Me	John/ Paul	Lennon/McCartney	———
P.S. I Love You	Paul	Lennon/McCartney	———-
Red Hot	John	Emerson	Ronnie Hawkins

Lied	Lead-Sänger	Komponist	Interpret
Red Sails In The Sunset	Paul	Kennedy/Williams	Joe Turner
Reminiscing	George	Curtis	Buddy Holly
Road Runner	?	McDaniel	Bo Diddley
Rock And Roll Music	John	Berry	Chuck Berry
Roll Over Beethoven	John	Berry	Chuck Berry
Save The Last Dance For Me	John	Pomus/Shuman	The Drifters
Searchin'	Paul	Leiber/Stoller	The Coasters
September In The Rain	Paul	Dubin/Warren	Dinah Washington
Sharing You	George	Goffin/King	Bobby Vee
The Sheik Of Araby	George	Smith/Snyder/Wheeler	Fats Domino
Sheila	George	Roe	Tommy Roe
Shimmy Shimmy	John/Paul	Massey/Schubert	Bobby Freeman
A Shot Of Rhythm And Blues	John	Thompson	Arthur Alexander
Slow Down	John	Williams	Larry Williams
So How Come (No One Loves Me)	George	Bryant	The Everly Brothers
Soldier Of Love	John	Cason/Moon	Arthur Alexander
Some Other Guy	John/Paul	Leiber/Stoller/Barrett	Ritchie Barrett
Sure To Fall (In Love With You)	Paul	Perkins/Claunch/Cantrell	Carl Perkins
Sweet Little Sixteen	John	Berry	Chuck Berry
Take Good Care Of My Baby	George	Goffin/King	Bobby Vee
A Taste Of Honey	Paul	Marlow/Scott	Lenny Welch

Lied	Lead-Sänger	Komponist	Interpret
That's All Right (Mama)	Paul	Crudup	Elvis Presley
Thirty Days	John	Berry	Chuck Berry
Three Cool Cats	George	Leiber/Stoller	The Coasters
Till There Was You	Paul	Willson	Peggy Lee
Tip Of My Tongue	Paul	Lennon/McCartney	— — —
To Know her Is To Love Her	John	Spector	The Teddy Bears
Too Much Monkey Business	John	Berry	Chuck Berry
Twenty Flight Rock	Paul	Cochran/Fairchild	Eddie Cochran
Twist and Shout	John	Russell/Medley	The Isley Brothers
Well ... (Baby Please Don't Go)	John	Ward	The Olympics
What A Crazy World We're Living In	George	Klein	Joe Brown
When I'm 64	Paul	Lennon/McCartney	— — —
Where Have You Been All My Life?	John	Mann/Weil	Arthur Alexander
Wild In The Country	Pete	Peretti/Creatore/Weiss	Elvis Presley
Will You Love Me To-morrow	John	Goffin/King	The Shirelles
Wooden Heart	Paul	Twomey/Wise/Weisman/Kaempfert	Elvis Presley
Words Of Love	John/Paul	Holly	Buddy Holly
You Don't Understand Me	John	Massey	Bobby Freeman
You Really Got A Hold On Me	John	Robinson	The Miracles
Youngblood	George	Leiber/Stoller/Pomus	The Coasters
Your Feet's Too Big	Paul	Benson/Fisher	Fats Walker

Lied	Lead-Sänger	Komponist	Interpret
You True Love	George	Perkins	Carl Perkins

Die Weichen werden gestellt

Während die Beatles ihrer Verpflichtung im Star Club nachgingen, bemühte sich Brian Epstein gleich nach seiner Rückkehr aus Hamburg weiterhin um einen Vertrag in der Schallplattenindustrie. Obwohl Labelmanager George Martin beim ersten Treffen am 13. Februar beteuerte, die Beatles kennen lernen zu wollen, meldete er sich nicht bei Brian Epstein. Hingegen bemühte sich Verlagsleiter Sid Coleman, der Epstein versprach, einen Kontakt zur Plattenfirma Philips herzustellen, die in direkter Konkurrenz zur EMI stand, falls es mit der EMI nicht klappen sollte. Coleman war interessiert an einem Verlagsvertrag mit den Beatles. Jedoch sollte es nicht so weit kommen. Anfang Mai kontaktierte Martin endlich den Beatles-Manager. Am neunten Mai, 11.30 Uhr, trafen sich Brian Epstein und George Martin zum zweiten Mal, diesmal im EMI-Studio in der Abbey Road, St. Johns Wood, London, während die Beatles in Hamburg waren. Die Dokumente der EMI bezeugen, dass bei diesem Treffen Martin den Beatles einen vorläufigen Plattenvertrag anbot, ohne die Band persönlich kennengelernt zu haben. Diese Vorläufigkeit implizierte keinerlei Garantie für einen vollwertigen Plattenvertrag mit garantierter Album- oder Single-Veröffentlichung, jedoch sollte ein Vorspieltermin als Option eingeräumt werden. Hierfür war der sechste Juni vorgesehen, der alles entscheidende Tag für die Beatles, nachdem alle großen Plattenfirmen die Beatles abgelehnt hatten! Es war gleichsam die letzte Chance. Hierfür bereitete Martin einen Standardvertrag vor, betitelt als „Application for Artists" und schickte ihn am 18. Mai. zur Ausfertigung an das EMI-Verwaltungsgebäude. Am 24. Mai kam der von der EMI ausfertigte Vertrag zurück an Martin, der diesen unverzüglich weiterleitete an Brian Epstein zur Unterzeichnung. Am fünften Juni, einen Tag vor der Aufnahmesession, bekam Martin den Vertrag unterschrieben zurück. Damit waren die rechtlichen Voraussetzungen zwischen Epstein und der EMI geklärt.

Gleich nach dem Treffen am neunten Mai ging Epstein auf das nächst gelegene Postamt, telefonierte mit seinen Eltern und versendete zwei Telegramme:

das erste ging natürlich an die Beatles im Star Club mit folgendem Inhalt: „Congratulation boys, EMI request recording session. Please rehearse new material." Das zweite Telegramm schickte Brian Epstein an Bill Harry, den Chefredakteur und Herausgeben der Zeitschrift Mersey Beat: „Have secured contract for Beatles to record for EMI on Parlophone label. 1st recording date set for June 6th." Obgleich Epstein in seinen Telegrammen nicht von einer Debüt-Single sprach, ging das Denken und Trachten der Beatles in diese Richtung. Für die Jungs waren Aufnahme und Single Synonyme, jedoch waren sie klug genug zu wissen, dass das Vorspielen am sechsten Juni für den weiteren Verlauf mit Parlophone entscheidend werden sollte. Es entbehrt nicht einer gewissen Ironie, dass die Beatles tatsächlich nun bei Parlophone landen sollten. Im Dezember 61 schickte Epstein als frisch gekürter Manager der Beatles die Single „My Bonnie" an den General Marketing Manager Ron White der EMI, mit der Bitte, die Leadstimme Sheridans zu ignorieren und sich auf die Begleitband zu konzentrieren. White stellte tatsächlich den A&R-Managern von Columbia und HMV die Single vor, aber die Single konnte bei den EMI-Verantwortlichen wenig Begeisterung erzeugen. So erfolgte kurz darauf eine Absage der EMI. Nun aber, ein halbes Jahr später, waren die Beatles wieder an Bord.

Das siebenwöchige Engagement im Hamburger Star Club endete am 31. Mai, und die Beatles flogen am zweiten Juni per Flugzeug zurück und bereiteten sich für den großen Tag im Londoner EMI-Studio vor.

Der sechste Juni

Die Beatles waren nicht die einzige Band, die sich aufmachte, bei Parlophone unter der Obhut George Martins vorzuspielen. Allein 1962 wurden zu Probeaufnahmen Darien Angadi, Jill and The Boulevards, Elaine Truss sowie Thomas Wallis and the Long Raiders in das Studio in der Abbey Road bestellt.
Am sechsten Juni waren die Beatles an der Reihe. Laut Vertrag hatten sie eine Spielzeit von zwei Stunden zugestanden bekommen: von 18 bis 20 Uhr.
Als die Beatles gegen 17 Uhr in den Hof vor dem Studio mit ihrem weißen Bus ankamen, erwartete sie vor dem Hauseingang John Skinner, ein Sicherheitsbeamter des Studios. Skinner erinnert sich: „Sie alle sahen dünn und schmächtig aus, fast unterernährt. Ihr Roadmanager Neil Aspinall teilte mir mit, dass dies die Beatles seien und einen Termin für eine Aufnahmesession

hätten. Ich dachte nur, was für ein seltsamer Name ist denn das!"[21] Sie luden ihr Equipment aus dem Bus und betraten das Studiogebäude. In welchem Studioraum die Session mit den Beatles erfolgte, gehen die Erinnerungen auseinander. Skinner und Martin gehen davon aus, dass die Aufnahmen in Studio drei stattfanden. Alle übrigen Mitwirkenden an diesem Tag, Malcolm Ade, Harry Moss, Keith Slaughter, Chris Neal, Ron Richards, Norman Smith und den Townsend schwören, dass die Beatles im Saal zwei zugange waren. Da sämtliche Dokumente dieses Tages abhanden gekommen sind, lässt sich der Aufnahmeraum nicht mehr exakt bestimmen. Gewiss ist nur, dass dieser Termin schon allein der kurzen Spielzeit nicht zur Produktion einer Single geplant war. Es handelte sich eindeutig um ein Event, bei dem die Band ihr musikalisches Können darlegen und dabei auch demonstrieren sollte, wie sie sich im Studio behaupten könnte. Da Tontechniker Ron Richards hauptsächlich Rock'n'Roll-Acts aufnahm, bekam er von Martin die Aufgabe, die Beatles zu produzieren. Assistiert wurde er von Techniker Norman Smith, der – falls dieser Test positiv ablief – auch weiterhin mit den Beatles arbeiten sollte. Zweiter Assistent des Abends war Chris Neal. Er kümmerte sich um das Einlegen der Tonbänder und das Bedienen der Bandmaschine. Smith erinnert sich, dass die Beatles völlig unbrauchbare Verstärker benutzten – wie schon zuvor bei den Decca-Aufnahmen. Die beiden Röhrenverstärker von John und George – der Fender Deluxe-Amp wie auch der Gibson GA-40-Amp – waren nicht richtig geerdet und brummten laut, am schlimmsten war der Selmer Truvoice-Bassverstärker Pauls. Das Chassis war mit einem Seil zusammengebunden, da die Boxen-Wände auseinander zu fallen drohten. Zum Glück konnte ein Tannoy-Lautsprecher aus der unbenutzten Hallkammer verwendet werden, der von Townsend kurzerhand verlötet wurde mit einem passenden Leak TL12-Verstärker. Währenddessen gingen die Beatles in die Studiokantine und stärkten sich dort mit Tee und Snacks, die ihnen von Frau Hawthorne und Miss Hunt, den beiden Kantinenbetreiberinnen des Abbey-Road-Studios, angeboten wurden. Nicht nur das Equipment wurde beargwöhnt. Wie schon Skinner waren auch die beiden Ingenieure Townsend und Smith über das seltsame Aussehen der Band verwundert. Nach deren Ansicht waren sie zwar mit ihren schwarzen Ledermänteln adrett gekleidet, aber schauten dennoch völlig anders aus als

---

[21] The Complete Beatles Recording Sessions, Mark Lewisohn, S. 16

alle Künstler, die bisher im Studio in der Abbey Road aufgetaucht waren. George Martin warf nur einen kurzen Blick auf die Band und verschwand gleich
wieder in Richtung Kantine.

Die Aufnahmen starteten unter der Führung von Ron Richards. Vier Lieder
wurden aufgenommen. Für jedes Lied gab es vier, maximal fünf Durchgänge.
Zuerst spielten die Beatles „Besame Mucho", eine Nummer, die sie im Live-
Programm hatten und gerne spielten. Paul war der Leadsänger. Dann folgten
drei Lennon/McCartney-Nummern: „P.S. I Love You", „Ask Me Why" und „Love
Me Do". Als die Beatles „Love Me Do" anspielten, wurde Norman Smith hell-
hörig. Ihm gefiel, was er hörte und bat Chris Neal, in die Kantine zu gehen
und George Martin zu holen, der unverzüglich kam und die restliche Produktion übernahm.

Als erstes änderte George Martin die Gesangsparts. Ihm fiel auf, dass Lennon
wegen des Gesangs das Mundharmonika-Thema abbrach, um die Zeile „Love
Me Do" zu singen. Um diese Unstimmigkeit zu vermeiden, schlug er vor, dass
Paul anstelle von John die Passagen singen sollte, damit John die Mundhar-
monika-Passage zu Ende spielen konnte. Paul war irritiert von dem Vorschlag,
aber er machte durchaus Sinn. Es war das erste Mal, dass Paul diesen Part
sang und seine Stimme, bedingt durch die Unsicherheit, zitterte leicht. Mc-
Cartney erzählt gerne die Geschichte bei Interviews. Als die Beatles das Acetat der Single Rory Storm aus Liverpool vorspielten, sagte dieser sofort beim
Hören, dass Lennon den Gesangspart bluesiger und besser gesungen hätte.
Das wusste auch Paul, aber die Mono-Aufnahmetechnik ließ ein Overdubbing
von Einzelspuren noch nicht zu.

Als die Aufnahmen fertig waren, bat George Martin die Band über die Sprech-
anlage nach oben in den Kontrollraum zu kommen. Die Beatles sollten sich die
Aufnahmen anhören, und er wollte mit der Band über technische Details sprechen. Die Vier kamen hoch und, wie Townsend sich erinnert, lümmelten sie im
Kontrollraum herum. Lennon saß auf einem Lautsprecher, und Harrison machte es sich auf dem Boden bequem. George Martin erklärte der Band, wie die
Röhren-Mikrofone funktionieren, dass man sie, je nach Einstellung, mit Nie-
rencharakteristik von nur einer Seite, oder auch von beiden Seiten verwenden
könnte. Dann folgte eine lange Strafpredigt über das unvermögende Equipment der Band, und Martin machte klar, dass für professionelle Aufnahmen

neue Verstärker unverzichtbar seien. Die Beatles sagten dazu kein Wort, nickten nicht einmal, gaben kein einziges Zeichen des Einverständnissen von sich. George Martin war von der ausbleibenden Reaktion irritiert und fragte verwundert, ob es irgendetwas gäbe, was Ihnen nicht gefällt. Die Beatles sahen sich an, scharrten mit den Füßen, bis endlich George Harrison unverwandt George Martin ansah und dann den berühmten Satz sprach: „Ja, ich mag ihre Krawatte nicht!" Dieser Satz brach das Eis. Der Mut, diesen Spruch loszulassen, zeigt, welche zentrale Rolle George Harrison in der Band inne hatte. Auf einen Schlag legten John, Paul und George ihre Zurückhaltung ab und drehten auf. Sie überwältigten George Martin und Richards mit ihrer angestauten Energie und unglaublichen Humor. Alle Zurückhaltung war auf einen Schlag wie weggeblasen. Pete Best blieb unbeteiligt im Hintergrund. Als die Beatles dann gingen, waren Martin und Richards völlig aufgelöst von den mündlichen Attacken der Beatles. Was die Musik anbelangte, waren beide nicht völlig überzeugt, Ihrer Einschätzung zufolge waren die Aufnahmen in Ordnung, aber es fehlte ihnen das gewisse Etwas, worauf es angekommen wäre. Da die Zweizoll-Bänder kurz nach der Session gelöscht worden sind, kann man kein Urteil bilden. Erstaunlicherweise ist die Aufnahme von „Besame Mucho" erhalten geblieben. Irgendjemand im Studio hatte sich auf ein privates Tonband das Lied überspielt. Für George Martin lautete nach der Session die große Frage, ob er die Band unter Vertrag nehmen sollte oder nicht. Falls ja, stellte sich die zweite Frage, wer sollte der Frontmann der Band werden? Zur damaligen Zeit war es fast eine Notwendigkeit im Musikgeschäft, eine Identifikationsfigur innerhalb der Band zu prägen. Es gab Johnny Kidd and the Pirates, Shane Fenton and the Fentones, Cliff Richard and the Shadows etc. Wer sollte diesen Part bei den Beatles übernehmen? Richards erinnert sich: „George und ich gingen Tage später in der Oxford Street spazieren und zerbrachen uns den Kopf, ob der gut aussehende Paul oder doch die größere Persönlichkeit John der Frontmann werden sollte. Wir konnten uns nicht festlegen!"

Irgendwann kam George Martin die Erkenntnis, dass die Band nur als geschlossene Einheit funktionierte, die durch einen Frontmann zerstört würde. Und er kam zu dem Entschluss, den Beatles einen Vertrag anzubieten. Wie er sich später an diesen Zeitpunkt erinnerte, war sein Gedanke: „Ich habe nichts zu verlieren!" Wie sich sehr schnell herausstellte, sollte er Recht behalten.

Ein einschneidender Wechsel

Währenddessen waren die Beatles zurück in ihrer Heimatstadt Liverpool und stellten fest, dass sich während ihres siebenwöchigen Engagements in Hamburg ihre Popularität gesteigert hatte. Nicht nur am „Welcome Home"-Abend im Cavern Club am neunten Juni bildete sich schon Stunden vor dem Auftritt eine große Schlange in der Mathew- Street vor dem Clubeingang. Jeder Gig sollte von nun an großen Zulauf bekommen. Nicht nur in Liverpool nahm der Bekanntheitsgrad der Band stetig zu. Am 11. Juni fuhr ein Bus voll mit Anhängern und den Beatles selbst zu einem Auftritt im Playhouse Theatre in Manchester, der von der BBC mitgeschnitten wurde. Es war nach dem BBC-Auftritt „Teenagers Turn – Here we go" der zweite BBC-Einsatz für die Band. Die Beatles spielten unter anderem eine tolle Version von Roy Orbisons „Dream Baby", das deutlich schneller als das Original war und von Paul gesungen wurde. Sie präsentierten auch eine tolle Version von „Please Mr. Postman". Auch hier in Manchester wartete bereits bei der Ankunft eine große Fangemeinde auf die Band. Nach dem Auftritt fuhr der Bus wieder zurück nach Liverpool. Bezeichnenderweise wurde bei der Rückreise Schlagzeuger Pete Best vergessen, der die knapp 35 Meilen alleine zurück nach Hause zurücklegen musste. Es war für ihn der zweite BBC-Auftritt und auch der letzte in seiner Karriere.

Die Bemühungen Brian Epsteins, bessere Auftritte für die Band zu buchen, machte sich allmählich bezahlt. Die Beatles traten vermehrt außerhalb Liverpools auf: in Stroud, Northwhich, Rhyl, Doncaster, Swindon, Morecambe, und Lydney. Am 28. Juni spielten die Beatles zum ersten Mal im Majestic Ballroom in Birkenhead. Dieser Auftritt war der Beginn einer ganzen Serie von großen Ballroom-Gigs. Bill Marsden, der Manager dieses Etablissements in Birkenhead, vermittelte Epstein weiter an den General Manager Den Fancourt, der insgesamt 28 Ballrooms in Großbritannien verwaltete. Epstein schaffte es, mit einem Standardschreiben an jeden einzelnen Club die Beatles innerhalb eines Jahres in elf dieser Tanzhallen zu vermitteln.

In den ersten acht Wochen nach Rückkehr aus Hamburg, vom siebten Juni bis einschließlich 31. Juli, traten die Beatles sage und schreibe 62 Mal auf. Hinzu kam die Aufnahmesession für die BBC am 11. Juni. Ein beachtliches Pensum. Brian Epstein teilte die sonst für die Beatles übliche einstündige Bühnenshow in zwei 30-minütige Sets um. Dies war der modus operandi der derzeitigen Stars, und die Beatles sollten sich daran gewöhnen. Am bedeutendsten zählte jedoch die Tatsache, dass die Beatles endlich einen Schallplattenvertrag erhalten haben. Ende Juni bekam Brian Epstein einen Standardvertrag von der EMI zugesendet, der auf den vierten Juni, also zwei Tage vor der ersten Aufnahmesession zurückdatiert war. Grund hierfür war wohl die Bemühung der Plattenfirma, die Eigentümerrechte an den Aufnahmen zu sichern. Aus dem erhaltenen Briefverkehr geht nicht eindeutig hervor, ob die Beatles bereits vor dem vierten Juni einen festen Vertrag hatten, oder dieser Tag eine Testaufnahme war. Indizien sowie Aussagen von Ron Richards und Norman Smith deuten darauf hin, dass erst nach der Session die Entscheidung getroffen worden war. Somit wurde aus dem vorläufigen Vertragsentwurf ein richtiger Vertrag über eine Laufzeit von 12 Monaten mit der Garantie für Veröffentlichungen. Am 18. Juni schickte Evelyn Harwood, Sekretärin des Verwaltungstraktes der EMI, eine Kopie des Vertrags an Martin zurück, mit der Bitte um Weiterleitung an Brian Epstein. In der Woche zwischen dem Vorsingen und der Übersendung des Vertrags durch Martin an Epstein gab es wahrscheinlich eine weitere Entscheidungsebene, da das Vorspiel der Beatles nicht richtig überzeugte. Der Techniker Ken Townsend erinnert sich, dass Norman Smith etwa eine Woche nach dem Aufnahmedatum eine Kopie des Bandes vom 6. Juni an das EMI-Büro am Manchester Square schicken musste. Vermutlich traf George Martin seine endgültige Entscheidung vor einem der Routine-Treffen der EMI-Aufnahmemanager, um weitere potenzielle Künstler am oder um den 15. Juni zu testen. Selbst wenn der Vertrag bereits zum Vorspieltermin am sechsten Juni Gültigkeit gehabt hätte, wäre er für die Beatles nicht viel Wert gewesen. Denn es hätten die Optionen für Veröffentlichungen gefehlt und zudem wäre die Band vertraglich an die EMI gebunden gewesen. Hätte Produzent George Martin sein Interesse an den Beatles verloren, hätte dies wohl das Karriereende der Band bedeutet. In diesem Fall wäre der Vertrag zum Verhängnis geworden. Aber zum Glück kam es anders, und die Band konnte zuversichtlich in die Zukunft gucken.

Doch intern rumorte es in der Band. Das Problem war Pete Best, der mit seiner introvertierten und scheuen Art auffällig anders war und sich nie so richtig integriert hatte in der Band. Mit seinem guten Aussehen hatte er eine große weibliche Fangemeinde hinter sich, doch seine stete Verweigerung, sich der

Band anzupassen, seinen nostalgischen 50's-Look-Haarschnitt abzulegen für einen Pilzkopf wie die anderen drei, wie auch seine unüberwindbare Schwierigkeit, den geistreichen Bandkollegen standzuhalten, führten zu einem allmählichen Prozess der Loslösung. Tragisch bei diesem dunklen Kapitel in der Geschichte der Beatles war das unglückliche Timing. Kurz vor der ersten Single-Veröffentlichung, in Liverpool und mittlerweile auch in Manchester hatte sich die Band etabliert und die Fangemeinde wuchs täglich an. In so einer heißen Phase einem Bandenmitglied den Laufpass zu geben, war hart und mutet ungerecht an. Der Rauswurf hätte früher, viel früher stattfinden müssen. Vermutlich hatten die Beatles bereits bei den Decca-Aufnahmen seine spielerischen Defizite bemerkt, und stellten auch nach den Aufnahmen am sechsten Juni fest, dass das Spiel ihres Schlagzeugers für professionelle Aufnahmen nicht ausreichen würde. Weder musikalisch noch persönlich hatte sich Pete integrieren können, dennoch darf nicht vergessen werden, dass Mona Best, Petes Mutter, die Beatles in vielen Belangen tatkräftig unterstützte, der Band ihres Sohnes viele Gigs in Liverpool organisierte, bevor Brian Epstein die Managerrolle übernahm. Zudem war Mona Bests Casbah-Club bereits vor dem Cavern-Club den Beatles ein Zuhause gewesen. Alles in allem eine vertrackte Angelegenheit. In späteren Interviews beklagten sich John, George und Paul bei dem Thema Pete Best über dessen fehlende Auffassungsgabe. Sie fanden alle, dass er nicht besonders schnell von Begriff war. Es schwangen bei dem Rauswurf bestimmt noch andere Details mit, die sich fast zwangsläufig in der zweijährigen Partnerschaft ergaben. Immer wieder wurde der Neid angesprochen, den Pete Best durch sein tolles Aussehen, dem scharenweise die hübschesten Liverpooler Mädchen verfielen, bei den anderen drei Beatles erzeugte. Man kann den Beatles nur vorwerfen, dass der Rauswurf zu einem denkbar ungünstigen Zeitpunkt erfolgte. Und auch die Art und Weise, wie der Rausschmiss stattfand. Brian Epstein erhielt die undankbare Aufgabe, Pete Best zu kündigen. Epstein bestellte den ahnungslosen Pete am 16. August 1962 um 11 Uhr Vormittags in sein NEMS-Büro im Whitechapel-Laden. Das Gespräch dauerte etwa 30 Minuten, danach verließ ein am Boden zerstörter Pete Best den Laden, flankiert von seinem besten Freund Neil Aspinall. Für Pete Best war eine Welt zusammen gebrochen. Die beiden gingen in das nächst gelegene Pub und ertränkten ihren Frust in Alkohol. Es dauerte nicht lange, bis das Gerücht in Liverpool durchsickerte und die Runde machte.

Es kam zu Unruhen unter den Fans; Pete Best war für viele Anhänger der Favorit in der Band. Brian Epstein benötigte für die nächsten Tage in der Mathew Street Bodyguards, um ungeschoren davonzukommen. Aufgebrachte Fans zerkratzten seinen blank geputzten Ford. George Harrison wurde bei einem der kommenden Auftritte im Cavern Club von einem erregten Fan das linke Auge blau geschlagen. Es kam zu Schlägereien vor dem Club. Am Tag des Rauswurfs hatten die Beatles einen großen Auftritt im Riverpark Ballroom in Cheshire. Pete Best willigte im Gespräch mit Epstein ein, bei den Beatles zu spielen, bis ein Ersatz gefunden worden war. Im Laufe des Tages entschied sich der geschasste Schlagzeuger um. Psychisch angeschlagen vom abruptem Rauswurf war er nicht in der Lage, sein Versprechen einzulösen und sagte kurz vor dem Auftritt ab. Eine verständliche Reaktion in seiner Lage. Zum Glück konnten die Beatles schnell Ersatz finden. Johnny Hutchinson, der Schlagzeuger der Big Three, sprang ein. Auch am folgenden Tag, es war der 17. August, war immer noch kein Schlagzeuger gefunden. Die Beatles hatten zwei Engagements, eins im Majestic Ballroom in Birkenhead und im Tower Ballroom, New Brighton. Also musste Hutchison für die beiden Gigs erneut einspringen. Fatalerweise hatten die Big Three ebenfalls an diesem Abend einen Auftritt im Orrell Park Ballroom. So mussten die Big Three einen Ersatz finden, da ihr Schlagzeuger bei der Konkurrenz im Einsatz war.

Die Beatles, allen voran George, wollten Richard Starkey aka Ringo Starr in der Band. Sie hatten bereits in Hamburg immer wieder mit ihm gespielt, zweimal half Ringo im Cavern Club aus. Das Problem war nur, dass er eine feste Anstellung bei Rory Storm and the Hurricanes hatte. Beim direkten Vergleich zu Ringo zog Pete Best deutlich den kürzeren. Bei Ringo hatten George, Paul und John das Gefühl, dass nicht nur das Spiel sich deutlich abhob, sondern dass er auch menschlich besser in die Band passte.

Brian Epstein war natürlich beunruhigt, dass seine Lieblingsband nun–ohne Schlagzeuger dastand und wollte lieber Johnny Hutchinson von den Big Three verpflichten. Aber Hutch, wie er überall genannt wurde, mochte den Sound der Beatles nicht besonders und lehnte das Angebot trotz des verlockenden Schallplattenvertrags ab. Den Aushilfsjob machte er nur, weil er die Jungs sympathisch fand. So telefonierten einen Tag nach dem Rauswurf Brian Epstein und auch John Lennon mit dem Butlins Camp in Skegness, um Ringo Starr zu sprechen. Lennon bekam Ringo an den Apparat, teilte ihm mit, dass die Beatles ihn gerne als Schlagzeuger verpflichten wollten, garantierte ihm eine wöchentliche Gage von 25 Pfund. Obwohl das Engagement mit Rory Storm noch über 15 Tage ging, sagte unverzüglich Ringo zu. Die beste Entscheidung seines Lebens. Da gerade drei spielfreie Tage waren, hatte Rory Storm genügend Zeit, einen neuen Schlagzeuger zu finden. Am 18. August 1962 saß Ringo in der Hulme Hall in Port Sunlight nahe Birkenhead am Schlagzeug und spielte zum ersten Mal als festes Mitglied der Beatles mit. Die Band hatte genau zwei Stunden Zeit, sich einzuspielen. Paul McCartney erinnert sich heute noch gerne an diesen Auftritt. Er hatte zum ersten Mal das Gefühl, dass die Beatles musikalisch sich mit Ringo gefunden hatten. Streng genommen, war dieser erste Auftritt mit Ringo Starr die Geburtsstunde der Fab Four, die in dieser Besetzung bald die Welt erobern sollten. Der Schlagzeuger-Wechsel schlug größere Wellen. Bei jedem Auftritt der nächsten Wochen hörte man Chöre skandieren: „Pete forever, Ringo never." Selbst bei den ersten Filmaufnahmen von Granada Television im Cavern Club am 22. August, dem die weiteren Jahre hunderte folgen sollten, hörte man am Ende des Konzertes deutlich die empörten Rufe: „We want Pete".

Es ist interessant, wie John Lennon retrospektiv den ersten mit Kamera aufgenommenen Auftritt empfand. Als er später den Filmausschnitt ansah, wie er mit Stoffhose, weißem Hemd und schwarzer Weste beim Cavern-Club-Auftritt aufgetreten war, vermisste er die schwarze Lederkluft und meinte, dass er sich verkauft habe. Paul McCartney wiederum hatte eine konträre Sicht auf die Entwicklung der Band. Für ihn war die moderate Kleidung ein notwendiger Schritt in die richtige Richtung. Paul war Pragmatiker.

In dieser hektischen Phase heiratete John Lennon am 23. August im Mount Pleasant Register Office in Liverpool seine langjährige Freundin Cynthia Powell, die mit Julian schwanger war. Die Hochzeitsnacht wurde verschoben, denn am selben Abend spielten die Beatles im Riverpark Ballroom in Chester.

Auch im engen Beatles-Kreis wurde der Wechsel von Pete zu Ringo kritisch beäugt. Neil Aspinall war nicht nur Petes bester Freund, sondern auch der heimliche Liebhaber von Mona, Petes Mutter. Am 21. Juli 1962 kam der gemeinsame Sohn Vincent „Roag" Best auf die Welt, knapp drei Wochen vor dem Rauswurf des Halbbruders. Neil wohnte bei Mona in Hayman's Green, West Derby. 1968 beendete er die Beziehung zu Mona. Die Altersdifferenz war zu belastend. 1962 war es für ihn eine Gewissensfrage, auf welche Seite er sich schlagen sollte. Er entschied sich für die Beatles, immerhin war er der Schulkamerad von Paul, aber es sollte lange dauern, bis er als Roadmanager Ringos Schlagzeug aufbaute. Auch die größte Loyalität hat Grenzen. Nicht nur durch die enge Beziehung des Roadmanages zur Familie Best blieben die Beatles lange Zeit in Kontakt mit Mona. Immer wieder schickten sie ihr Geschenke, besonders Lennon bemühte sich, dass der Kontakt nicht völlig abbrach. Es war ihre Art, Dankbarkeit zu zeigen. Mona revanchierte sich. So sieht man auf dem Cover des Sgt. Pepper-Albums eine Kriegs-Medaille von Monas Vater abgebildet, die sie für das Cover zur Verfügung gestellt hatte.

Bedauerlicherweise hat Pete Best nach dem Rauswurf bei den Beatles nie mehr richtig Fuß gefasst. Nun außenstehend musste er den kometenhaften Erfolg seiner alten Band mitverfolgen. Innerhalb kürzester Zeit katapultierte sich die Band nach oben. Pete Best war dabei, als die Beatles die Topband Liverpools wurden, er registrierte, wie die Fangemeinde täglich wuchs und er wusste, dass durch den Plattenvertrag alles noch besser würde. Dann der Rauswurf, das abrupte Aus. Nachdem die tiefe Niedergeschlagenheit sich gelegt hatte, griff er musikalisch an, aber Erfolg blieb ihm versagt. September 1962 vermittelte ihn Brian Epstein aus schlechtem Gewissen zu Lee Curtis and the All Stars. Die Band blieb erfolglos. Nach dem Weggang von Lee Curtis, der eine Solokarriere anstrebte, wurde die Band umfirmiert zu Pete Best and the All Stars, ein Jahr später zu Pete Best Four, die bei Decca die erfolglose Single „I'm Gonna Knock On Your Door" herausbrachte, die nur veröffentlicht werden konnte, da er als Ex-Schlagzeuger der erfolgreichen Beatles betrachtet wurde. Danach ging Pete Best nach Amerika, ließ sich auf schlechte Deals ein, brachte 1966 die miserabel produzierte Langspielplatte „Best Of The Beatles" auf den Markt, die trotz des Wortspiels mit der berühmtesten Band der Welt kaum über den Ladentisch ging. 1968 gab Pete Best auf und verabschiedete sich vom Show-Geschäft. Er arbeitete für ein Jahr in einer Bäckerei, anschließend fand er eine Anstellung im Liverpooler Arbeitsamt. Gut ging es ihm nicht. Der Rauswurf nagte an ihm jahrelang. Einen Selbstmordversuch konnte sein Bruder gerade noch verhindern. Erst in den 90er Jahren zeigte sich das Schicksal gnädig. Nach Veröffentlichung des Kompilationsalbums Anthology I (Doppel-CD), auf dem sein Schlagzeugspiel zu hören ist, wurde er dank der hierfür ausgeschütteten Tantiemen Millionär. Ein kleiner Trost, der Pete Best für manch bittere Stunde in seinem Leben entschädigte.

Auch Rory Storms Stern war nach dem Weggang Ringo Starrs am Sinken. 1961 war die Band in der Zeitschrift Mersey Beat noch Platz vier in der Beliebtheitsskala. Ein Jahr später rutschte Rory Storm auf Platz 17 und somit in die Bedeutungslosigkeit ab. Dies lag daran, dass die Band zu oft außerhalb Liverpools spielte. Auch später, als viele Bands im Kielwasser der Beatles mit hochgeschwemmt wurden, blieb Rory Storm der Erfolg versagt. Am 27. September 1972 beging Rory, der den Tod seines Vaters nicht verwinden konnte, zusammen mit seiner Mutter Violet Selbstmord.

Vierter September 1962 - die zweite Aufnahme-Session

Der Monat August hatte also große und weitreichende Veränderungen für die Beatles gebracht: Der Rauswurf von Pete Best, die Hereinnahme Ringos, die Festigung als Lieblingsband Nummer eins in Liverpool und Umland, der erste TV-Auftritt, dazu die Heirat von John und Cynthia. Hinzu kam, dass George Martin die Beatles zu weiteren Studioaufnahmen einlud. Eigens hierfür schickte er Manager Brian Epstein ein Acetat von einem Stück, mit dem Martin den Beatles den ersten Chart-Erfolg sichern wollte. Das Lied „How Do You Do It" war von Mitch Murray, gleicher Jahrgang wie Lennon und Starr, dennoch als Komponist war er bereits etabliert und erfolgreich. Die Beatles sollten das Stück für die Aufnahmesitzung in den Abbey Road Studios einüben.

Auch das Equipment war verbessert worden. Sowohl bei den Decca-Aufnahmen am ersten Januar als auch bei dem Test in den Abbey Road-Studios am vierten Juni waren die Tontechniker von den Verstärkern der Beatles empört. Sowohl der Fender Deluxe-Amp von John, der Gibson GA-40 Amp, den George spielte, sowie Pauls Selmer Truvoice[22] mit der Coffin-Lautsprecherbox genügten nicht mehr den Ansprüchen eines gehobenen Studios. Durch die unzähligen Betriebsstunden waren die Verstärker in die Jahre gekommen. Brian Epstein zog die Lehre daraus und besuchte bereits im Juli den Jennings Musikladen in der Charing Cross Road in London. Dort verhandelte er mit dem Geschäftsführer Reg Clarke über einen Endorsement-Vertrag. So wie die er-

---

[22] Der Selmer Truvoice gehörte ursprünglich George. Im Dezember 1961 meldete sich ein Inkassobüro im Auftrag des Musikgeschäfts Hessy bei der Familie Harrison , da die vereinbarten Ratenzahlungen nicht eingegangen waren. Bei den Ermittlungen stellte sich heraus, dass der Verstärker mittlerweile Paul gehörte. Brian Epstein bezahlte schließlich die Raten bei Hessy's!

folgreichen Shadows sollten auch die Beatles VOX-Verstärker spielen. Brian wollte für John und George je einen Verstärker erwerben und bot dafür unbezahlte Reklame an. Der Geschäftsführer war skeptisch, noch waren die Beatles in London völlig unbekannt und kontaktierte den Inhaber Tom Jennings, der mit den Worten „Was zum Teufel glaubt er, was wir sind – ein Haufen Menschenfreunde?" den Vorschlag ablehnte. Doch Clarke ließ sich trotz der Absage des Chefs auf den Deal ein. Die Beatles nahmen zwei VOX AC30-Verstärker[23] in Empfang, und im Gegenzug bekam die Firma gratis Werbung. Epstein hielt Wort. Bis 1968, ein Jahr nach seinem Tod, verwendeten die Beatles Vox-Verstärker. Die Verstärker-Firma boomte durch den Aufstieg der Beatles. Für Paul wurde Brian Epstein bei Jennings nicht fündig. Die Firma hatte sich auf Gitarrenverstärker konzentriert. Aber Brian fand bei der Band Big Three den passenden Amp: von deren Bassisten übernahm Paul einen Quad-II-Röhrenverstärker, der in Verbindung mit der Coffin-Box deutlich prägnanter klang als der Truvoice.

Was die Instrumente anbelangte, waren die Beatles für alle 1962 stattgefundenen Aufnahmen – Decca Tapes, sechster Juni, BBC-Aufnahmen und vierter September – bestens ausgestattet. John spielte seine Rickenbacker 325, die er bereits im November 1960 im Hamburger Musikhaus Rotthoff gekauft hatte. Er liebte diese Gitarre, weil sie erstens sehr leicht war und zweitens eine niedrige Saitenlage hatte und somit sehr gut bespielbar war. Allerdings gab es ein paar Modifizierungen. Den ursprünglich an der Brücke installierten Vibrato-Haken tauschte Lennon bei Hessy`s in Liverpool gegen einen Bigsby-Vibrato aus, vermutlich aus ästhetischen Gründen. Der Bigsby-Einbau ging einher mit dem Tausch der Brücke, wobei nicht unbedingt eine solidere Stimmung erreicht wurde. Auch die originalen Tonregler wurden mehrmals gewechselt, da sie immer wieder abfielen.

Paul hatte sich 1961 einen Höfner-Bass 500/1 zugelegt, den er für den Spottpreis von 30 Pfund (287 Deutsche Mark) bekommen hatte. Erstaunlicherweise bekam er sogar eine Sonderanfertigung für Linkshänder. Es war wohl der erste Linkshänder-Bass in der Firmengeschichte von Höfner. Auch dieses Instrument war sehr leicht, hatte ie die Rickenbacker 325 eine kurze Mensur und

---

[23] Die beiden VOX-Amps, die die Beatles bekamen, hatten einen zusätzlich eingebauten Top-Boost-Schaltkreis, der die Höhen bei 10 Kilohertz anhebt.

eine niedrige Saitenlage. McCartney machte dieses Instrument berühmt. Im Sommer 1961, als die Beatles wieder zurück waren von ihrem Engagement in Hamburg, legte sich Harrison ebenfalls eine neue Gitarre zu. Mit seiner bis dato gespielten Futurama war er, was den Sound und auch die Bespielbarkeit betraf, nicht glücklich. Eigentlich wollte er sich eine Fender Stratocaster zulegen, die in einem Laden stand. Er bekam sie jedoch nicht. Johnny Guitar von der Band Rory Storm and the Hurricanes schnappte sie ihm kurzerhand weg. Stattdessen entdeckte er eine Gitarren-Anzeige in einer Liverpooler Zeitung. Ein Matrose verkaufte eine in Amerika gekaufte Gretsch Duo Jet für den Preis von 70 Pfund. Harrison kratzte sein ganzes Geld zusammen und kaufte sich die Gitarre. Wie er später sagte, war die Gitarre ziemlich beansprucht, aber nachdem er sie gesäubert und poliert hatte, war er begeistert vom Aussehen, dem glockigen, klaren Klang und auch von der Bespielbarkeit.

Im Sommer 1962 waren John Lennon und George Harrison auf der Suche nach einem bestimmten Akustik-Gitarrenmodel. Bei Rush-worth's Music Store, neben Hessy's einem der damals wenigen Gitarrenläden in Liverpool, die Exportgitarren aus Amerika im Angebot hatten, wurden sie fündig. Ursprünglich wollten die beiden Beatles-Gitarristen das Jumbo-Modell ES175 von Gibson ergattern, wie es ihr „Lehrer" Tony Sheridan in Hamburg spielte. Im Katalog fand sich unter der Bezeichnung „Jumbo" jedoch ein anderes Modell der Firma Gibson, nämlich die J160-E. Dieses Modell klingt mit dem eingebauten P90-Pickup und den dafür vorgesehenen E-Gitarrensaiten wie eine elektrische Gitarre. Für dieses Modell entschieden sich George und John, ohne es getestet zu haben. Aber die Wahl erwies sich als Volltreffer. Über Jahre prägte dieses Gitarrenmodell den Sound der Beatles. Die Gitarren wurden per Schiff aus Amerika geliefert und am 10. September 1962 holten John und George zusammen mit Manager Brian Epstein die beiden Gibson J160E-Gitarren bei Rushworth's ab. Seltsamerweise wurden die neuen Gitarren bei den Aufnahmen zu „Love Me Do" und „P.S. I Love You" im Abbey Road Studio in London nicht eingesetzt. Es ist zu vermuten, dass der Einsatz der neuen Gitarren den Beatles zu riskant erschien. Die Rechnung über die beiden Gitarren ging an Brian Epstein, der für die beiden Modelle 322 englische Pfund hinlegen musste. Eine horrende Summe für eine bis dato völlig unbekannte Band – das Jahreseinkommen in England lag zu dieser Zeit im Schnitt bei 800 Pfund. Der

Beatles-Manager war zwar gut situiert, aber selbst er konnte einen so hohen Betrag nicht so leicht aufbringen. Er zahlte in Raten ab. Erst nach einem Jahr war der Kauf abgeschlossen.

Exakt 90 Tage nach den ersten Abbey-Road-Test-Aufnahmen flogen die Beatles am frühen Morgen des vierten Septembers vom Liverpooler Flughafen nach London, suchten ein kleines Hotel in Chelsea auf und waren kurz nach der Mittagszeit im Studio in der Abbey Road. Tontechniker Ron Richards nahm sie in Empfang und richtete mit ihnen das Studio drei ein, damit die Band dort in Ruhe für die anstehenden Single-Aufnahmen proben konnte. Von 14. 30 Uhr bis 17.30 Uhr bereiteten sich die Beatles vor. Anwesend bei den Proben war Ron Richards, der die Proben begleitete und Fotograf Dezo Hoffmann, ein 50-jähriger Slowake, der an diesem Tag die Beatles zum ersten Mal vor der Kamera hatte und viele Fotos von dieser Session schoss. Deutlich kann man auf den Bildern das linke blaue Auge von George erkennen. Die Beatles stellten den Song „Please Please Me" vor. In Dauerschleife präsentierten sie den Song in einer langsamen Version, ganz im getragenen Stil von Roy Orbison. George spielte durchgehend das Gitarren-Thema, auch während des Gesangs, bis Richards vorschlug, den Song etwas auszudünnen. Dennoch waren die Beatles mit dem Ergebnis nicht zufrieden. Insgesamt spielten die Beatles sechs Lieder, wovon zwei Songs für die Single-Aufnahmen ausgesucht wurden: „Love Me Do" und „How Do You Do It". Nach den Proben lud George Martin die Beatles und Neil Aspinall zum Essen ein. Er führte sie in das italienische Restaurant Alpino in der Marylebone High Street und unterhielt die Band mit Geschichten über Peter Sellers und Spike Milligan von den Goons, weil er wusste, dass die Beatles die Comedy-Truppe sehr schätzte. Nach der Rückkehr ins Studio begannen pünktlich um 19 Uhr endlich die Studio-Aufnahmen. Tontechniker an diesem Abend war Norman Smith. Für den Start war die Aufnahme von „How Do You Do It" vorgesehen. George Martin bestand auf diesen Song. Die Beatles bekannten Farbe und teilten ihrem Produzenten mit, dass sie den Song zwar gut, aber nicht für sich geeignet fänden und lieber einen eigenen Song aufnähmen. George Martin erwiderte, dass er nur dann einverstanden wäre, wenn sie es schaffen sollten, ein gleichwertiges Stück auf Band zu bekommen.
Die Aufnahmen begannen wie geplant mit Mitch Murrays Komposition „How

Do You Do It". Die Beatles spielten mehrere Versionen, sie hatten für den Song ein eigenes Arrangement kreiert, und George Martin war nach einigen Aufnahme-Takes zufrieden mit dem Ergebnis. Der Produzent, der selbst ein ausgezeichneter Musiker war, wusste die Arbeit der Beatles an diesem Lied zu schätzen, aber er erkannte auch, dass das letzte Quantum an Überzeugung und Engagement fehlte. Endlich kam die Eigenkomposition „Love Me Do" an die Reihe. Sie benötigten 15 Aufnahmen für das Schlagzeug, Bass und Gitarren. Auf dieses Playback sollte nun der Gesang aufgenommen werden. Es war ein langatmiges Unterfangen und dauerte bis tief in die Nacht. Tontechniker Norman Smith stellte fest, dass Paul nicht ganz glücklich mit Ringos Schlagzeugspiel bei „Love Me Do" war. Kein Wunder, es war Ringos erster Besuch in einem professionellen Aufnahmestudio und sowohl der Tontechniker wie auch Produzent George Martin hatten keine Ahnung, dass die Beatles kurz zuvor den Schlagzeuger gewechselt hatten. Noch am selben Abend wurden beide Lieder gemischt und zwei Acetats erstellt. Sowohl für Martin wie auch für Epstein, um am nächsten Morgen mit frischen Ohren die Ergebnisse zu überprüfen. George Martin war hin- und hergerissen zwischen den beiden Songs. Um Haaresbreite hätte sich George Martin für „How Do You Do It" entschieden, da das Ergebnis frisch wirkte, und Martin wusste, dass mit diesem Debüt eine sehr gute Chart-Postion erreicht würde, aber zum Schluss sollte „Love Me Do" die erste Single der Beatles werden. Auch von dieser Aufnahme war der Produzent angetan. Eine Entscheidung, die George Martin nie bereuen sollte. Jedoch musste eine weitere Kapriole geschlagen werden. Sowohl Smith als auch Martin wussten, dass eine Debüt-Single, wenn sie denn eine Chance auf dem heiß umkämpften Markt haben sollte, eine perfekte Produktion benötigte. Nach mehrmaligem Anhören des Acetats kamen sie zu der Entscheidung, die Aufnahme-Session zu wiederholen. Der Gesang war noch nicht zu 100 Prozent korrekt, und auch Ringos Schlagzeug-Spiel zeigte Defizite. Um kein Risiko einzugehen, buchte Smith den 32-jährigen Studio-Schlagzeuger Andy White, der anstelle von Ringo trommeln sollte. Brian Epstein wurde informiert, dass die Beatles am 11. September ins Abbey Road-Studio zurückkommen sollten.

Die Beatles blieben einen Tag länger in London und mussten zum ersten Mal eine Lunchtime-Session im Cavern Club (5.9.) absagen. Dafür spielten sie einen Tag später zur Mittagszeit im Cavern und abends folgte ein Auftritt im

Rialto Ballroom, Ecke Upper Parliament Street/ Stanhope Street in Liverpool. Am siebten September gaben sie ein Konzert in der Newton Dancing Hall in Cheshire, einen Tag darauf spielten die Beatles in der Jugendherberge in Birkenhead und anschließend im Majestic Ballroom, ebenfalls Birkenhead. Am neunten September traten sie abends im Cavern Club auf und am 10. September hatten sie noch zwei Konzerte im Cavern Club mittags und abends in der Queen's Hall in Widness zu absolvieren, bevor sie am frühen Morgen des 11. Septembers den Flieger von Liverpool Airport nach London nahmen.

Die Aufnahmen am 11. September

Nicht nur die Produzenten waren im Zweifel über die bisherigen Aufnahmen von „Love Me Do", auch die Beatles wussten, dass sie es besser hinbekommen mussten. Die Session begann um 10 Uhr vormittags und sollte bis ein Uhr nachts dauern. Selbst für die unermüdlich hart arbeitenden Beatles war es ein Mammut-Programm. Immerhin waren sie durch die vielen Auftritte eingespielt und auch stimmlich bestens gewappnet für die große Aufgabe. Ringo war natürlich enttäuscht, als er feststellte, dass sein Schlagzeug-Part von dem Kollegen Andy White übernommen werden sollte. Andy White wiederum fand die Beatles witzig, und es machte ihm Spaß, für sie zu trommeln. Vor allem war er beeindruckt, dass die Band eigene Lieder aufnahm. Für die damalige Zeit war dieser Vorgang für Newcomer sehr ungewöhnlich. Die Aufnahme-Session begann mit der Eigenkomposition „P.S. I Love You". Für diese Nummer spielte White das Schlagzeug, und Ringo bediente die Maracas. Sie benötigten zehn Durchgänge, bis die Instrumentierung und auch Pauls Leadstimme sowie die Backgroundgesänge perfekt eingespielt waren. Für die Technik waren an diesem Tag sowohl Ron Richards als auch Norman Smith zuständig. McCartney war von der Aufnahme so angetan, dass er vorschlug, diesen Song als A-Seite der Single zu verwenden. Ron Richards konnte ihn überzeugen, dass „Love Me Do" für die Debut-Single geeigneter wäre. Dann kam die Single „Love Me Do" an die Reihe. Auch wenn Andy White ein routinierter Schlagzeuger war, brauchten sie 18 Durchgänge, bis auch dieses Lied endlich die richtige Form gefunden hatte. Ringo durfte das Tamburin spielen. Es ist gut hörbar und so lässt sich schnell erkennen, welche Fassung des Liedes man gerade hört, denn die Fassung vom vierten September war ohne dem Schellenkranz eingespielt worden. Interessanterweise hat von den drei Schlagzeug-

Versionen, die von "Love Me Do" vorliegen, Pete Best als einziger im Solo-Teil synkopisch gespielt. Sowohl Ringo als auch Andy spielten diesen Part gerade. Gegen ein Uhr nachts fingen die Aufnahmen zu „Please Please Me" an. Just in diesem Moment kam George Martin zur Aufnahmesession hinzu und hörte aufmerksam zu. Die Beatles versuchten mehrere Durchgänge, waren aber nicht zufrieden. Immer noch spielten sie den Song sehr langsam, eher blue-sig, im Stil von Roy Orbison. George Martin holte die Jungs in den Kontroll-raum und erklärte ihnen, dass der Song viel besser klingen würde, wenn sie ihn schneller spielen und Gesangsharmonien integrieren würden. Er fand den Song gut, aber noch nicht in der richtigen Fassung. Daher schlug Martin vor, diesen Song beim nächsten Termin richtig anzugehen. Noch in der selben Nacht wurde „Love Me Do" abgemischt. Für die Mono-Mischung wurde Take 18 verwendet. Und auch „P-S. I Love You" wurde bearbeitet, für diesen Mono-Mix wurde Take 10 genommen. An diesem Tag war der Fotograf Dezo Hoff-mann nicht anwesend. Daher gibt es von diesem Studio-Tag keine Bilder.

Es war damals nicht üblich, dass die Masterbänder aufbewahrt wurden. Die Bänder waren teuer und so wurden für die kommenden Aufnahmen die Tapes überspielt, sobald die Lieder fertig abgemischt waren. Daher gibt es leider keine Aufnahme von „Please Please Me" im getragenen Roy Orbison-Stil, da dieser Song nicht abgemischt worden war. Es wäre interessant zu erfahren, wie der Song in seiner ursprünglichen Fassung geklungen hat.

Wenn man „Love Me Do" in den drei vorhandenen Versionen vergleicht – die mit Pete Best vom 6. Juni, die mit Ringo vom 4. September und schließlich die letzte Version vom 11. September mit Andy White am Schlagzeug und Ringo am Tamburin – versteht man nicht ganz die Entscheidung, warum Andy White eingeladen wurde, das Schlagzeug einzuspielen. George Martin, der anfäng-lich die Aufnahme mit Ringo nicht so überzeugend fand und deswegen eine weitere Session anberaumte, entschied sich dann doch für die Version vom vierten September mit Ringo am Schlagzeug. Das Schlagzeug bei dieser Auf-nahme klingt genau so kräftig und auch akkurat wie das von Andy White. Vielleicht bindet die Aufnahme vom 11. September den Bass etwas besser ein. Der Gesang von John und Paul wirkt auf beiden Versionen energetisch und geschlossen. Es sind bis zu diesem Zeitpunkt die besten Gesangsaufnahmen der beiden. Gleichwohl ist es interessant, wie weit sich die Versionen unterscheiden und welchen beachtlichen Entwicklungssprung die Beatles von Juni bis September geschafft hatten. Unter diesem Aspekt sind alle drei Versionen spannend.

Gleich am nächsten Tag flogen die Jungs zurück nach Liverpool, um einen Gig an diesem Abend im Cavern Club wahrzunehmen. Fast jeden Tag sollten sie die nächsten Wochen spielen, entweder einen oder zwei Auftritte pro Nacht. Doch sie nahmen die Strapazen gerne in Kauf, da sie wussten, dass ihnen Liverpool zu Füßen lag. Die Konzerte waren ausverkauft, die Fangemeinde wuchs in einem atemberaubenden Tempo, schon im August hatte Epstein beschlossen, einen Beatles-Fanclub zu gründen, um den vielen Anfragen der weiblichen Fans gerecht zu werden. Als Leiterin wurde die agile Freda Kelly ausgewählt, die mit ihren zarten 17 Jahren großer Beatles-Fan war, so ziemliche alle Auftritte im Cavern Club miterlebte, Brian Epsteins Sekretärin wurde und bald darauf die Leitung des Fanclubs übernahm. Bei ihrem Einstieg in das Fanclub-Geschäft gab sie nicht die Postadresse ihres NEMS-Büros in Whitechapel an, sondern ihre Privatadresse zum Entsetzen ihres Vaters. Erst waren es Dutzende von Briefen täglich, aber bald wurde sie überschwemmt von Fan-Anfragen. Erst nach einigen Monaten änderte Freda die Anschrift, um ihre eigene Privatsphäre zu zu schützen.

Die erste Single: „Love Me Do"

Am Freitag, den fünften Oktober, war es endlich so weit. Parlophone, das Sublabel der EMI unter der Leitung George Martins, brachte die erste Beatles-Single auf den Markt. Kurz zuvor, am ersten Oktober, unterzeichneten die Beatles zum zweiten Mal ihren Manager-Vertrag, bei dem Ringo Starr mit aufgenommen und Pete Bests Name herausgenommen wurde. Es ist der einzige Vertrag, auf dem die Unterschrift von Brian Epstein zu finden ist. Der erste Vertragsentwurf enthielt nur die Unterschriften von John, Paul, George und Pete. Aus irgendeinem Grund hatte Brian Epstein neun Monate zuvor nicht unterschrieben.
Nach einer Woche stand die Single auf Platz 49 der Record Retailer Charts. Die meisten Singles wurden in und um Liverpool herum von den vielen Fans gekauft. Böse Zungen behaupteten, Brain Epstein habe 10.000 Kopien aufgekauft, um die Single-Verkäufe anzuheben. Man darf nicht vergessen, dass

seine Eltern mit dem Northern Ends Music Store den größten Plattenladen im Norden Englands besaßen. Also selbst wenn es so gewesen sein sollte, dass Brian diese Menge an Platten bestellt hatte, gingen die gekauften Platten ordnungsgemäß über den NEMS-Ladentisch. Der Fanandrang war bereits zu diesem Zeitpunkt in Liverpool enorm. Zu guter Letzt erreichte die Single Platz 17 und war somit ein kleiner Erfolg für die Beatles als Newcomer-Band. Warum sich George Martin dafür entschieden hatte, die Single-Version zu verwenden, auf der Ringo trommelte, grenzt an ein kleines Wunder. Anscheinend hörte er im direkten Vergleich keinen Qualitätsabfall. Auf der 1963 erschienenen EP „The Beatles' Hits" wurde jedoch die Version vom 11. September verwendet und man einigte sich bei der EMI zu diesem Zeitpunkt, den Master vom vierten September unwiderruflich zu löschen. Ab diesem Zeitpunkt sollte nur noch die Tamburin-Version, für die Andy White getrommelt hatte, gepresst werden. Die Single blieb 18 Wochen in den Charts und wurde in diesem Zeitraum knapp über 116.000 Mal verkauft. Insgesamt wurden knapp 300.000 Einheiten in England abgesetzt und sollte somit die einzige Beatles-Single sein, die sich weniger als 500.000 Mal bislang verkauft hat.[24] Die Beatles waren schier aus dem Häuschen, als sie das erste Mal ihre Single im Rundfunk hörten. Immer dienstags um 19.30 Uhr lief auf Radio Luxemburg die Single. Wann immer sie zu Hause waren, schalteten sie das Radio ein und lauschten. Auch die Eltern hörten mit. Sogar unterwegs machten sie Pause zur Sendezeit und suchten ein Radiogerät. Im Zuge der allmählich sich steigernden TV-Auftritte fingen die Beatles an, sich zu schminken. Ted Taylor von den Ted Taylor Four hatte zusammen mit den Beatles einen Auftritt und meinte zu ihnen, dass sie auf der Bühne etwas blass aussähen und sich schminken sollten. Also schminkten sie sich und sahen aus, als ob sie Orangen-Haut hätten. Sie trugen sogar Lidschatten und schwarze Eyeliner auf, was man auf in dieser Zeit geschossenen Fotos gut erkennen kann.

Am achten Oktober sagten die die Beatles erneut eine geplante Lunchtime-Session im Cavern-Club ab, da sie an diesem Tag nach London fahren muss-

---

[24] siehe https://de.wikipedia.org/wiki/Love_Me_Do#Erfolg.

In Amerika wurde die Single am 27.4.1964 veröffentlicht auf dem VeeJay-Label Tollie. In den Billboard-V`Charts stieg „Love Me Do" auf Platz 81 ein und landete schnell am 30. Mai 1964 für eine Woche Platz eins und war zehn Wochen in den Top Ten.

ten. Grund für diese Reise war ein Termin bei Radio Luxembourg. Sie wurden für die Sendung „The Friday Spectacular" aufgenommen. Die Sendung wurde am 12. Oktober ausgestrahlt. Bei dieser Gelegenheit besuchten die Beatles einige Musikjournalisten, gaben Interviews und promoteten ihre Single „Love Me Do".

Am 12. Oktober fand die bis dato erfolgreichste Veranstaltung statt, die Brian Epstein organisiert hatte. Im Tower Ballroom spielten über fünfeinhalb Stunden zwölf Bands, darunter der amerikanische Star Little Richard, gleich an zweiter Stelle nach Richard wurden die Beatles gesetzt. Die Beatles konnten ihr Glück kaum fassen, einen ihrer Heroen persönlich in Liverpool zu treffen. In Richards Band spielte Billy Preston das Keyboard, den sie bereits in Hamburg kennen gelernt hatten. Sie wussten natürlich, dass Little Richards Stern in den USA am Sinken war und deshalb nach Liverpool gekommen war. Bei Erfolg im eigenen Land hätte er dem Konzert nicht zugestimmt. Unter den engagierten Bands war auch ein guter Bekannter. Die Beatles trafen hinter der Bühne ihren alten Schlagzeuger Pete Best, der an diesem Abend mit seiner neuen Band Lee Curtis and the All Stars ebenfalls mitwirkte. Das Wiedersehen riss bei Pete alte Wunden auf. Es war für die Beatles der 23. Auftritt im Tower Ballroom. Insgesamt sollten sie dort insgesamt 27 Mal auf der Bühne stehen.[25] An diesem Abend präsentierte Lennon voller Stolz seine frisch lackierte Rickenbacker 325 in Schwarz. Epstein arbeitete unablässig am Bühnenoutfit der Beatles und wie Adrian Barber, der Gitarrist der Band Big Three verriet, war schwarz bei den Beatles die angesagte Farbe.[26] So wollte Lennon seine in Naturholz lackierte Rickenbacker dem Stil der Beatles anpassen. Die Arbeiten an der Gitarre fanden in einer Autolackiererei in Birkenhead statt. Charles Bentham, der sonst große Transporter lackierte, nahm sich der Gitarre an. Er demontierte die Schlagplatte und die Elektronik (Pickups, Brücke, Pickup-Schalter und die Drehknöpfe) und besprühte die Gitarre mit Tekaloid-Auto-

---

25 Die anderen Termine im Tower Ballroom waren: 10. und 24 November; 1., 8., 15. und 26. Dezember 1961; 12., 19. und 26. Januar, 15., 16. und 23. Februar; 2. März; 6. April; 21. und 29. Juni; 13., 21. and 27. Juli; 17. August; 14. and 21. September; 23. November; 1. und 7. Dezember 1962; 14. Juli 1963

26 „Brian hatte die Idee mit den passenden Anzügen und Amps, warum also nicht passende schwarze Gitarren?" Adrian Barber - Andy Babiuk, Der Beatles Sound, S.

lack. Es dauerte drei Tage, bis der Lack trocken war, dann baute er die Elektronik wieder zusammen. Dabei unterlief ihm ein Fehler, da er sich mit Gitarren nicht auskannte. Er baute den Kippschalter für die Pickups falsch herum ein. Chris Whorton, der Freund, der diese Aktion organisiert hatte, brachte die Gitarre zurück in den Cavern. Als Lennon die Gitarre ausprobierte, war er zuerst irritiert, kam mit der falsch eingebauten Elektronik nicht zurecht und spielte daher seine Gibson J-160-Gitarre. Tage später ließ er die Elektronik richten und bekam bei dieser Gelegenheit neue cremefarbene Höfner-Knöpfe und eine goldene Abdeckung für seine in Hochganz lackierte Rickenbacker.

Der Abend mit Richard und den Beatles war so erfolgreich, dass Brian Epstein dieses Event am 28. Oktober im Liverpooler Empire Theatre wiederholte. Auch dort spielten sie vor begeistertem Publikum.

Den größten Coup jedoch, den der Manager landete, war ein beherzter Telefonanruf bei Arthur Howes in Peterborough, Northamptonshire. Arthur Howes war zu dieser Zeit der größte und erfolgreichste Konzertveranstalter Englands. Es war seine Idee, sogenannte „Package-Tours" zu veranstalten, wobei sechs oder sieben Acts auftraten. Jede Band oder Künstler hatte am Abend eine zehnminütige Show. Bei relativ geringem Aufwand konnte Howes zwei Shows pro Abend organisieren. Da die Shows großen Zulauf hatten und besonders bei den Kids beliebt waren, buchte er große Kino- und Theatersäle. Brian Epstein redete mit Engelszungen auf Howes ein, verwies auf den Chart-Erfolg der Beatles-Single und Howes sagte zu. So wurden die Beatles für eine Tour mit Helen Shapiro im Februar gebucht. Helen Shapiro war mit 16 Jahren bereits ein großer Star. Mit den Singles „Tell Me What He Said" und „Little Miss Lonely" hatte sie 1962 zwei Nummer-eins-Hits. Ein Jahr später hatte Shapiro den Höhepunkt ihrer Plattenkarriere bereits erreicht. Auf ihrer Tour waren die Beatles dabei. Allerdings war die Bezahlung miserabel. Pro Woche gab es 80 Pfund für die gesamte Band, mit dieser Gage mussten alle Spesen gedeckt werden. Sowohl der Sprit, Catering, wie auch die Übernachtungen. Vor der Tour wollte Howes die Beatles jedoch selber begutachten, um zu wissen, auf was er sich eingelassen hatte. Also bat er Epstein um einen Auftritt der Band im Embassy Cinema in seiner Heimatstadt Peterborough. Die Beatles sollten als Vorband des englischen Sängers und Jodlers Frank Ifield auftreten. Der Auftritt der Beatles am zweiten Dezember war ein Desaster. Die zehnminütige Show der Liverpooler wurde mit eisigem Schweigen des Publikums quittiert.

Dies lag natürlich daran, dass stilistisch Welten zwischen dem Vor- und Hauptakt lagen. Die Beatles spielten puren Rock'n'Roll in Volume-Eleven-Manier, während Frank Ifield gemütlich anmutenden Countrysound präsentierte und seine schlagerhaften Melodien mit kleinen Jodler-Einwürfen garnierte. Howes erkannte als professioneller Veranstalter zum Glück, dass, obwohl die Beatles nicht richtig in das Programm passten, sehr wohl Qualität mitbrachten. Trotz des desaströsen Auftritts sagte er zu. Nicht nur das. Zwei Tage später teilte er Epstein mit, dass die Beatles auch im März 63 auf der Tour von Tommy Roe und Chris Montez dabei sein sollten. Letzter hatte einen Riesenhit am Laufen mit „Let's Dance", und Tommy Rose war mit dem Hit „Sheila" über das Land hinaus sehr bekannt. Mit diesem Coup bugsierte Epstein die Beatles nach oben. Wo Stars auftreten, ist bekanntlich mehr Publikum. Dies war der geeignete Weg, die Beatles über den Norden Englands hinaus bekannt zu machen.

Doch vor den zugesagten Touren mussten die Beatles für zwei vierzehntägige Engagements zurück nach Hamburg in den Star Club. Der erste Aufenthalt ging vom ersten bis 14. November, der zweite Besuch war vom 17. bis 31. Dezember vorgesehen. Zwischen den beiden Engagements in der Hansestadt folgten sie einer weiteren Einladung ins Abbey Road Studio. George Martin dachte an die Nachfolge-Single, und es sollte an den Beatles liegen, den Erfolg der ersten Single zu steigern und daher erwartete Martin, dass die Beatles eine gute Eigenkomposition mit vor allem überzeugenden Arrangement mit ins Studio brachten.

Doch zuerst ging es wieder einmal nach Hamburg, erneut in den Star Club. Es war das erste Mal, dass die Beatles hintereinander im selben Club spielten. So ganz passte das Engagement in Hamburg nicht mehr in den Plan, in gewisser Weise hatten sich die Hamburger Nächte überholt, da sie außer Spielpraxis wenig Nutzen hatten. Brian Epstein handelte für die 14 Tage zumindest eine gute Gage aus. Pro Woche verdiente die Band pro Mann 600 Deutsche Mark. Abermals standen insgesamt 49 Stunden harte Bühnenzeit vor ihnen. Aber gemessen an dem Pensum, das sie in Liverpool hingelegt hatten, war der Stress auszuhalten. Es sollte deren vorletzter Trip sein.

Am 15. November flogen die Beatles zurück nach Liverpool und kurz darauf, am 16. November, hatten sie ihren zweiten Besuch bei Radio Luxembourg für die Show „The Friday Spectacular". Die Sendung wurde sieben Tage später, am 23. November, im Rundfunk übertragen. Am 17. November wurde ein größerer Auftritt in der Jubelee Hall in der Chanel Street in Cheshire abgesagt. Brian Epstein hatte im Stress vergessen, den Termin zu bestätigen. Es wäre deren erster Auftritt in den englischen Midlands gewesen. Doch er konnte auf die Schnelle einen Ausweichtermin arrangieren. Statt in der Jubilee Hall spielten die Beatles am 17. November in der Matrix Hall in Coventry. Erst am 18. November spielten sie wieder im Cavern Club und wurden dort in ihrer Homebase von den Fans euphorisch gefeiert. Auch am 19. und 21. November gastierten die Beatles im Cavern Club. Hinzu kamen Gigs in größeren Ballrooms, wie der Floral Hall in Southport, dem Adelphi Ballroom in Staffordshire und zum wiederholten Male der Majestic Ballroom in Birkenhead. Am 23. November mussten die Beatles erneut zwei Gigs absagen, da eine spontane Einladung der BBC für einen Fernsehauftritt in London folgte. Den ausgefallenen Lunchtime-Gig im Cavern übernahmen The Remo Four, der Auftritt im Tower Ballroom in New Brighton fiel aus. Die BBC wollte die TV-Tauglichkeit der Band prüfen. Die Session fand statt um die Mittagszeit in der St. James Hall in Gloucester Terrace, London. Wider Erwarten verliefen die Sessions nicht zur Zufriedenheit der BBC-Aufnahmeleitung. Mittlerweile vom wachsenden Erfolg verwöhnt, musste Epstein vier Tage später erfahren, dass die Beatles als nicht fernsehtauglich eingestuft worden waren. Für Trübsal war an diesem Tag nicht zu denken. Road Manager Aspinall düste mit den Band per Van von London zurück nach Liverpool, damit die Band rechtzeitig zum Auftritt kam in den Tower Ballroom, wo sie zusammen mit Billy J. Kramer and the Coasters auftraten. Auch diese Band nahm Brian Epstein 1962 unter Vertrag. Lennon war ein großer Billy J. Kramer-Fan, er fand seine Stimme toll. Als die Beatles als Songwriter etabliert waren, kredenzte er Billy J. Kramer mehrere Kompositionen, darunter „Bad To Me", die Kramer mit seiner Band überzeugend umsetzte und in England ein Nummer-Eins-Hit wurde.[27]

---

[27] Billy Kramer erhielt von Lennon auch „Do You Want To Know A Secret (Platz 2), „I'll Keep You Satisfied" (Platz 4) und „From A Window" (Platz 10)

Zur Komposition:

„Love Me Do" ist ein durchweg schlichter Song mit den drei Akkorden G-Dur, C-Dur und D-Dur, der aber durch ungewohnten zweistimmigen Harmoniegesang besticht. Zugrunde liegt dem Song ein klassisches 32-Takte-Schema, wie es in der damaligen Kompositionsweise üblich war. Dem Aufbau A-A'-B-A geht ein achttaktiges Intro mit Mundharmonikaspiel voran, das Lied endet mit einem achttaktigen Outro. Die Strophe ist geprägt durch einen wiederkehrenden zweitaktigen Melodiebogen, der von Johns Mundharmonikaeinsätzen unterbrochen wird. Der Refrain wird durch die mantraartige Zeile: „Love, Love Me Do, You Know I Love You" bestimmt.

Interessant ist, dass die Beatles In der Tonika von G-Dur die kleine Septime, also den Ton F, einsetzen, wodurch das Lied einen bluesigen Charakter erhält. Hingegen singt McCartney am Ende jeder Zeile in der Strophe mit seiner hohen Stimme den Grundton G in der Subdominante, wodurch der Anschein entsteht, dass statt der Subdominante die Tonika stehen müsste. Dadurch wird eine musikalische Spannung aufgebaut. Verstärkt wird der Blues-Charakter des Songs durch Johns Mundharmonikaspiel, für das er, wie im Blues typisch, eine C-Dur-Mundharmonika verwendete. Also eine Quarte höher als die Tonart G-Dur, um den Ton F spielen zu können. McCartney spielt mit seinem Höfner-Bass bis auf ein paar Gleittöne durchgehend den Grundton und Quinte und korrespondiert mit dem auf zwei und vier betonten Back Beat von Andy White/Ringo. Hinzu kommt in der Version, auf der Andy White trommelt, ein in Vierteln gespieltes Tamburin von Ringo.

Der Einsatz der Mundharmonika war inspiriert von dem 1961 veröffentlichten Nummer-eins Hit „Hey Baby" von Bruce Channel, der aus Texas kam und im gleichen Alter wie Lennon oder Starr war. Die Beatles traten mit Channel am 21. Juni 1962 im Tower Ballroom in New Brighton, Wallasey auf und lernten ihn dort kennen. Wir erinnern uns, dass DJ Ötzi hierzulande das Lied von Bruce Channel wieder aktivierte – allerdings ohne Mundharmonika.

Was jedoch bei „Love Me Do" ein völliges Novum war – und dessen war sich George Martin völlig bewusst - kam es durch das gesangliche Zusammenwirken von McCartney und Lennon zu einem Bruch zu den bis dato bestehenden Identifikations- und ästhetischen Kommunikationsmustern. Seit der griechischen Tragödie identifizierte sich der Zuschauer und Zuhörer stets mit dem singulären Helden der Geschichte. Der dionysische Chor, der sich hinter Masken verbarg, blieb anonym und in ästhetisch-kommunikativer Weise bedeutungslos. Dieses Muster wurde erfolgreich von der Musikindustrie aufgegriffen. Vorne stand der funkelnde Sänger, mit dem sich die weiblichen Heerscharen identifizieren konnten. Elvis Presley, Buddy Holly, Little Richard, Carl Perkins – stets gab es als universell eingesetztes Schema den erotisierenden Solokünstler, der von der Band musikalisch unterstützt wurde. Dieses Identifikationsmuster wurde von den Beatles radikal aufgebrochen. Allein die Tatsache, dass im Duett „Love, love me do" gesungen wurde, führte den Imperativ von „Love!" und das Personalpronomen „me" ad absurdum. Das ästhetische „Ich" wurde durch die Beatles zu einem kollektiven „wir" erweitert, der in einen Prozess mündete, durch den die zeitgenössische Musik des romantisch-verklärten Ichs beraubt wurde, indem die Chiffre des ich-bezogenen Ausdrucks neu besetzt worden ist. Nicht mehr als alleiniger Ausdruck gilt seitdem der Sänger, die Sängerin als Träger personifizierter Emotionen, sondern auch das Kollektiv des musikalisch gesetzten „Wir" als eine neue Form emotionaler Klangverwirklichung war somit in die bestehende Theatralik jeglicher Bühnenunterhaltung aufgenommen. Dieser Prozess war mit „Love Me Do" angestoßen worden. George Martins Entscheidung, dem Wunsch der Beatles nachzugeben und „Love Me Do" anstelle von „How Do You Do It" zu veröffentlichen, führte zu diesem Schritt.

„P.S. I Love You" ist kompositorisch raffinierter als die A-Seite „Love Me Do". McCartney, der den Song weitgehend im Alleingang geschrieben hatte, wusste das, und versuchte, seinen Song auf die A-Seite zu hieven, was ihm jedoch misslang. Das Lied startet unvermittelt mit dem Chorus, der unisono von Paul und John gesungen wird. In den Strophen singen John und George Einwürfe. Das Lied ist in D-Dur und aufgeteilt in vier Strophen und drei wiederkehrenden Refrains mit einer Spielzeit von zwei Minuten und vier Sekunden. Hauptsänger ist wie bei „Love Me Do" Paul. Interessant ist bei dem Lied, dass die Beatles zum ersten Mal die Kadenz durchbrechen. Im Intro-Refrain wird vom G-Dur auf das D-Dur ein verminderter C#-Akkord eingeschoben (Töne F, C# H), der die D-Dur-Tonleiter wie bei „Love Me Do" mit einer kleinen Septime aufbricht und die Tonfolge mixolydisch werden lässt. So folgt nach dem G des G-Dur Akkords ein F des C' vermindert-Akkords und endet in einem F# des D-

Dur-Akkords. So eine Folge war sehr selten zu hören in Pop-Musik. Witziger-weise wird der verminderte Akkord nach dem Intro in den Refrains nicht mehr wiederholt. Dafür aber führen Lennon und McCartney in den Strophen eine Akkordfolge ein, die man bis dato in der Popmusik noch nicht gehört hat. Nach der Dominante A-Dur folgt Bb-Dur als verminderte Sechste und an-schließend C-Dur als verminderte Septime, um dann wieder in der Tonika auf-gelöst zu werden. Diese Tonsequenz wurde seitdem unzählige Male kopiert in den verschiedensten Musikgenres. The Kinks verwendeten diese Tonfolge bei „Lola", die Beatles selber wiederholten die Folge in „Lady Madonna", Abba benutzten diesen Trick in „SOS", um nur einige Künstler zu nennen. Heutzuta-ge ist diese Akkord-Folge Standard. Als die Single 1962 auf den Markt kam, war diese Sequenz eher ungewöhnlich.

Sowohl mit der A- als auch mit B-Seite ihrer ersten Single brachen die Beatles mit herkömmlichen Standards. Der Tin Pan Alley-Fabrikation stellten sie sich mit Frische und einer Unbekümmertheit entgegen. Die Beatles haben es ge-schafft, professionellen Songwritern Lieder entgegenzuhalten, die sie selber komponiert und einem jugendlichen Publikum bei Live-Auftritten präsentiert hatten. „Love Me Do" war mit Sicherheit nicht so routiniert und technisch ela-boriert wie die Produkte der damaligen Musikindustrie, doch mit Hilfe von EMI als dem damals amtierenden Tonträger-Giganten schafften sie es, die mediale Aufmerksamkeit auf eine Bewegung entlang der Mersey-Side zu lenken, die den Verantwortlichen im Vergleich zu den im Land angesagten Stars auf den ersten Blick amateurhaft anmuten musste. Doch die Kauflust des jugendlichen Publikums im Norden Englands zeigte Wirkung. Normalerweise verschwand eine Newcomer-Single nach drei Wochen in der Versenkung. Nicht so „Love Me Do", der Song hielt sich drei geschlagene Monate in den UK-Charts. „Love Me Do" gelangte eine Woche nach der Veröffentlichung am vierten Oktober auf Platz 49 der "Record Retailer Top 50 Singles (U.K.)" und erreichte bis zum 27. Dezember 1962 Platz 17. In den "Music Week Top 20 Singles (U.K.)" wur-de die Platte am 29. Dezember 1962 ebenfalls mit Platz 17 gelistet. Dieser Umstand ließ aufhorchen.

Die Single-Aufnahme zu „Please Please Me"

Am Montag, den 26. September 1962, flogen die Beatles erneut nach London für die Aufnahmen zur Nachfolge-Single von „Love Me Do". Sie kamen um 18 Uhr an, Neil Aspinall brachte deren Verstärker in das Studio Nummer zwei, das sie die nächsten Jahre sehr häufig aufsuchen sollten, dort probte die Band eine Stunde den Song, der die Nachfolge von „Love Me Do" antreten und den Erfolg steigern sollte: „Please Please me". Die Band hatte George Martins Kritik an deren Song wohl verstanden und alle strittigen Punkte verbessert. Der Song hatte nun ein frisches Uptempo, ein Harmoniegesang wurde eingesetzt, sowohl in den Strophen, im Mittel- und im B-Teil. Das Thema wurde nicht mehr durchgehend gespielt, sondern platziert als Intro und zwischen den Strophen. Gegen 19 Uhr fingen die Aufnahmen an. Norman Smith war der leitende Tontechniker des Abends. Die Beatles stellten fest, dass sie deutlich freundlicher bei ihrer Ankunft begrüßt worden waren. Dazu hat der Erfolg von „Love Me Do" beigetragen. Auch wurde diese Aufnahme technisch aufwendiger gestaltet. Da John wie bei „Love Me Do" seine Mundharmonika einsetzte, er aber schlecht zur gleichen Zeit Gitarre spielen konnte und auch der nahtlos ansetzende Gesang darunter litt, entschied man sich zum aufwendigen Overdubbing. Das bedeutet, zuerst wurden Schlagzeug, Bass und Gitarren und der Gesang von John, Paul und George aufgenommen und auf diese Aufnahme wurde Johns Mundharmonika-Spiel addiert. Wie bei „Love Me Do" waren insgesamt 18 Takes nötig. Als der letzte Take im Kasten war, orakelte George Martin den weissagenden Satz: „You've just made your first number one." (Ihr habt soeben euren ersten Number eins-Hit aufgenommen!)
Somit war entschieden, dass die Beatles als absolute Neuankömmlinge von Anbeginn an nur Eigenkompositionen aufgenommen haben. Dies war ein Novum in der britischen Musikszene. Man kann George Martin nicht hoch genug anrechnen, welches Vertrauen er in die Band aus Liverpool gesetzt hat. Seiner Überzeugung nach hätte „How Do You Do It" die erste Single sein sollen, aber er vereinbarte mit der Band, dass, wenn sie eine geeignete Eigenkomposition entgegenhalten können, die den Song von Mitch Murray übertreffen sollte, er einverstanden wäre, „How Do You Do It" nicht als Single einzusetzen. „Love Me Do" war musikalisch zu simpel, um an die Raffinesse von Mitch Murrays Komposition heranzukommen. Andererseits hatte „How Do You Do It" einen

gewissen Hang, kitschig und vor allem belanglos zu wirken, und auch das mag George Martin erkannt haben. Der Fakt, dass die Beatles sich durchgesetzt hatten, demonstriert deren mentale Stärke, dass sie sich vehement gegen eine Entscheidung gestemmt haben, die sich gegen ihr Gefühl richtete und schließlich sich durchgesetzt haben mit „Love Me Do" und weiterhin mit „Please Please me". Während „Love Me Do" ein schlichtes Dei-Akkorde-Lied war mit einer leicht bluesigen Note, bedingt durch die Septime in der Tonika und der Mundharmonika, war „Please Please Me" ein flotter, raffiniert gestalteter Pop-Song, auf den Ringo bravourös getrommelt hatte und alle Zweifel an seinem Spiel auf einen Schlag verstummen ließ. Vor allem war es qualitativ das Beste, was die Beatles bis dahin vorgezeigt hatten - und „Please Please Me" war Klassen besser als „How Do You Do It".

Nach einer kleinen Teepause ging es an die Aufnahme der B-Seite. Hierfür wurde eine weitere McCartney/Lennon-Nummer[28] ausgewählt: „Ask Me Why". Dieser Song, den die Beatle sehr oft live gespielt hatten, war schnell aufgenommen. Es benötigte sechs Durchgänge, dann passte alles. Nach der Aufnahme kam die Diskussion auf, ob „Ask Me Why" wirklich passend war als B-Seite. So kam ein dritter Song ins Gespräch: „Tip Of My Tongue". Nach mehreren Versuchen gaben sie auf. Wie bei „Please Please me" gefiel George Martin das Arrangement nicht und schlug vor, die Beatles sollten an dem Lied arbeiten und beim nächsten Aufnahmetermin parat haben. Zu einer Wiederbelebung dieses Liedes kam es nicht. Die beiden Komponisten werden gespürt haben, dass der Song wenig Potenzial hatte. Juli 1963 bekam Sänger Tommy Quickly[29] „Tip Of My Tongue", der den Song als Single am 30. Juli 1963 herausbrachte. George Martin erklärte später dem New Musical Express, dass es ein großartiges Stück sei, er aber mit dem Arrangement nicht glücklich gewesen sei. McCartney meinte dazu: „Oh mein Gott! Es gab immer ein paar Songs, die wir nicht machen wollten, weil wir sie nicht für sehr gut hielten, aber andere Leute sagten: 'Nun, ich werde es machen, ich denke, es ist ziemlich gut.' Tommy Quickly war einer unserer Freunde aus Brian Epsteins Stall. Das ist so ziemlich meins, ich schäme mich, es zu sagen. Es klingt wie eines

---

[28] Bis August 1963 hieß die Komponistenfolge „McCartney/ Lennon". Den kleinen Kampf, welcher Komponist an erster Stelle steht, hat Lennon schließlich gewonnen.

[29] der 1943 gebürtige Liverpooler hieß Thomas Quigley.

davon, bei dem ich versucht habe, um den Titel herum zu arbeiten." Und Lennon ergänzte 1980: „Das ist ein weiteres Stück von Pauls Müll, nicht mein Müll."[30] „Tip Of My Tongue" verfehlte die Charts. Gut, dass die Beatles sich bei der B-Seite der zweiten Single für „Ask Me Why" entschieden haben. Es ist der deutlich bessere Song.

Einen Tag später, am 27. November, hatten die Beatles ihre erste BBC-Radio-Show in London. Also blieben sie in London nach den Aufnahmen im Abbey Road-Studio und begaben sich ins Pariser Studio, das dem Namen nach in Frankreich hätte sein sollen, jedoch sich hinter dem Piccadilly Circus im Londoner Westend befand. Die Aufnahmen waren für die Show „The Talent Spot" geplant, die am vierten Dezember zwischen 17 Uhr und 17.30 Uhr ausgestrahlt werden sollte. Die Proben zur Aufnahme fanden gegen 16 Uhr statt, die Aufnahmen selber folgten zwischen 19 und 18 Uhr vor Publikum. Die Beatles spielten drei Lieder: natürlich „Love Me Do", die aktuelle Single, sowie „P.S. I Love You", die B-Seite der Single, und den Klassiker „Twist And Shout".

Am 28. November waren die Beatles wieder in Liverpool zu Gange mit zwei Abend-Auftritten. Der eine wie so oft im Cavern, danach fuhr sie Neil Aspinall mit dem grauen Lieferwagen in den 527 Club in der Ranelagh-Street. Dort spielten sie unter dem Motto „Young Idea Dance" im obersten Stockwerk des Gebäudes. Fast schon ein Rooftop-Konzert. Donnerstag, 29. November, ging es weiter mit einem Konzert im Majestic Ballroom in Birkenhead. Zumindest war es ein Tag mit nur einem Auftritt, so konnte die Band etwas durchatmen. Am 30. November fertigte George Martin im Abbey Road Studio die Mono-Mixe von „Please Please Me" und „Ask Me Why" an. Die Beatles waren an diesem Tag anderweitig beschäftigt. Sie spielten nach einem Lunchtime-Konzert im Cavern Club auf der „The Big Beat Show" in der Town Hall in Earlestown, Lancashire. An diesem Tag vereinbarte Epstein spontan einen Gig in New Brighton Wallasey für den folgenden Tag. Daher spielten die Beatles zuerst in der Victory Memorial Hall in Northwhich und hasteten dann nach New Brighton, um dort als letzter Akt spät am Abend aufzutreten. Am zweiten Dezember kam es dann zu dem unglücklichen Auftritt mit Frank Ifield, den sich die Gruppe lieber erspart hätte. Lediglich Ted Taylors Einführung in die Kunst

---

[30]https://de.wikipedia.org/wiki/Tip_of_My_Tongue

des Schminkens kann als positiver Aspekt des Abends festgehalten werden. Im Übrigen gaben die Beatles die Geheimnisse des Schminkens ein Jahr später an keinen geringeren als Mick Jagger von den Rolling Stones weiter, der diese Kunst im Laufe seiner Karriere exzessiv ausbaute. Die Beatles kamen über die gewöhnliche Camouflage Zeit ihres Lebens nicht hinaus. Der an diesem Abend geplante Auftritt im Cavern Club wurde rechtzeitig von Brian Epstein bei Manager Ray McFall storniert. Am Montag, den dritten Dezember, wurde es wieder spannender und hat das am Vortag arg gebeutelte Ego der Gruppe, die mittlerweile erfolgsverwöhnt war, wieder aufgebaut. Für einen Fernseh-Auftritt des TWW (Television Wales and the West) Television Centre fuhren sie nach Bristol, Somerset. Es war ein kleiner TV-Sender, der lediglich regional ausstrahlte. Die Sendung, für die die Beatles eingeladen waren, war eine einmal in der Woche stattfindende Popmusik-Show, die unter dem Titel „Discs A To Go" lief. Die Beatles sollten in ihrer Karriere nur einmal dort auftreten und mimten zum Playback Ihrer Single „Love Me Do". Die Sendung wurde am selben Tag von 19 bis 19.30 Uhr ausgestrahlt. Gleich den Tag darauf, am vierten Dezember, absolvierten die Beatles ihr TV-Debüt in London. Sie nahmen Teil an der live ausgestrahlten Kindersendung „Tuesday Rendezvous", die von ITV übertragen wurde. Die Aufnahmen fanden in den Wembley Studios statt, die Beatles machten einen Probe-Durchlauf von 13.30 bis 14 Uhr und mimten bei den Aufnahmen zu „Love Me Do" und anschließend noch 45 Sekunden zu „P.S. I Love You". Die Sendung wurde von 17 bis 17.55 Uhr ausgestrahlt.
Nach diesen beiden TV-Shows warteten zwei Cavern Club-Auftritte und ein Konzert im Django Club im Queen's Hotel in Southport, Lancashire. Es handelte sich um einen reinen Jazz-Club, aber der Manager des Clubs hatte die wachsende Popularität der Beatles in den Medien verfolgt und freute sich, die Band in seinem Club zu haben.
Bis zur Abreise nach Hamburg zum bislang fünften und auch letzten Besuch waren die Beatles für jeden Tag ausgebucht, entweder mit einer Abendshow oder mit einer der häufig gespielten und von den Fans hoch geschätzten Lunchtime-Sessions im Cavern Club. Die Auftritte führten die Beatles nach Manchester, Runcorn, Bedford und Shropshire. Am 15. Dezember fand im Majestic Ballroom in Birkenhead zum ersten Mal im Rahmen der Mersey Beat-Poll eine eigens hierfür inszenierte Show ab Mitternacht statt. Zuerst spielten

die Beatles ihre Sets, dann wurde verkündet, welche Band in Liverpool im Jahr 1962 bei den Fans am beliebtesten war. Es überraschte niemanden, dass die Beatles mit großem Abstand erneut Platz eins belegten. Bei diesem Event lief den Beatles erneut Pete Best über den Weg, da er mit seiner Band Lee Curtis and The All Stars ebenfalls nominiert war.

Am Montag, den 17. Dezember, waren die Beatles für die mittlerweile dritte Show im Studio Vier der Granada TV in Manchester eingeladen. Die Show hieß „People and Places" und sie spielten „Love Me Do" und „Twist And Shout". Zuerst probten sie die beiden Nummern von 15 bis 16 Uhr, von 18.30 Uhr bis 19 Uhr wurde die Sendung ausgestrahlt.

Der letzte Besuch in Hamburg

Die Tatsache, dass Brian Epstein seit Anbeginn seines Wirkens versucht hatte, den Beatles bei ihren vielen Auftritten einen gewissen Komfort zu bieten, änderte nichts an der Tatsache, dass die Auftritte in Hamburg sich im Verständnis der Beatles als überholt dargestellt haben. Obwohl sie am 18. Dezember entspannt mit dem Flugzeug von Liverpool nach Hamburg reisten, dort zum ersten Mal für die Übernachtungen ein kleines Hotel vorfanden, in dem jeder von ihnen ein eigenes Zimmer hatte, tröstete nicht darüber hinweg, dass die Band zu diesem Zeitpunkt besser in England geblieben wäre, um die Popularität und Verkäufe außerhalb des Nordens und Einzugsgebiets von Liverpool und Manchester zu steigern. Brian Epstein hatte eine Wochengage pro Mann von 750 Deutsche Mark (kaufkraftbereinigt in heutiger Währung ca. 1700 €) ausgehandelt und sie sollten bis 31. Dezember täglich spielen. Nur der 25. Dezember wurde als ein freier Tag ausgehandelt. Insgesamt kamen sie in 13 Nächten auf 42 Stunden reine Spielzeit im Star Club. Das bedeutet einen Schnitt von über drei Stunden pro Abend. Zur gleichen Zeit war auch Little Richard in Hamburg engagiert. Wann immer es die Zeit erlaubte, sahen sich die Beatles seine beeindruckenden Shows und berüchtigten Bibellesungen an. Glücklicherweise existieren von diesem letzten Besuch der Beatles im Star Club Tonband-Aufnahmen, die demonstrieren, welche Lieder sie gespielt und wie sie geklungen haben. Adrian Barber, der Bühnenmanager des Star Clubs, hatte den Auftrag, die Sound-Anlage zu überprüfen, um gegebenenfalls den Bühnensound zu verbessern. Hierfür baute er am ersten Tisch vor der Bühne ein Tonbandgerät auf, an dem ein Mikrofon angeschlossen war. Den Auftrag bekam er von Ted Taylor, der mit seiner Band „Kingsize" Taylor & The Dominoes ebenfalls zu dieser Zeit im Star Club engagiert war. Taylor wollte den optimalen Sound für seine Band herausholen. Nachdem Taylor den Beatles mehrere Runden Bier ausgegeben hatte, bekam er von John Lennon die Erlaubnis, die Beatles aufzunehmen. Wie anzunehmen ist, fanden die Aufnahmen zwischen dem 21. und 30. Dezember statt, es wurden dabei 40 bis 44 Lieder mitgeschnitten. Auch die genaue Reihenfolge lässt sich nicht mehr eruieren. Bislang wurden 38 Lieder veröffentlicht. Trotz aufwändiger Restaurierungsarbeit ist die Tonqualität alles andere als gut, dennoch hört man in einer Gesamtlänge von 103 Minuten, wie die Beatles in Hamburg klangen - inklusive Ansagen. Folgende Lieder sind erhältlich:

1. Introduction / I Saw Her Standing There
   (John Lennon, Paul McCartney) – Gesang: Paul

2. Roll Over Beethoven (Chuck Berry) – Gesang: George

3. Hippy Hippy Shake (Chan Romero) – Gesang: Paul

4. Sweet Little Sixteen (Chuck Berry) – Gesang: John

5. Lend Me Your Comb (Kay Twomey, Fred Wise, Ben Weisman) –
   Gesang: George

6. Your Feet's Too Big (Ada Benson, Fred Fisher) – Gesang: Paul

7. Twist and Shout (Phil Medley, Bert Russell) – Gesang: John

8. Mr. Moonlight (Roy Lee Johnson) – Gesang: John

9. A Taste of Honey (Bobby Scott, Ric Marlow) – Gesang: Paul

10. Bésame Mucho (Consuelo Velázquez) – Gesang: Paul

11. Reminiscing (King Curtis) – Gesang: George

12. Kansas City (Leiber/Stoller) / Hey, Hey, Hey, Hey
    (Richard Penniman) – Gesang: Paul

13. Nothin' Shakin' (But the Leaves on the Trees) (Eddie Fontaine, Cirino Colacrai, Diane Lampert, John Gluck) – Gesang: George

14. To Know Her Is to Love Her (Phil Spector) – Gesang: John

15. Little Queenie (Chuck Berry) – Gesang: Paul

16. Falling in Love Again (Can't Help It) (Frederick Hollander, Sammy Lerner) – Gesang: Paul

17. Ask Me Why (Lennon, McCartney) – Gesang: John
18. Be-Bop-A-Lula (Gene Vincent, Bill Davis) –
    Gesang: Fred Fascher
19. Hallelujah I Love Her So (Ray Charles) –
    Gesang: Horst Fascher
20. Red Sails in the Sunset (Jimmy Kennedy, Wilhelm Grosz i. e. Hugh
    Williams) – Gesang: Paul
21. Everybody's Trying to Be My Baby (Carl Perkins) – Gesang: George
22. Matchbox (Carl Perkins) – Gesang: John
23. I'm Talking About You (Chuck Berry) – Gesang: John
24. Shimmy Like Kate (Armand J. Piron, Fred Smith, Cliff
    Goldsmith) – Gesang: Paul
25. Long Tall Sally (Enotris Johnson, Robert Blackwell, Richard
    Penniman) – Gesang: Paul
26. I Remember You (Johnny Mercer, Victor Schertzinger) – Gesang: Paul
27. I'm Gonna Sit Right Down and Cry (Over You) (Joe Thomas, Howard
    Biggs) – Gesang: John
28. Where Have You Been All My Life? (Barry Mann, Cynthia Weil) –
    Gesang: John
29. Till There Was You (Meredith Willson) – Gesang: Paul
30. Sheila (Tommy Roe) – Gesang: George

Nur auf Bootlegs veröffentlichte Aufnahmen:

1. Road Runner (Bo Diddley) – Gesang: John
2. Money (That's What I Want) – mit Tony Sheridan – (Berry Gordy,
   Janie Bradford) – Gesang: Tony Sheridan
3. Red Hot (Billy Lee Riley) – Gesang: John und George

Alternative Versionen:

1. Roll Over Beethoven (Chuck Berry) – Gesang: George
2. I'm Talking About You (Chuck Berry) – Gesang: John
3. I Saw Her Standing There (John Lennon, Paul McCartney) – Gesang: Paul
4. A Taste of Honey (Bobby Scott, Ric Marlow) (zwei weitere Versionen) – Gesang: Paul

Die eingespielten Tonbänder übergab Adrian Barber ein paar Tage später Ted Taylor, der nach seiner Rückkehr nach England diese Brian Epstein zum Kauf anbot. Für Brian Epstein waren die Tonbänder nicht besonders kommerziell und bot lediglich 20 Pfund an. Daraufhin reichte Ted Taylor die Bänder weiter an den Tontechniker John Seddon, um die Klangqualität so weit zu steigern, dass eine Veröffentlichung in Frage käme. Doch nichts passierte. Seddon lagerte die Bänder in seinem Keller in Hawkins Hey in Liverpool ein, und die Bänder gerieten in Vergessenheit. Zehn Jahre später, 1972, fand in Liverpool eine Mersey-Beat-Revival-Show statt, auf der sich Allan Williams, der erste Manager der Beatles, Taylor und Seddon über den Weg liefen. Zufällig kamen sie auf die Star-Club-Bänder zu sprechen, fuhren zu Seddons Büro und fanden tatsächlich die Bänder. Da die Tonbänder nicht richtig gelagert worden waren und unter der Feuchtigkeit litten, mussten sie aufbereitet werden. Daher ließ Williams, der ein großes Geschäft roch, die Mono-Bänder auf neue Tonbänder überspielen. Wie George Harrison sich erinnerte, kontaktierte Williams sowohl ihn als auch Ringo und bot ihnen das Band für 5000 Pfund an. Harrison und Starr waren daran nicht interessiert und lehnten das Angebot von Williams ab. So suchte Williams weiter und fand in Paul Murph, dem Chef von BUK-Records einen Käufer, der die Rechte an der Veröffentlichung sofort an die Double H Licensing Corp. in New York weitergab. Diese Firma investierte 100.000 Dollar, um die Bänder mit den damals vorhandenen technischen Mitteln zu restaurieren. Für die vorgesehene Veröffentlichung wurde das Klangbild stark modifiziert, indem ein Stereo-Effekt vorgetäuscht wurde. Zudem wurden die Ansagen zu den Liedern verkürzt und teilweise falsch zugeteilt.
Im April 1977 veröffentlichte Bellophon Records endlich 26 Songs in Deutsch-

land. Um Rechtsstreitigkeiten mit Parlophone aus dem Weg zu gehen, wurde auf der Plattenhülle von Bellophon ein Text abgedruckt, in dem stand, dass die Aufnahmen im April 1962 stattgefunden hätten und dass Pete Best an diesem Aufnahme-Tag von Ringo ersetzt worden sei.   Um eine Veröffentlichung dieser Platte in England zu verhindern, gingen die Beatles vor Gericht. Sie befürchteten einen irreparablen kommerziellen Schaden. Lennon entdeckte auf dem Cover – da der Text sowohl auf englisch und deutsch verfasst war – die falsche Datumsangabe. So schieb er an das Gericht: „The sleeve note, apart from being inaccurate, seems to have been written with a court case in mind […] This is a fucking fake!" (deutsch: „Der Begleittext ist mehr als falsch, es scheint als wurde er mit einem anstehenden Gerichtsverfahren im Hinterkopf geschrieben […] Es ist ein verdammter Betrug!"). Das Gericht jedoch entschied, dass die Aufnahmen einen historischen Wert darstellten und nichts gegen eine Veröffentlichung spräche. So wurde in Amerika kurz danach im Juni 1977 ein Doppelalbum mit vier weiteren Liedern veröffentlicht. 1998 versuchten die drei noch lebenden Beatles erneut, weitere Veröffentlichungen zu unterbinden. Am sechsten Mai 1998 erklärte George Harrison vor dem High Court of Justice in London, wie Ted Taylor zu den Aufnahmen der Beatles kam. Wie John Lennon für ein paar Drinks Ted Taylor die Aufnahmen verkaufte und fügte hinzu: "One drunken person recording another bunch of drunks does not constitute business deals." (deutsch: „Wenn eine betrunkene Person einen Haufen anderer Betrunkene aufnimmt, begründet das keine Geschäftsverträge.") Zudem wies Harrison darauf hin, dass Ted Taylor zwar die Erlaubnis bekam, die Beatles aufzunehmen, aber somit nicht das Recht auf eine Veröffentlichung erworben hätte. Das Gericht stimmte mit Harrison überein und untersagte weitere Veröffentlichungen.

Trotz des Verbotes sind die Aufnahmen problemlos zu beziehen: auf Amazon, recordsale.de, iomoio, discogs.com und auf unzähligen anderen Plattformen sind diese Tonzeugnisse der frühen Beatles zu erwerben. Im Vergleich zu den Decca- und noch früheren Forthlin-Tapes lässt sich eine geradlinige Entwicklung feststellen. Die Beatles mögen an den Aufnahme-Tagen angetrunken gewesen sein, dennoch ist das Zusammenspiel souverän und der Harmoniegesang gefestigt. Erstaunlicherweise präsentieren sie den Hit „I Remember You" von Frank Ifield, den McCartney zum besten gibt und von Lennon mit der Mundharmonika unterstützt wird. Das traumatische Erlebnis ein paar Wochen zuvor bei dem schlecht laufenden Konzert mit dem Star im Embassy Cinema in Peterborough war wohl überwunden.

Die Bilanz des Jahres 1962

Auf was für ein turbulentes und erfolgreiches Jahr konnten die Beatles am 31. Dezember, dem letzten Tag ihres Hamburg-Aufenthaltes, zurückblicken?
Sie gewannen zum zweiten Mal mit großem Abstand zur Konkurrenz den Popularitätswettbewerb der Zeitschrift Mersey Beat, und der New Musical Express stufte die Beatles als Newcomer-Band auf Platz fünf der besten Vokalgruppen Englands ein. Das beste jedoch, was in diesem Jahr passierte, war der Vertrag, den Brian Epstein für die Beatles mit der EMI abgeschlossen hatte. So wurde ihre erste Single „Love Me Do" veröffentlicht, die sich mehr als 100.000 Mal verkaufte und auf Platz 17 der UK-Charts kletterte. Im Zuge dieser Veröffentlichung hatten die Beatles vier Aufnahmesessions für die BBC, vier regionale Fernsehauftritte, zwei von der EMI gebuchte Radio-Luxembourg-Vorstellungen und dazu nahezu täglich Auftritte, darunter am Ende des Jahres große Shows, bei denen sie mit Stars auftraten: unter anderem Little Richard, Gene Vincent, Frank Ifield und Joe Brown. Zudem fingen sie dank Brian Epsteins Hilfe an, auch außerhalb Liverpools sich einen Namen zu machen. Die Beatles spielten in Birmingham. Manchester, Hull, Doncaster, Crewe, Stroud, Coventry, Shrewsbury, Bedford, Peterborough, Preston und Blackpool. Und nicht zu vergessen: die Beatles spielten zwei Mal in Hamburg. Alles in allem brachte das Jahr 1962 endlich erste ersehnte Erfolge, für die die Beatles hart, sehr hart arbeiten mussten.

Zurück in England

Am ersten Januar flogen die Beatles von Hamburg zurück nach London, um eine ab dem zweiten Januar geplante Tournee in Schottland zu absolvieren. Epstein beauftragte für das Booking der Tour Jack Fallon von der Cana Variety Agency. Die Beatles sollten pro Nacht 42 Pfund verdienen. Wegen des ungewohnt schlechten Wetters wurde das Flugzeug nach Aberdeen umgeleitet. Dort warteten sie auf den Weiterflug nach Aberdeen, wo Neil Aspinall mit dem Kleinbus samt Equipment bereitstand. Mit Mühe und Not kamen die Beatles in Aberdeen an, aber Eisregen und starker Schneefall führten dazu, dass die

Straßen unpassierbar waren. Auch in Schottland herrschte sibirische Kälte. Der erste Auftritt in Keith fiel daher aus. Doch am dritten Januar ging es endlich los. Die Beatles traten im Red Shoes Ballroom in Elgin auf. Der Ballroom wurde erst 1960 geöffnet und war ursprünglich eine Jazz-Hochburg. Ein Teil des Publikums konnte die Beatles auf der Bühne nicht sehen, da der Raum L-förmig gebaut war. Als Vorband spielte The Alex Sutherland Sextett. Am darauffolgenden Tag ging es weiter in der Townhall in Dingwall. Die Beatles kamen wegen der schlechten Straßenverhältnisse verspätet an. Im Club waren nicht mehr als 19 Gäste anwesend. Zur gleichen Zeit spielten the Melotones, die Hauptattraktion der Gegend, im nahegelegenen Strathpepper Pavillion vor ca. 1000 Zuschauern. Unter den Zuschauern der Beatles war Olive Lees, der sich an den Abend mit den Beatles in einem Interview mit der BBC erinnert: „I remember The Beatles were late in arriving and when they came on stage one by one they were wearing three-quarter-length leather jackets, long scarves – one was trailing his on the ground behind him – and winkle pickers. Everyone was laughing at them. But they were brilliant and they chatted with the audience between songs." [31] Außerhalb Liverpools mussten sich die Beatles noch behaupten.

Am fünften Januar ging es weiter nach Bridge of Allan, Stirlingshire, in die Museum Hall und zum Abschluss der Tour einen Tag darauf spielten die Beatles im Beach Ballroom in Aberdeen. Tickets für die Show kosteten drei Schilling und der Abend wurde angekündigt unter dem Motto: The Johnny Scott Show Band, featuring The Beatles. Dieser Abend war für die Beatles nicht besonders erfolgreich. Fortwährend wurden sie von einigen Zuhörern ausgebuht, während sie spielten. Weitgehend präsentierten sie Rock'n'Roll-Klassiker. Vielleicht lag die Ablehnung des Publikums auch an der schlechten Anlage. Fakt ist, dass die Beatles in ihrer gesamten Karriere nie wieder nach Aberdeen zurückkehren sollten. Erstaunlicherweise gibt es immer wieder einmal Rückmeldungen von ehemaliger Zuhörern, die sich an die Konzerte der Beatles erinnern. Für die meisten von ihnen blieb John am besten im Gedächtnis. Er

---

[31] „Ich erinnere mich, dass die Beatles mit Verspätung ankamen und als sie einer nach dem anderen auf die Bühne kamen, trugen sie dreiviertellange Lederjacken, lange Schals – einer schleifte seinen auf dem Boden hinter sich her – und spitze Stiefletten. Alle lachten über sie. Aber sie waren brillant und unterhielten sich zwischen den Songs mit dem Publikum."

hatte eine große Ausstrahlung.

Die Beatles blieben nach dem Auftritt am sechsten Januar noch einen weiteren Tag in Schottland, denn am achten Januar wartete ein TV-Auftritt in Glasgow auf sie. Die Beatles traten in der Kindershow „Roundup" auf. Dafür mimten sie zu ihrer zweiten Single „Please Please Me", die erst drei Tage später auf den Markt kommen sollte. Durch das Programm führten der Moderator Paul Young und die Schauspielerin Morag Hood. Ausgestrahlt wurde die Sendung am selben Tag von 17 bis 17.50 Uhr. So waren die schottischen Zuschauer die ersten, die die zweite Beatles-Single zu hören bekamen.

Am neunten Januar fuhren die Beatles endlich zurück nach Liverpool. Dort sollten sie einen Tag später in den Grafton Rooms in der West Derby Road auftreten. Es war deren zweiter Auftritt in diesem Etablissement, und dieses Mal stellten sie einen Besucherrekord auf. Unzählige Fans freuten sich auf die Rückkehr der Beatles. Laut Mark Lewisohn zufolge wurden an die 100 Eintrittskarten gestohlen, da diese vorsorglich nummeriert waren, hielt sich der Schaden in Grenzen. Was für ein Wechselbad der Gefühle. In Schottland völlig unbekannt, in Liverpool ein Empfang für junge Helden.

Die Veröffentlichung der zweiten Single „Please Please Me"

Am Freitag, den 11. Januar 1963, sollte endlich die zweite Single der Beatles auf den Markt kommen. Zur Feier des Tages traten die Beatles für eine Lunchtime-Session im Cavern Club auf. Abends folgte ein weiterer Auftritt in OldHill, in der Nähe von Dudley. Der dritte Gig an diesem Tag im Ritz Ballroom in Birmingham musste wegen des schlechten Wetters abgesagt werden. Ein Blizzard machte den Weg unpassierbar. Dieser Auftritt wurde kurzerhand auf den 15. Februar verlegt.

„Please Please Me" war die Single, die für die Beatles den Durchbruch bringen sollte. So hatte es George Martin prophezeit, gleich nach der Aufnahme. Aber wie sollte das gelingen? Im Norden Englands um Liverpool und Manchester wie auch in Hamburg waren die Beatles bereits bekannt. Hingegen in den restlichen Teilen Englands wie auch in Schottland waren die Beatles noch ein gänzlich unbeschriebenes Blatt. Die bis dahin wenigen ausgestrahlten regionalen Sendungen konnten diesen Umstand nicht wirklich verbessern.

Brian Epstein wusste darum und kontaktierte vor der Veröffentlichung der zweiten Single Sid Colman, den Direktor des Ardmore & Beechwood Verlages, bei dem die bisherigen McCartney/Lennon-Kompositionen verlegt waren. Grund für dieses Gespräch war eine Beschwerde, da Ardmore & Beechwood nicht den Pflichten eines Verlages nach-gekommen seien, zu denen vor allem eine vernünftige und wirksame Werbung gehört. So wie auch die EMI, was die Promotion anging, weit hinter ihren Möglichkeiten zurückgeblieben war. Auf die berechtigte Frage, was Ardmore & Beechwood beim zweiten Single-Release unternehmen könnte, fand man keine Lösung. Auf Empfehlung von George Martin vereinbarte Epstein tags darauf einen Termin mit dem Verleger Dick James, der erst zwei Jahre zuvor die eigenen Firma Dick James Music Publishing Ltd. gegründet hatte. Eine seiner ersten Inverlagnahmen war „The Niagara Theme", eine Nummer von Produzent George Martin. Aber auch Mitch Murray ließ seine Komposition „How Do You Do It" in seinem Verlag verwalten. Für diesen Song waren die Beatles vorgesehen, die aber den Song ablehnten. Für George Martin war Dick James der geeignete Partner, um weitere hitverdächtige Kompositionen für seine Bands zu bekommen. Die Beatles waren nicht seine einzigen Künstler. Nachdem die Beatles die Komposition von Mitch Murray abgelehnt hatten, gab Martin es auf, für sie Songs zu suchen, weil die Beatles sich durchgesetzt hatten, eignes Material zu verwenden – ein nicht vorhersehbares Novum in der britischen Musikszene. Aber Dick James war nicht nur der Mann, der Hit-Singles liefern konnte. Vor Gründung des eigenen Verlages war er Sänger gewesen und hatte immer noch beste Kontakte zu den Medien. Epstein kam 25 Minuten zu früh zu dem vereinbarten Termin in James' Büro. Doch die Sekretärin rief durch, und das Gespräch konnte früher starten. Epstein spielte James die Single der Beatles vor, der sofort das Hitpotential erkannte. Epstein machte klar, dass er eine gute Öffentlichkeitsarbeit für die Beatles haben wolle. Sollte dies gelingen, wäre er bereit, einen langjährigen Verlagsvertrag zu unterzeichnen. James griff unverzüglich zum Telefonhörer und ließ sich mit Philip Jones verbinden, der Produzent der landesweit ausgestrahlten, erfolgreichen Sendung „Thank Your Lucky Stars" war. Er spielte Jones am Telefon die Single „Please Please Me" vor und schaffte es tatsächlich, die Beatles in der Show unterzubringen. Der Auftritt sollte am 19. Januar 1963 stattfinden, also acht Tage nach der Single-Veröffentlichung. Epstein war beeindruckt von dieser Aktion und mit einem Händeschütteln wurde ein Deal eingeleitet, der Dick James sehr reich machte, jedoch die Beatles in der Verteilung der Tantiemen benachteiligte. Für den Katalog der

Beatles gründete Dick James am 22. Februar eigens die Firma Northern Songs Ltd. Dick James behielt einen Anteil von 50 Prozent an dieser Firma, die Beatles bekamen 40 Prozent, zehn Prozent gingen auf das Konto von NEMS, der Firma von Brian Epstein. Lennon und McCartney steuerten für die Gründung der Firma 56 Eigenkompositionen bei, die zu einem großen Teil von anderen Künstlern veröffentlicht worden sind. Die Beteiligungsverhältnisse waren so ausgelegt, dass die beiden Komponisten statt der herkömmlichen 50 Prozent nur 20 Prozent der Verlagstantiemen ausgeschüttet bekamen. Noch kritischer wurden später die Verlagseinnahmen auf dem US-Markt geregelt. In den Staaten wurde der Subverlag MacLen Inc. (Abkürzung für McCartney und Lennon) gegründet, von dem Dick James abermals 50 Prozent absahnte. Dadurch erhielt Dick James in summa den Löwenanteil von 75 Prozent aller Verlagseinnahmen, wobei ein geregelter Verlagsvertrag 85 Prozent für die Beatles vorgesehen hätte. 1965 schlug James aus steuerlichen Gründen einen Börsengang vor, der die Verteilung leicht zu Gunsten der Beatles besserte. Die Beatles erkannten später, dass Dick James zu stark auf seinen eigenen Vorteil achtete und nannten ihn verächtlich den „Mann im Anzug". George Harrison komponierte den ironischen Song „Only a Northern Song", da er bei James den Status eines Junior-Schreibers inne hatte.

1963 waren die Beatles noch blauäugig und waren froh, dass ihre eigenen Kompositionen veröffentlicht worden waren. Wären die Beatles und Brian Epstein bei Ardmore & Beechwood geblieben, hätten sie einen Verlag gehabt, der den Regeln entsprechend die Tantiemen verteilt hätte. Aber dafür gelang Dick James mit seinem Anruf bei Jones der große Coup in Form eines Auftritts bei „Thank Your Lucky Stars" – die Wirkung dieses Auftritts war immens und kann gar nicht hoch genug eingeschätzt werden.

Single-Analyse II

A. Please Please Me

„Please Please Me" ist ausschließlich Lennons Werk. Wie er selber in einem Playboy-Interview 1980 bezeugte, schrieb er den Song in Mendips, in der Menlove Avenue 251, in seinem Zimmer. Er saß auf seinem Bett und hatte die Gitarre zur Hand. Musikalisch inspiriert wurde er von Roy Orbisons Stimme, dessen Single „Only The Lonely" von 1960 sich auf dem Plattenteller drehte. Zu dieser musikalischem Inspiration kam seine Vorliebe für ein Wortspiel hinzu, das Lennon bei Bing Crosbys Lied „Please" zuvor entdeckt hatte bei der Textzeile „Please lend a little ear to my pleas." Diese doppelte Verwendung des Wortes „Please" gefiel ihm. In der ersten Fassung ist der Song eher getragen, ohne Harmoniegesang, ohne Intro, in getragenem Tempo. Leider gibt es davon keine erhaltenen Aufnahmen. Die EMI hat die Bänder mit den verschiedenen Takes gelöscht.

„Please Please Me" in der Form, wie es auf Platte zu hören ist, ist George Martins Verdienst. Er erkannte das Potential des Songs, fand aber die Form unzureichend. Daher bat er die Band, das Tempo anzuheben und passende Harmonien einzubauen. Diese Hinweise setzten die Beatles perfekt um. Lennon war vom Erfolg von „Love Me Do" beflügelt und wollte „Please Please Me" hittauglich ohne Schnörkel abliefern, denn er war überzeugt, dass der Song, wenn er einfach gehalten würde, eine gute Chartplatzierung erreichen könnte. Aber so schlicht, wie Lennon meinte, ist der Song nicht. Durch die harmonischen Einwürfe, die geballte Energie und auch durch Ringo engagiertes Schlagzeug-Spiel ist ein raffinierter Pop-Song entstanden.

Kurioserweise wurde von Journalisten oftmals kolportiert, Lennons Bitte im Song an ein Mädchen, ihn zu erfreuen, wie auch er sie erfreuen würde, sei als eine Aufforderung zum Oralsex zu verstehen. Lennon bestritt diesen Vorwurf vehement, für ihn hatte Crosbys Wortspiel keine tiefere Bedeutung. Dass gewisse sexuelle Anspielungen hineininterpretiert werden, mag aus dem Kontext hervorgehen. Jedoch gilt hier wie schon bei „Love Me Do", dass ein völlig anderes Identifiktaionsmuster vorliegt. Es ist nicht der Einzelsänger, der seine Bitte an das Mädchen seiner Träume heranbringt, sondern es ist das Duett

John und Paul, in der Brücke und im Refrain ergänzt von George, also ein Kollektiv, das zu den Fans spricht. Damit bekommt das tradierte Rollenspiel eine völlig alterierte Ästhetik. Keine Band vor und nach den Beatles konnte diese kollektivierte Ästhetik so souverän umsetzen und ein neues Kommunikationsmuster etablieren.

Während in den Strophen die Melodie in den Zeilen nach unten wandert, bleibt im B-Teil bei der Wiederholung von „Come On, Come On" Lennons Stimme nahezu auf einem Ton, eine Vorliebe Lennons, die sich in seinen späteren Songs oft wiederholen wird (z.B. „Lucy In The Sky With Diamonds", „Help", „Julia", u. v. m.). Während Lennon auf dem Ton bleibt, steigt die gesungene Wiederholung von George und Paul mit den Akkorden nach oben bis zum hohen A – eine reizvolle Kombination, in der Lennons Vorliebe für horizontales Komponieren in einem gelungen Kontrast zur vertikalen Melodieverliebtheit McCartneys steht.

Das Lied ist in E-Dur komponiert und ist vom ersten bis zum letzten Takt aufgefüllt mit einer erregenden Energie. Grund hierfür ist die spielerische Frische und die geschickt arrangierten Teile. Während Strophe, Bridge und Refrain durchweg in der Kadenz bleiben, brechen die Parts zwischen den Strophen und dem Outro harmonisch aus. Der Teil zwischen den Zeilen in der Strophe setzt an mit einer Akkordfolge, in der nach dem Grundton E eine kleine Terz (G) und die vierte Stufe (A) folgt. Die kleine Terz gibt einen bluesigen Charakter. Der Abgang zur Bridge beinhaltet einen Lauf in der Pentatonik. Beim Outro wird von Lennon ein hoher Ton gesungen, unter dem die Akkorde wechseln in der Reihenfolge E-G-C-H-E. Zur kleinen Terz gesellt sich hier die verminderte Sexte als Krönung des Liedes. Alles in allem eine gelungene Komposition.

Die Strophe ist durchwegs zweistimmig gesungen. Im Gegensatz zu „Love Me Do und und „P.S. I Love You" ist diesmal John der Leadsänger und Paul begleitet ihn mit der hohen Stimme, indem er die ganze Zeile auf dem hohen E aushält, während Lennon dazu die nach unten gleitende Melodielinie singt. Spannend ist hierbei, dass beide auf dem hohen E ansetzen, kurz auf der Sekunde landen, aber dann Lennons Stimme kaskadisch nach unten wandert.

Für diese musikalische Figur standen die Everly Brothers Pate mit ihrem Hit „Cathy's Clown" aus dem Jahre 1960. Abgerundet werden Strophe und „Come on"-Brücke von dem Refrain, der tonal den Höhepunkt darstellt mit dem dreistimmigen „Please me Please me, oh yeah, like I please you", wobei Paul von dem hohen A der Bridge kurz auf das hohe H rückt. Noch dazu ist ein Beatles-typisches „oh yeah" zu hören - ein stilisierter Schlacht- und Weckruf, der ein paar Monate mit „She Loves You" später eine ganze Generation begeistern wird.

Ringo hat mit seiner brillanten Spielweise auf „Please Please Me" alle kritischen Stimmen verstummen lassen. Ab dieser Aufnahme war das Engagement eines Studioschlagzeugers nicht mehr nötig. Mit seinen Breaks, dem tollen Drive und seinen Rolls hat er geschickt die verschiedenen Teile des Songs verbunden und enorm zur Energie des Songs beigetragen. Wenn man bedenkt, dass in damaligen Studientagen ein Metronom noch nicht eingesetzt wurde und daher der Schlagzeuger maßgeblich verantwortlich war für die Tightness der Band, lässt sich ermessen, welchen Stellenwert Ringes Spiel hat. Ab „Please Please Me" erkennt man klar den gravierenden Unterschied zwischen Pete Best und Ringo Starr.

B „Ask Me Why"

Im Frühjahr 1962 kam John mit einer neuen Songidee zu Paul, die die beiden ausarbeiteten. In seinem Buch „Many Years Of Now" bekennt Paul, dass John das Lied weitgehend im Alleingang fertig stellte. Paul hatte nur mitgewirkt, um der komplexen Tonfolge und der ungewöhnlichen Struktur Herr zu werden. Das Lied zeigt deutlich Johns Vorliebe für den Motown-Sound, speziell die Miracles aus Detroit mit dem Songwriter und Sänger Smokey Robinson gehörten zu seinen musikalischen Vorbildern. Beatles-Kenner Mark Lewisohn erkennt gewisse Parallelen zu dem Miracles-Lied „What's So Good About Goodbye", das zwar im Intro dem Thema von George ähnelt, das in seiner Struktur eher Lennons „Not A Second Time" zuzuordnen wäre. Mit Sicherheit ist „Ask Me Why" kein Plagiat, Lennon ließ sich nur inspirieren, die Miracles waren für ihn lediglich der Auslöser für eine eigene Kreation, in dem das Motown-Feeling in einer eigenen Stilart aufgehoben wurde.

Das Lied ist wie die A-Seite in E-Dur und verfügt über Strophe, Mittelteil und Chorus, die durch Übergänge und Pausen geschickt in die nachfolgenden Part überleiten. Es war bestimmt eine harte Arbeit für John und Paul, dieses komplexe Arrangement auszuarbeiten. Eingeleitet wird das Lied durch ein eintaktiges Gitarrenthema und einem eintaktigen Break, in dem als Auftakt Johns Gesang einsetzt. Ab Takt eins der ersten Strophe setzt verstärkend der Harmoniegesang von Paul und George ein. Strophe eins und nachfolgend Strophe zwei haben jeweils 13 Takte, dann kommt ein acht Takte langer Mittelteil, in dem George eine superbe Jazzgitarre spielt, die mit feinen Phrasierungen im Übergang einen C-Dur+ mit G# beisteuert und chromatisch in das C# von A-Dur überleitet. Als Pete Best noch Schlagzeuger war, spielte George diesen Part anders, indem er die Akkorde stehen ließ und mit dem Bigsy-Vibrato seiner Gretsch DuoJet eine Atmosphäre erzeugte. Sein Arrangement, wie es nun auf der Aufnahme zu hören ist, klingt deutlich ausgereifter und überzeugender. Nach der Brücke folgt der sechstaktige Chorus, in dem John die Titelzeile „Ask Me Why" singt. Ab da werden die Liedteile wiederholt. Es folgt die dritte Strophe, abermals mit 13 Takten, danach kommt gleich der zweite Chorus, gefolgt von der Bridge mit acht Takten, dann zum dritten und letzten Mal der Chorus mit sechs Takten und ein zweitaktiges Outro. Insgesamt hat das Lied mit dem ausklingenden End-Akkord G#moll eine Länge von zwei Minuten und 24 Sekunden.

Wenn man über den heute naiv anmutenden Teenager-Text hinwegsieht, erkennt man eine erstaunlich reife Komposition mit einer komplexen Struktur, die Elemente von Jazz und Rhythm & Blues verknüpft und von Lennon überzeugend gesungen ist. Hinzu kommt Ringos Latin-Groove und die vielen Breaks, in denen als Auftakt Lennons Stimme einsetzt, unterstützt von Georges Gitarre.

Lennon spielt bei dem Song seine Gibson J-160 Semi-Akustikgitarre, während George seine Gretsch Duo-Jet spielt, die über den Vox AC30 einen großartigen, warmen und vollen Klang entfaltet. In musikalischer Hinsicht steht die B-Seite der favorisierten A-Seite nicht nach, die eher nach Chart-tauglichen Kriterien von Lennon komponiert worden ist. Auch heute kann man „Ask Me Why" mit Genuss anhören, weil das Lied von den Beatles so gut eingespielt worden ist. Man merkt deutlich, dass der Song ein fester Bestandteil des Live-Programms war. In gewisser Weise waren die Beatles stolz auf diesen Song, weil er stilistisch mit seinem Latin-Groove und den dezenten Jazz-Anleihen herausstach und gesanglich alle drei Sänger in Szene setzte, wobei Lennon mit der Lead-Stimme eine überzeugende Leistung abliefert.

Auftritte über Auftritte

Am 12. Januar spielten die Beatles im Invicta Ballroom in Kent. So weit im Süden Englands hatten die Beatles in ihrer bisherigen Karriere noch nicht gespielt. Einen Tag später war es endlich so weit. Der Tag, an dem die Beatles zum ersten Mal in ihrer Karriere im landesweiten Fernsehen akzeptiert wurden. Die Beatles fuhren hierfür nach Birmingham, um dort in den Alpha Television Studios in der Aston Road aufzutreten. Die ABC-TV-Sendung „Thank Your Lucky Stars" war zu dieser Zeit die wichtigste Musiksendung Englands. Nahezu alle Teenager sahen sich diese Sendung an. Die Beatles mimten zu ihrer Single „Please Please Me". Die Ausstrahlung erfolgte am 19. Januar von 17.50 bis 18.30 Uhr. Es war der wohl bis dato wichtigste Auftritt der Beatles. Viele der jungen Zuschauer/innen sahen die Beatles zum ersten Mal und sie konnten nicht fassen, was sie sahen und hörten. Die Beatles schlugen ein wie eine Bombe. Ihr Aussehen wirkte fremd und doch betörend, ihre Musik hörte sich aufregend an und vor allem wurden zum ersten Mal die Pilzköpfe, das Markenzeichen der Band, national bewundert. Da auch an diesem Tag die Kälte ganz England lahmlegte, blieben die Teenager zu Hause und schalteten den Fernsehapparat ein. Das Wetter spielte den Beatles gut in die Karten. Dieser eine Auftritt sowie die wachsende Anzahl guter Rezensionen in der Presse, die zu verstärkten Rundfunkeinsätzen bei der BBC führten, ließen die Verkaufszahlen der Single kontinuierlich in die Höhe schnellen. Hinzu kamen die vielen Auftritte der Beatles. Am 14. Januar spielten sie in der Civic Hall in der Whitby Road in Wirral vor 700 begeisterten Fans. Obwohl Wirral nur 25 km von Liverpool entfernt liegt, war dies der erste Auftritt der Beatles dort. Der 16. Januar war gepackt voll mit Medienauftritten in Manchester. Die Beatles hatten einen Auftritt für Granada-TV in der Sendung „People And Places" wie auch eine BBC-Radio Show für das Programm „Here We Go". Sie probten ihre Songs, die sie spielen sollten, von 15 bis 16 Uhr für Granada TV im Studio Vier. Von 16.30 Uhr bis 19 Uhr folgten die Aufnahmen für die BBC im nahegelegenen Playhouse Theatre. Von 18.35 Uhr bis 19 Uhr wurden sie für die TV-

Sendung aufgezeichnet. Die Beatles präsentierten „Ask Me Why" wie auch die A-Seite „Please Please Me". Und schließlich endete der Tag von 20.45 bis 21.30 Uhr mit den Aufnahmen für die BBC, die am 25. Januar von 17 bis 17.30 Uhr ausgestrahlt wurden. Sie spielten Nummern aus ihrem Repertoire: „Three Cool Cats", „Chains", „Ask Me Why" und natürlich auch „Please Please Me".

Donnerstag, den 17. Januar, gaben die Beatles wieder einmal ein mitttägliches Gastspiel im Cavern Club. Abends spielten sie im Majestic Ballroom in Birkenhead. Die Halle war restlos ausverkauft. 500 Fans standen vor dem Eingang und waren enttäuscht, den Top Act nicht bewundern zu können. Die große Fangemeinde ahnte, dass der Erfolg die Beatles aus Liverpool hinaustreiben würde. Natürlich waren sie stolz, dass endlich eine Band aus Liverpool den nationalen Durchbruch schaffen würde, zum anderen hofften sie, dass die Beatles ihnen in Liverpool erhalten bliebe. Die Beatles wiederum befürchteten, dass die Beliebtheit in Liverpool umschlagen könnte in Übersättigung. Für sie war es wichtig, den Aktionsradius der Live-Auftritte auszuweiten. Und Brian Epstein arbeitet daran. Freitag, den 18. Januar, spielten die Beatles im Floral Hall Ballroom in Morecambe in der Grafschaft Lancashire, etwa 60 Meilen von Liverpool entfernt. Tags darauf ging es weiter in der Town Hall Ballroom in Pauls Moss, Dodington, Whitchurch, Shropshire, von Liverpool an die 45 Meilen entfernt. Sonntag, den 20. Januar, spielten sie abends im Cavern Club, bevor sie nach London aufbrachen. Dort wartete im EM-Gebäude die dritte Einladung von Radio Luxembourg, für die Sendung „The Friday Spectacular" zu spielen. Die Sendung wurde am 25. Januar von 22 bis 23 Uhr ausgestrahlt. Die Beatles spielten die Single „Please Please me" und „Ask Me Why. Es wurden hundert junge Fans eingeladen, die Show mitzuerleben. Und in diesem Tempo ging es weiter. Gleich am nächsten Tag nahmen die Beatles drei Medientermine in London wahr. Der erste Auftritt war in den Paris Studios in der Regent Street für die BBC. Dort gaben die vier im Rahmen der Mittagsshow „Pop Inn" von 13 bis 14.45 Uhr ein Interview, während die Single „Please Please Me" vorgestellt wurde. Unter den anderen Gästen war Shane Fenton, der später als Alvin Stardust bekannt wurde. Gleich nach der BBC eilten die Beatle zum Playhouse Theater, in der Nähe der Charing Cross. Dort übten sie von 14.30 bis etwa 15 Uhr und nahmen anschließend von 16 bis 17 Uhr fünf Titel für die Rundfunksendung „Saturday Club" auf: „Some Other Guy", ein

Lied, das sie mit Vorliebe im Cavern Club spielten, „Love Me Do", die erste Single, natürlich „Please Please Me, „Keep Your Hands Off My Baby", ein anspruchsvoller Song von Goffin und King, den John zum Besten gab, sowie „Beautiful Dreamer", komponiert von Goffin, Foster und Keller, den Paul sang. Diese Sendung der BBC wurde am 26. Januar von 10 bis 12 Uhr ausgestrahlt. Nach „Thank Your Lucky Stars" war dies der zweite große Coup, den die Beatles innerhalb kürzester Zeit landen konnten. Die „Saturday Club"-Show hatte im Rundfunk den gleichen Stellenwert wie die „Thank Your Lucky Stars" im Fernsehbereich. Wieder konnten weite Teile des Landes die Beatles hören. Nicht nur das. Die BBC's General Oversea Service übertrug einen Teil der Show nach Australien, Afrika, Asien und Mitteleuropa. Die Sendung war ein bahnbrechender Erfolg.

Die dritte und letzte Aktion des Tages fand wieder im Paris Studio statt. Vor Publikum spielten die Beatles im Rahmen von „The Talent Spot" die drei Lieder „Please Please Me", „Ask Me Why" und „Some Other Guy". Sie probten von 17.30 bis 18.30 Uhr. Die Aufnahmen begannen um 19 Uhr und endeten um 20 Uhr. Die Sendung wurde am 29. Januar von 17 bis 17.30 Uhr ausgestrahlt. Diese letzte Aktion fädelte erneut Verleger Dick James ein. Unter den Gästen war auch Rog Whittaker, besser bekannt als Roger Whittaker.

Am nächsten Tag, am 23. Januar, stand wieder einmal ein Konzert im Cavern Club an. Am Morgen fuhren sie mit ihrem Bus von London los. Diesmal saß nicht Roadmanager Neil Aspinall am Steuer. Er war in Liverpool geblieben und hatte ein paar Tage Zeit, sich von dem ungeheuren Stress zu erholen. Durch das ständige Fahren, Aufbauen und Abbauen der Anlage hatte er an Gewicht verloren und war am Rande der Erschöpfung. Aus diesem Grund wurde Mal Evans als Assistent angeheuert. Mal fuhr den Bus und während der Fahrt zerbrach die Frontscheibe. Da sie abends in Liverpool sein mussten, fuhren sie ohne Windschutzscheibe weiter in klirrender Kälte und Schneefall. In der Not rückten die Beatles im hinteren Teil des Busses zusammen, um nicht zu erfrieren. Sie kamen gerade noch rechtzeitig zum Auftritt im Cavern Club an. Mal Evans hatte die Beatles schon lange zuvor im Cavern Club kennen gelernt. Er war dort Türsteher aufgrund seiner wuchtigen Gestalt. Da Neil Aspinall mit den vielen Fahrten und Auftritten alleine überfordert war, stellte Brian Epstein auf Wunsch der Beatles Mal Evans als Roadie und später auch als Leibwächter ein. Wie Neil blieb Mal bis zum Ende bei den Beatles angestellt.

An Pause war in dieser heißen Phase nicht zu denken. Gleich am nächsten Tag machten sich die Beatles auf nach Nordwales in die Assembly Hall in Mold, Flintshire. Doch zuvor trafen sie sich alle im NEMS-Store in 12-14 Whitechapel für einen PR-Termin, um dort für die Fans Singles zu signieren. Sie gaben auch ein kurzes Akustik-Set, indem sie sich mit ihren GIbson J160-Gitarren auf die Treppen vom Erdgeschoss zum ersten Stock stellten und für die Fans ein paar Songs spielten. Ringo trommelte auf seiner Snare.

Am Freitag, den 25. Januar, spielten sie in der Co-operative Hall in Darwen, Lancashire. Und den nächsten Tag folgten wieder einmal zwei Auftritte an einem Abend. Zuerst spielen sie im El Rio Club Macclesfield, Cheshire. Vorband an diesem Abend war Wayne Fontana and The Jets. Danach fuhren sie in die nahe gelegene King's Hall in Stoke on Trent, Staffordshire. Hinter der Bühne komponierten John und Paul zusammen den Song „Misery", den sie Helen Shapiro kredenzen wollten. Interessanterweise spielten die Beatles bei diesem Konzert das einzige Mal eine Coverversion des Songs „Walk Right In" der Rooftop Singers. Das Lied war gerade in den Charts und sehr angesagt, auch in Amerika.

Die Helen-Shapiro-Tour Teil 1

Wie Brian Epstein mit Veranstalter Arthur Howes vereinbart hatte, gingen die Beatles auf eine Tour durch England mit der 16-jährigen Helen Shapiro, die bereits 1961 im Alter von 14 Jahren mit dem Lied „Walking Back To Happiness" einen Nummer-eins-Hit verbuchen konnte. Allerdings waren ihre letzten Veröffentlichungen auf dem Markt nicht mehr besonders erfolgreich – und diese Tour sollte ihren Beliebtheitsgrad bei den englischen Jugendlichen verbessern und die aktuelle Single „Queen For Tonight" in die Top-Ten der Charts hieven. Da es sich um eine sogenannte „Package-Tour" handelte, waren neben Shapiro noch weitere Künstler an Bord: The Red Price Band, die als Begleitband für Shapiro gebucht war, die amerikanische Girlgroup The Honeys aus Los Angeles, deren Surfsound-Single „Shoot The Curl" von keinem geringeren als Brian Wilson produziert worden war[32]. Hinzu kamen Dave Allen, ein

---

[32] Brian Wilson fing eine Romanze mit Marilyn, einer der Sängerinnen, an und heiratete sie am 07.12.1964

irischer Komiker, der die Show moderieren sollte, der südafrikanische Sänger Danny Williams, der 1962 mit der Single „Moon River" 19 Wochen lang die Spitzenposition der Charts belegte, sowie der südafrikanische Sänger Kenny Lynch. Arthur Howes unterrichtete Shapiro bei einem Treffen kurz vor der Show, dass auch eine Newcomer-Band aus Liverpool dabei sei, The Beatles, worüber sich die junge Sängerin freute, da sie deren Single „Love Me Do" im Radio gehört und der Song ihren Geschmacksnerv getroffen hatte. Brian Epstein versprach sich sehr viel von der Tour, da tausende Jugendliche in ganz England die Beatles live erleben konnten. Dafür bereitete er die Jungs akribisch vor. Zum einen musste Ringos Premier-Schlagzeug modifiziert werden. Ringo hatte auf dem Frontfell seiner Basstrommel seinen Namen stehen. Dieser Namenszug musste entfernt werden, stattdessen prangte nunmehr das erste Beatles-Logo auf dem Fell, das Tex O'Hara, ein Liverpooler Grafiker nach Angaben von Paul und John angefertigt hatte. Es war das berühmte Käfer-Logo, mit zwei Fühlern über dem Anfangsbuchstaben B. Tex O'Haras Bruder Mike war übrigens Gitarrist der Fourmost, einer anderen Band, die Epstein unter Vertrag nahm.

In folgende Städte führte die Tournee:

02. Februar Gaumont, Bradford
05. Februar Gaumont, Doncaster
06. Februar Granada, Bedford
07. Februar Regal, Kirkgate
08. Februar ABC, Carlisle
09. Februar Empire, Sunderland
23. Februar Granada, Mansfield
24. Februar Coventry Theatre, Coventry
26. Februar Gaumont, Taunton
27. Februar Rialto, York
28. Februar Granada, Shrewsbury
01. März Odeon, Southport
02. März City Hall, Sheffield
03. März Gaumont, Hanley

Die Tour begann am zweiten Februar 1963 in Bradford. Die Beatles hatten am Abend zuvor zwei Auftritte. Zuerst spielten sie in der Maney Hall in Sutton Coldfield, anschließend fuhren sie 13 Kilometer nach Tamworth für eine Latenight-Show in den Assembly Rooms.

Den Tag darauf fuhr Mal Evans sie in ihrem Commer-Kleinbus nach Bradford, Yorks, zum ersten Auftrittsort der Helen-Shapiro-Tour. Brian Epstein war mit dabei. Das Wetter war miserabel, die Straßen schneeverweht, und sie hatten 178 Kilometer vor sich. Noch härter traf es die anderen Stars, die von London aus starteten. Sie hatten eine Strecke von 327 Kilometer zu bewältigen. Zum Glück kam die gesamte Entourage heil in Bradford an. Die ersten beiden Shows waren im Gaumont Cinema geplant. Die erste Show startete um 18 Uhr 15, die zweite folgte gegen 20.30 Uhr. Jede der Shows war in zwei Hälften aufgeteilt. Die Beatles, da sie noch außerhalb Londons ein unbeschriebenes Blatt waren, spielten in der ersten Showhälfte und waren in der Reihenfolge ganz hinten. Die Show begann mit der Red Rice Band, dann folgten The Honeys mit ihrem Surf-Sound, anschließend moderierte Dave Allen die Beatles an. Die Beatles spielten „Chains", „Keep Your Hand Off My Baby", „A Taste Of Honey" und natürlich die aktuelle Single „Please Please Me". In späteren Shows spielten sie alternativ „Love Me Do", „Beautiful Dreamer", wie auch „Long Tall Sally" – einen Song, den sie noch weitere Jahre in ihrem Live-Programm haben sollten. Die erste Show um 18.15 Uhr war nicht ganz ausgebucht. Die bestuhlte Gaumont Halle fasste über dreitausend Besucher, die erste Reihe blieb unbesetzt. An diesem Abend war der Fotograf Stan Richardson eingeladen, der für die Zeitschrift „The Meloldy Maker" Fotos von den Stars schießen sollte. Brian Epstein bat Richardson, auch Fotos von den Beatles zu schießen, der jedoch zuerst ablehnte, da er zu oft Bands fotografierte, ohne Geld für die Arbeit zu bekommen. Epstein ließ nicht locker und so machte er zwischen den beiden Abendshows ein paar Fotos von den Jungs, ging nach Hause, belichtete den Film und brachte am Ende der zweiten Show ein paar Abzüge mit.
Helen Shapiro belegte die größte Garderobe im Erdgeschoss. Von dort führte eine Treppe nach oben zu einen kleinen Raum, in dem die Beatles untergebracht waren. Gordon Sampson, ein Redakteur des New Musical Express, besuchte zusammen mit Helen Shapiro nach der zweiten Show die Beatles. Sie

plauderten über geplante Aufnahmen und und das Showgeschäft. Die Beatles waren freundlich und zeigten sich von ihrer humorvollen Seite. Besonders Lennon legte sich ins Zeug. Obgleich verheiratet, zog ihn die Sängerin an. An diesem Tag schoss „Please Please me" auf Platz 16 der Music Week-Charts.

Am Morgen fuhren die Beatles zurück nach Liverpool für einen Auftritt im Cavern Club, der unter dem Motto „Rhythm & Blues Marathon" stattfand. Acht Stunden dauerte das Spektakel. Es spielten The Fourmost, Kingsize Taylor and the Dominoes, The Hollies, The Merseybeats, The Roadrunners, Earl Preston and the TTs, und die Swinging Blue Jeans. Auch Cilla Black trat zusammen mit Kingsize Taylor auf. Die Beatles waren die Hauptattraktion des Abends und spielten am Ende der Show. Am vierten Februar spielten die Beatles erneut im Cavern Club, diesmal wieder einmal bei der Lunchtime-Session. Es war das letzte Mal in ihrer Karriere, dass sie zur Mittagszeit im Cavern Club spielten.

Am fünften Februar ging es mit der Helen-Shapiro-Tour weiter. Dieses Mal fuhren sie 170 Kilometer nach Doncaster in das Gaumont Cinema. Dort stiegen sie in dem nahe gelegenen Regent-Hotel ab, wo der damalige 15-jährige Hotelsohn Mick es nicht fassen konnte, dass seine Lieblingsband ausgerechnet in dem Hotel seiner Eltern gastierte. Er hatte sich bereits ein Ticket für die Show des Abends gesichert und ließ sich eine von Parlophone produzierte Autogramm-Karte unterschreiben, als er die Beatles am Frühstückstisch traf. Bein Einchecken hatten sich alle im Hotelbuch eingetragen. Es gab Spalten für einen Namen, ein Datum und eine Nationalität. George schrieb George Harrison, Brite, 5. Februar 1963. Ringo jedoch irrte sich bei der Jahreszahl. Er schrieb Ringo Starr, britisch, 5. Februar 1962. Auch die anderen beiden schrieben das falsche Jahr. John Lennon unterschrieb mit seinem Namen, schrieb aber unter Nationalität "white man" und Paul schrieb "green man". Beide schrieben wie Ringo das Jahr 1962.[33]

Die beiden Konzerte des zweiten Tour-Tages wurden fotografiert von Charlie Worsdale, der für die Agentur Foto News arbeitete. Begleitet wurde er von Redakteurin Carol Roope, die die Künstler für die Agentur interviewte. So lernten die beiden die Beatles kennen. In der Garderobe hatten die Beatles einen kleinen, tragbaren Schallplattenspieler, auf dem eine Nummer von Ray Charles lief, worüber der Fotograf sich freute, da er ein großer Fan von dem Künstler

---

[33] https://www.beatlesbible.com/1963/02/05/live-gaumont-cinema-doncaster/

war. Er erinnerte sich, dass sich die Beatles über das Publikum Gedanken machten, das hauptsächlich aus kreischenden Mädchen bestand, die ihre Musik praktisch übertönten. Als Worsdale seine Fotos von den Seitenflügeln im Kino während der Beatles-Show schoss, konnte er kaum etwas hören wegen des Lärms, den die Mädchen verursachten. So kann man festhalten, dass bereits Anfang Februar die Beatles auch außerhalb Liverpools das Publikum in ihren Bann zogen. Es war für die anwesenden Medienpartner schon zu diesem Zeitpunkt offensichtlich, dass da etwas ganz Großes im Entstehen war.[34]

Mittwoch, den sechsten Februar, ging es weiter nach Bedford in das Granada Cinema. Diesmal fuhren die Beatles mit der restlichen Entourage im großen Bus die knapp zweihundert Kilometer von Doncaster nach Bedford. Mittlerweile hatten sich Shapiro und die Beatles näher kennengelernt und verstanden sich blendend. Ausgerechnet in den verheirateten John verliebte sich Helen Shapiro. Sie konnte seinem Liverpooler Witz und Charme nicht widerstehen. Dass John mittlerweile verheiratet war, wurde auf Anraten Epsteins geheim gehalten, um die Mädchen nicht zu vergraulen. Der Auftritt war gestaltet wie bei den ersten Abenden, die Beatles spielten im ersten Block hinten, aber die Fan-Schar wuchs beständig, und nach den Shows gaben die Beatles wie auch Shapiro Autogrammstunden. Es sollte nicht mehr lange dauern, bis das Gros des weiblichen Publikums sich nur noch nach den Beatles verzehrte.

Am siebten Februar fuhr der Künstler-Trupp weiter nach Wakefield, Yorkshire, in das Regal-Cinema. John Lennon bekam Probleme mit seiner neu lackierten Rickenbacker 325. Einer der neuen Tonregler fiel ab, die Tage darauf sollte ein zweiter Tonregler abfallen. Show ist Show. Lennon spielte weiter, auch ohne korrekt funktionierende Tonregelung. Freitag, den achten Februar, landete der Trupp in Carlisle, Cumberland. Dort, in der Warwick Road, wartete eine große Fan-Schar vor dem ABC-Cinema. Die Beatles spielten zwei Sets mit jeweils vier Liedern. Drei der Songs – „Chains", „A Taste Of Honey" und „Please Please Me" – sollten bald auf ihrem Debütalbum erscheinen. Der vierte Song, den sie jeden Abend spielten, war „Keep Your Hands Off My Baby", ein Song, von dem es eine BBC-Aufnahme gibt. Nach den beiden Abend-Shows gingen Helen Shapiro, die Beatles und Sänger Kenny Lynch durch die Innenstadt von Carlisle und landeten im Crown and Mitre, einem mondänen Hotel, in dem der

---

[34] idem

Carlisle Golf Club eine Dinner Dance-Party gab. Die Künstler landeten im Foyer des Hotels. Die Beatles und Lynch bestellten Bier, Shapiro trank mit ihren zarten 16 Jahren eine Tasse Tee. Als sie realisierten, dass im Ballsaal eine große Tanzparty zugange war, gingen sie geschlossen rein, stürzten sich dort auf das große Bankett, und Shapiro fing mit Ringo zu tanzen an. Die Beatles trugen ihre schwarzen Lederjacken, wirkten nach den beiden Auftritten verschwitzt und ungepflegt, was auf dieser Dinner-Party, bei der lange Kleider, Frack und Krawatten Pflicht waren, auf starken Protest stieß. Lange währte die Freude nicht. Bill Berry, der Vorsitzende des Carlisle Golfclub, kam auf die Beatles zu und forderte sie in ruhigem Ton, doch sehr bestimmt auf, den Raum unverzüglich zu verlassen. So fand der Abend ein abruptes Ende. Obwohl der Rauswurf dezent vonstatten ging, landete die Nachricht in der Presse. Am nächsten Morgen stand in der Daily Mail ein Artikel über den Rauswurf des Teeniestars Helen Shapiro und ihrer Begleitband The Beatles aus dem Golf Club. Für die jungen Shapiro brach eine Welt zusammen. Sie befürchtete, diese Pressenachricht würde ihre Karriere ruinieren. Den Beatles und Kenny Lynch war der Rauswurf ziemlich egal. Die Beatles sollten im November 1963 für einen triumphalen Abend nach Carlisle ins ABC-Cinema zurückkehren.

Nach einer kurzen Nacht ging es weiter Richtung Durham in das Empire Theatre. Für die Beatles war dieser Abend das Ende der ersten Tour-Etappe. Sie mussten das für den zehnten Februar geplante Doppel-Konzert canceln. Für die beiden Konzerte am zehnten Februar in Peterborough sprang Peter Jay and The Jaywalkers ein. Grund für die Absage war, dass die Beatles am elften Februar für Aufnahmen in London im Abbey Road-Studio einen Termin wahrnehmen mussten. Und für diesen Termin mussten sie fit und ausgeruht sein. Es ging um die Aufnahmen für die erste Langspielplatte.

Entscheidende 585 Minuten am 11. Februar 1963

Nach der zweiten Single-Aufnahme im November des vorangegangenen Jahres plante George Martin, mit den Beatles eine Langspielplatte aufzunehmen. Da das Budget für eine zwar relativ erfolgreiche, aber immer noch in weiten Teilen Englands völlig unbekannte Band knapp bemessen war, mussten die Aufnahmen schnell vonstatten gehen. Studiozeit war teuer. Der Produzent dachte zuerst an einen Mitschnitt eines Live-Auftritts. Er wusste, dass die Beatles durch ihre täglichen Auftritte sehr gut eingespielt waren. George Martin kam der Gedanke, die Aufnahmen direkt im Cavern Club, dem Liverpooler Mekka, vorzunehmen. Am neunten Dezember besuchte er daher zusammen mit seiner Assistentin Judy Lockhart-Smith, die kurze Zeit später seine Frau wurde, einen Auftritt der Beatles und schaute sich den Cavern Club genauer an. Er war zwar von den Beatles live wie auch von der Stimmung und Atmosphäre beeindruckt, jedoch befürchtete er, dass durch das feuchte, modrige Kellergewölbe das empfindliche Equipment, das er für die Aufnahmen benötigte, Schaden nehmen könnte. Sowohl das Mischpult, das Bandgerät wie auch die Neumann-Röhrenmikrofone waren für solche Aktionen nicht ausgelegt. So entschied er sich stattdessen für Aufnahmen im Abbey Road Studio, jedoch sollten die Beatles auch dort unter Live-Bedingungen aufnehmen. Zwar ohne Publikum, dafür aber war die Band angehalten, Instrumente und Gesang in einem Take aufzunehmen wie bei einem Live-Auftritt. Einen positiven Nebeneffekt hatte jedoch Martins Cavern-Besuch in Liverpool. An diesem Abend spielten die Beatles nicht allein. Sie waren zwar als uneingeschränkte Könige die Headliner des Abends. Vor ihnen spielten The Fourmost, The Blue Jeans (die späteren Swinging Blue Jeans) und die Zenith Six Jazz Band. George Martin war von der Band The Fourmost angetan und lud sie zu einer Probeaufnahme nach London ein, worauf Brian Epstein der Band kurzerhand einen Managementvertrag anbot.

Für die Aufnahme der Beatles-Langspielplatte war nun der 11. Februar angesetzt. So kam es also, dass die Beatles die beiden Auftritte am zehnten Februar in Peterborough absagen mussten und stattdessen nach London reisten. Genau vier Wochen nach Veröffentlichung der zweiten Single „Please Please Me" standen die Beatles wieder im Abbey Road Studio zwei. Geplant waren zwei Aufnahmeblöcke, der erste von 10 Uhr morgens bis 13 Uhr, der zweite von 14.30 Uhr bis 17.30 Uhr. Lennon war in schlechter Verfassung. Er hatte sich auf der Shapiro-Tour erkältet, kein Wunder bei den vielen Auftritten und dem kalten Winter. So stapelte sich auf dem Piano neben der Peter Stuyvesant-Zigarettenpackung ein großes Glas mit Zube-Hustenbonbons. Die damalige Werbung dieses Prädikats versprach bei Heiserkeit sofortige Besserung.[35] Produzent George Martin war anwesend wie auch Tontechniker Norman Smith und Richard Longham. Die Beatles starteten mit „There's A Place", einer Eigenkomposition, die John und Paul in Pauls Haus in der Forthlin Road komponiert hatten, inspiriert von dem Lied „Somewhere" aus der Westside-Story, in dem die Textzeile „There's a place for us" auftaucht. Lennon wollte wie so oft auch in dieser Komposition ein Motown-Feeling einfangen. Die Beatles spielten und sangen das Lied zehn Mal, bis es passte. Am Nachmittag ergänzte Lennon das Lied noch mit seiner Mundharmonika, die zu der zehnten und besten Aufnahme hinzugefügt wurde. Anschließend folgte eine weitere Eigenkomposition, die ursprünglich „Seventeen" hieß, aber auf dem Plattencover später in „I Saw Her Standing There" umgetauft wurde. Das Lied entstand im September 1962, Paul hatte die Idee nach einem Konzertbesuch in Southport. John und Paul arbeiteten das Lied zusammen aus. Lennon war von der ersten ursprünglichen Anfangszeile nicht angetan, die da lautete: „Well she was just seventeen, never been a beauty queen", daraus wurde nach Lennons Kritik: „Well she was just seventeen, you know what I mean", was auch McCartney wegen der Mehrdeutigkeit besser gefiel. Die Beatles nahmen den Song insgesamt neun Mal auf, bis Gesang und Musik passte. Man entschied sich nach gemeinsamen Durchhören für die erste Version, da diese am energetischsten wirkte. Anschließend wurde noch das Händeklatschen hinzugefügt. Das Ergebnis war großartig, so dass später beschlossen wurde, diesen pulsierenden energievollen Song an den Anfang des Albums zu setzen. McCartneys furioser Einzähler „One, two, there, four" wurde von der neunten Aufnahme des Liedes verwendet und dem Take eins vorangestellt. Die Aufnahmen der beiden Lieder – insgesamt 19 Takes – waren zeitaufwändig. Schon war Mittagszeit, und Richard Longham stieg die Treppen vom Kontrollraum herab und teilte den Beatles mit, dass nun Mittagszeit sei. Doch zur

---

[35] Die Werbung lautetet: If tickling throat won't let you sleep I know a plan that's sound and cheap. Hoarse? Go – suck a Zube

Verwunderung Longhams lehnten die Beatles ab; sie wollten die Mittagszeit nutzen und ihre Songs proben. So eine Band hatte das Abbey Road Studio zuvor noch nicht erlebt. Während George Martin, Smith und Longham im nächstgelegenen Pub „Heroes Of Alma" zu Mittag speisten, spielten die Beatles ihre Songs und tranken literweise Milch. Sie wussten, was auf dem Spiel stand.

Die Nachmittag-Session begann mit dem Lied „A Taste Of Honey", einer Komposition von Bobby Scott aus dem Jahre 1960. Paul übernahm den Lead-Gesang. Nach fünf Aufnahmen saß das Lied. Es war das einzige Lied auf dem Album. bei dem die Lead-Stimme gedoppelt wurde, indem auf die Spur von Take fünf, der besten Aufnahme, eine zweite Gesangsspur überspielt wurde. Der Trick dabei war, ein paar Millisekunden Verzögerungen zwischen den beiden Stimmen einzubauen, um einen breiteren Sound zu erzeugen. Es folgte „Do You Want To Know A Secret", eine Lennon/McCartney-Komposition, die im Grunde komplett von John war. Inspiriert wurde er durch das Lied „Wishing Well" aus dem Disneyfilm „Schneewittchen und die sieben Zwerge" aus dem Jahre 1937. Seine Mutter hatte ihm das Lied oft vorgesungen, als er klein war und er noch bei ihr wohnte. Aber nicht John war der Sänger des Liedes sondern George. Er benötigte acht Durchgänge, bis die Aufnahme im Kasten war. George war im Nachhinein nicht besonders glücklich mit seiner stimmlichen Leistung. Das Lied wurde von Billy J. Kramer & The Dakotas gecovert. Am 14. März nahm er es im Abbey Road Studio auf und und erreichte damit Platz zwei der UK-Single-Charts.[36] In einer kurzen Pause wurde das Händeklatschen auf „I Saw Her Standing There" sowie Johns Mundharmonika für „There's A Place" aufgenommen. Dann folgte „Misery", ein Song, den Lennon und McCartney kurz zuvor bei einem Auftritt komponiert und Helen Shapiro angeboten hatten. Doch Helens Management bei Columbia Records lehnte den Song ab, was bestimmt Helen Shapiro nicht gefallen hat. Wie es überhaupt verwunderlich ist, das so eine begabte Sängerin mit bereits 16 Jahren einen Karrierebruch hinnehmen musste. Die Schuld ist wohl bei der falschen Songauswahl zu suchen. Statt Shapiro hat sich Sänger Kenny Lynch den Song ge-

---

[36] Mit „Bad To me", einer weiteren Lennon/McCartney-Komposition, erreichte J. Kramer Platz eins der englischen Charts und zugleich Platz neun der amerikanischen Billboard-Charts

schnappt und ihn wesentlich poppiger aufgenommen als die Beatles. Allerdings hatte Lynch damit keinen Chart-Erfolg zu verzeichnen. „Misery" sangen
John und Paul unisono, nur bei dem Wort „Misery" wandert Pauls Stimme in
die große Terz. Da George Martin die Absicht hatte, ein Piano an einem späteren Tag dem Lied hinzuzufügen, wurde absichtlich in einer schnelleren Band-
geschwindigkeit aufgenommen, um bei der Hinzufügung des Pianos eine bessere Klangqualität zu erzielen. Nach elf Aufnahmen war „Misery" fertig. Es
folgte „Hold Me Tight" mit 13 Aufnahmen, wobei nur zwei vollständig waren.
Alle anderen Takes wurden vorzeitig abgebrochen oder waren fehlerhaft. Es
war geplant, Aufnahme neun und dreizehn zu kombinieren, doch dieses Vorhaben wurde nicht realisiert. Der Song wurde später nochmals komplett neu
aufgenommen und auf der zweiten Langspielplatte „With The Beatles" veröffentlicht.
Nun folgten fünf Coversongs. Titel Nummer eins war Arthur Alexanders
„Anna", den John sang. Es ist ein komplexes Vokallied, das John trotz seiner
Erkältung innerhalb von nur drei Aufnahmen großartig meisterte. Dann folgte
Ringo mit seiner ersten Gesangsaufnahme im Studio. Er sang „Boys", ein Lied
der Mädchengruppe The Shirelles aus dem Jahre 1960. „Boys" zierte die B-
Seite der Single „Will You Love Me Tomorrow", aber die Beatles fanden oft
Gefallen an Songs, die auf den Singles die Rückseite zierten. Ringo, souverän
wie immer, sang das Lied lediglich einmal, die Band spielte dazu und sang im
Background und nach einer einzigen Aufnahme passte der Song. Sodann sangen John, Paul und George zu dem Song „Chains", einen Song des erfolgreichen Komponistenduos und Ehepaares Gerry Goffin und Carole King, der für
die Gruppe The Cookies ein kleiner Hit wurde. Das Lied kam im November
1962 auf den Markt und die Beatles nahmen es sofort in ihrem Live-Programm
auf. Sie spielten vier Aufnahmen ein, am Ende entschieden sie sich für die
erste Aufnahme, da diese die beste war. Lennon spielte nachträglich noch eine
Mundharmonika ein. Am Ende des zweiten Aufnahmesets spielten die Beatles
„Baby, it's You" ein. Es ist der zweite Cover-Song auf dem Album, der von den
Shirelles kam. Die Beatles, vor allem Lennon, waren fasziniert von Motown.
„Baby It's You" kam am vierten Dezember 1961 auf den Markt, komponiert
wurde der Song von Burt Bacbarach, Mack David und Barney Williams und
erreichte Platz acht der amerikanischen Charts. Die Beatles nahmen den Song
1961 in ihr Live-Programm mit auf. Sie fingen gegen 21.30 Uhr mit den Auf-

nahmen an. Nach dreißig Minuten und drei Takes war auch dieser Shirelles-Song im Kasten. George Martin spielte am 20. Februar in Abwesenheit der Beatles beim Solo die Melodie auf einer Celeste ein, um den von George auf den tiefen Saiten gespielten Gitarrensound zu verstärken.[37]

Eigentlich waren nur zwei Aufnahme-Blöcke vorgesehen – ein dreistündiger Block vormittags, ein dreistündiger Block nachmittags, die dritte improvisierte Aktion, beginnend ab 19.30 Uhr hätte um 22 Uhr zu Ende sein müssen, da zu dieser Zeit normalerweise das Studio schloss. Doch ein Song fehlte noch, um das Album abzuschließen. Alle Mann – George Martin, seine beiden Toningenieure, Brian Epstein und die Beatles – gingen in die Studiokantine, tranken Tee, aßen Kekse und diskutierten, welchen Song sie zum Schluss aufnehmen wollten. Irgendjemand in der Gruppe schlug „Twist And Shout" vor, einen Song der Isley-Brothers, den John singen sollte. Alle drei Sänger waren von den 12-stündigen Marathon-Aufnahmen müde, die Stimmen heiser gesungen, am schlimmsten erging es John, der mit seiner Erkältung arg limitiert war. Seine Stimme war nach diesem Tag so gut wie weg. Daher wussten alle, dass, wenn es klappen sollte, es nur eine Aufnahme geben könnte. Wenn überhaupt. John nahm eine Handvoll Zube-Hustenbonbons, trank nochmals Milch, zog sein Hemd und Unterhemd aus, stand entblößt bis zur Hüfte vor dem Mikrofon, die Rickenbacker umgehängt, und die Beatles stürzten sich in die Aufnahme. Was nun geschah, war eine Sternstunde in der Pop-Geschichte. So eine Darstellung hatte noch nie jemand im Kontrollraum des Abbey Road Studios erlebt. Richard Langham konnte nicht fassen, was er hörte. Chris Neal, ein Tontechniker aus einem anderen Studioraum, der zufällig vorbeischaute, war ebenfalls wie betäubt. Der Gesang Johns elektrisierte alle Anwesenden. Mit letzter Kraft und Hingabe und – und das ist ganz große Kunst – tonal sauber, streifte er alle Hemmungen ab und, entfesselt wie er war, katapultierte er sich in Ekstase – ein existenzielles Moment, das Lennon in frühen Bühnenjahren sehr genoss und in der späteren Karriere schmerzlich vermisste. In dieser Ekstase verwandelte sich der geziemte Rock'n'Roll-Song aus dem Jahre 1962 in ein dionysisches Zauberwerk. Er löste den Rock'n'Roll von altbackenen Kli-

---

[37] Am 20. März 1995 veröffentlichte Apple die EP"Baby It's You" mit dem Titelsong, „I'll Follow The Sund", „Devil In her Heart" und „Boys". Die Platte erreichte in England Platz sieben der Charts.

schees, sprengte die Ketten der Routine und Angepasstheit und gab den Zuhörern eine Vision und Gefühl, wohin ein disruptiver Ausbruch führen kann.
Was für ein furioser Abschluss der Album-Aufnahmen!

Es wäre nicht George Martin, zutiefst beeindruckt von Lennons Darbietung,
wenn er nicht einen zweiten Durchgang des Liedes angeordnet hätte. Tatsächlich spielten die Beatles den Song ein zweites Mal, aber wenn ein großer
Künstler bis an den Rand der Erschöpfung geht und darüber hinaus, kann er
dieses Opfer nicht ein zweites Mal bringen. Johns Stimme war nach dem ersten Take komplett weg. Er hatte alles gegeben, mehr ging nicht mehr. Wen
wundert's. Die zweite Aufnahme wurde trotzdem durchgezogen, kam jedoch
wie erwartet qualitativ an den ersten Durchgang, in dem John alles gegeben
hatte, nicht heran. Nun war es 22.45 Uhr und die Beatles trachteten danach,
ihre Aufnahmen noch einmal zu hören. Richard Langham wollte nach Hause,
er musste am nächsten Tag um 9 Uhr morgens wieder im Kontrollraum stehen. Epstein überredete ihn zu bleiben und versprach, ihn mit dem Auto nach
Hause zu fahren. So blieb noch Zeit, sich ein paar Songs anzuhören. George
Martin, der am nächsten Tag den erstaunten Kollegen die Aufnahmen präsentierte, brachte es gekonnt auf den Punkt: „I don't know how they do it. We've
been recording all day but the longer we go the better they get." (Übersetz-
zung: „Ich weiß nicht, wie sie das machen. Wir haben den ganzen Tag aufgenommen, aber je länger wir das machen, desto besser werden sie." John
Lennon meinte rückblickend: „Der letzte Song hätte mich fast umgebracht.
Meine Stimme erholte sich danach nur sehr langsam. Immer wenn ich
schluckte, hatte ich das Gefühl, Nadeln in der Kehle zu haben. Ich schämte
mich fürchterlich für die Aufnahme, denn ich sang diese Nummer sonst besser. Heute stört es mich nicht mehr. Man hört, dass ich einfach ein überdreh-
ter Typ bin, der sein Bestes gibt."[38]

Das Album beinhaltet 14 Titel. Acht Lennon/McCartney-Songs, sechs Cover-
Songs, allesamt live erprobt. Es beginnt mit dem Kracher „I Saw Her Standing
There" und endet mit der Ekstase von „Twist And Shout, mit dem die Beatles,
insbedonere Johns Gesangsperformance die apollinischen Grenzen des Rock'n'Roll gekonnt verschoben haben. Vier Songs des Albums waren bereits auf

---

[38] The Beatles Anthology, S. 93

146

der ersten und zweiten Single veröffentlicht, die restlichen zehn Songs hatten die Beatles in sage und schreibe 585 Minuten aufgenommen. Neun und dreiviertel Stunden reine Spiel- und Gesangszeit. Kein anderes Album in der Geschichte der Popmusik kommt an diese ungeheure Leistung heran. Noch heute, 60 Jahre später, spürt man die Frische und Energie, die das Album ausstrahlt. Wer wissen will, wie die Beatles in ihrer Blütezeit des Live-Spielens 1962 und Anfang 1963 klangen, muss sich das Album „Please Please Me" anhören. Es ist, abgesehen von ein paar Overdubs und Piano-Einspielungen, ein Live-Album. Ein purer Sound, ohne großen Studiozauber, abgesehen von dem Plattenhall. Die Kosten des Albums waren gering. Ganze 400 Pfund kostete der Aufnahmetag, was einem heutigen Stand von ca. 9000 € entspricht. Die Beatles bekamen für die drei Aufnahmesets jeweils pro Mann siebeneinhalb Pfund, in etwa 200 Euro. Dieser Preis war von der Musikergewerkschaft vorgegeben.

Lennon spielte hauptsächlich seine Gibson J-160 Halbresonanz-Gitarre, George steuerte mit seiner Gretsch Duo-Jet einen warmen, vollen Ton bei. Ringo trommelte auf seinem Premier-Schlagzeug. Er beklagte sich später, dass man auf der Aufnahme die Bassdrum kaum hörte. Bei den Remixen 2009 ist dieser kleine Missstand zum Glück behoben. Aber bereits bei der alten Mono-Abmischung ist die fehlende Bassdrum schon allein wegen der ungeheuren Energie gut zu verschmerzen. Interessanterweise versuchte Paul McCartney beim ersten Album „Wild Life" seiner Nachfolgegruppe Wings, sich an der Produktionsweise des „Please Please Me"-Albums zu orientieren. Alle Lieder wurden wie bei den Beatles acht Jahre zuvor, live eingespielt. Weitgehend gab es pro Lied zwei oder drei Aufnahmen. Das Ergebnis jedoch war, obwohl sehr gute Musiker im Studio gearbeitet haben, mäßig. Am Schlagzeug war Denny Seiwell, an der Gitarre Denny Laine, den McCartney aus den 60er Jahren von den Moody Blues kannte. Toningenieur bei dieser Produktion war Alan Parsons, der schon für die Beatles gearbeitet hatte. Tägliche Spielroutine, eine zusammengeschweißte Band, die sich blindlings versteht und in der die Chemie stimmt, lässt sich nicht durch rein individuelles Können einholen. Dies musste McCartney bitter erkennen. Er konnte mit der Qualität des ersten Wings-Albums nicht zufrieden sein. Ein Phänomen, wie die Beatles es waren, gibt es in dieser Intensität bislang nur einmal.

Der ursprüngliche Titel des Albums sollte nach einem Vorschlag von George Martin „Off The Beatle Track" heißen. Jedoch verwarf er diese Idee und gab den Single-Titel auch der Langspielplatte. Das Musikmagazin Rolling Stone setzte das Album „Please Please Me" in der Liste „The 500 Greatest Albums Of All Times" auf Platz 39. Es hätte durchaus einen höheren Platz verdient.[39]

Nach dieser 12-stündigen Aufnahme-Session hätte jede Band, jeder Künstler dieser Welt erst einmal eine große Pause eingelegt. Nicht so die Beatles. Obwohl alle erschöpft waren, John Lennon Stimme übermäßig beansprucht durch den bisher heißesten Einsatz in der Geschichte des Rock'n'Roll, ging es am nächsten Tag gleich mit einem Live-Auftritt weiter. Mal Evans packte das Equipment in den Commer-Kleinbus und ab ging die Reise am nächsten Morgen in den Alena Ballroom nach Gleadless, Sheffield, Yorkshire. Wie schon bei den letzten Konzerten schrie die weibliche Fanschar, was das Zeug hielt. Der Lärm kaschierte einigermaßen Lennons ruinierte Stimme, und glücklicherweise konnten Paul und George gesanglich einspringen und den von der schweren Erkältung geplagten Bandleader etwas entlasten. Es war im übrigen das einzige Mal, dass die Beatles im Arena Ballroom auftraten. Am nächsten Morgen ging es weiter in den Majestic Ballroom in Hull. Dort hatten sie bereits am 20. Oktober 1962 ein Gastspiel gegeben. Überall, wo sie hinkamen, warteten Mädchenscharen auf sie. Sie waren auf dem Sprung nach oben. Nach ganz oben. Am nächsten Tag fuhren sie zurück nach Liverpool in den Locarno Ballroom, in dem die Beatles zuvor noch nicht gespielt hatten. Es war Valentinstag, und nach wochenlanger Abwesenheit waren die Helden zurück in ihrer Heimatstadt. Freitag, den 15. Februar, gab es eine Live-Show im Ritz Ballroom in Birmingham. Es war ein Schiebetermin. Die Beatles hätten bereits am 11. Januar dort auftreten sollen, doch ein starker Schneesturm verhinderte die Anfahrt. Der Veranstalter freute sich, da zu dem Zeitpunkt der Gig-Vereinbarung die Band noch keinen Chart-Erfolg nachweisen konnte und die Gage deutlich kleiner ausfiel. Nun waren sie nahezu omnipräsent, „Please Please Me" kletterte immer weiter nach oben in die Charts, so bekam der Veranstal-

---

[39] Auf Platz eins der Liste ist „Sgt Pepper's Lonely Hearts Club Band", auf Platz drei folgt „Revolver", auf Platz fünf „Rubber Soul", auf Platz zehn schließlich „The Beatles". Ergo vier Beatles-Lps unter den ersten zehn

ter die Band fast umsonst für diesen Abend, und aufgrund des Fan-Ansturms war es für ihn ein lukratives Geschäft.

Seit der ersten Show „Thank Your Lucky Stars" war die Popularität der Beatles landesweit im Steigen begriffen. Überall, wo sie hinkamen, warteten plötzlich Fans. So auch in den Carfax Assembly Rooms in Oxford, wohin sie zum ersten Mal ein Londoner Promoter namens John Smith vermittelt hatte. Die Beatles spielten an diesem Abend zusammen mit der Gruppe The Madisons.

Am Samstag, den 17. Februar, waren die Beatles erneut eingeladen in der prominentesten TV-Show Englands. Diesmal produzierte ABC Television die Sendung „Thank Your Lucky Stars" in den Teddington Studios im Südwesten Londons. Um 11 Uhr gingen die Proben los, am Nachmittag mimten die Beatles zur Single „Please Please Me". Die Sendung wurde am 23. Februar ausgestrahlt zwischen 17.30 und 18.30 Uhr. Mittlerweile belegten sie aufgrund ihrer aktuellen Single Platz drei von insgesamt sieben im Staraufgebot. Star der Show war der Liverpudlian Billy Fury, für den die Silver-Beatles 1960 vorgespielt hatten. Montag, den 18. Februar, ging es live weiter. Die Beatles traten in der Queen's Hall in Widnes auf. Es gab an diesem Tag zwei Shows, die von NEMS, Epsteins Firma, organisiert worden waren. Bereits im Vorverkauf waren alle Karten restlos ausverkauft. Es war die zweite und auch letzte Show der Beatles in der Queen's Hall. Tags darauf waren die Beatles endlich wieder einmal im Cavern Club zugegen, zusammen mit Lee Curtis and The All Stars, The Pathfinders und Freddie Starr and the Midnighters Es war das letzte Mal, dass die Beatles Pete Best trafen. Schon zwei Tage zuvor bildete sich eine Warteschlange vor dem Eingang. Keiner wollte die Beatles verpassen. Es war schließlich der erste Auftritt der Beatles im Cavern Club seit zwei Wochen.

Der Hauptgrund jedoch für den großen Andrang war die Aufregung um die Single "Please Please Me". Bob Wooler, der Diskjockey des Clubs, verlas ein Telegramm, das Manager Brian Epstein ihm geschickt hatte. Dort stand die Nachricht, dass die Beatles Platz eins der Single-Charts des New Musical Express und der Disc Magazine anführten. Im Saal war es nach dieser Erfolgsmeldung totenstill. Jeder im Raum wusste, dass die Beatles mit diesem Erfolg nun Liverpool und seinen Fans entwachsen waren. Es war der 278. Auftritt der Beatles im Cavern Club und die 123. Abend-Show.

George Martin legte am 20. Februar noch einmal Hand an die Beatles-Produktion. Er spielte die Celeste ein für „Baby It's You", sowie das Piano für „Misery". Währenddessen waren die Beatles ebenfalls in London. Gleich nach dem Gig im Cavern fuhren sie los, um einer Einladung der BBC für eine Lunchtime Radio Show „Parade Of The Pops" zu folgen. Sie spielten die beiden Singles „Love Me Do" und „Please Please Me" ein. Sendezeit waren exakt vier Minuten und zehn Sekunden. Die Beatles haben sich bestimmt gefragt, ob dieser Einsatz es Wert war. Doch zum Grübeln blieb keine Zeit. Gleich nach den Aufnahmen stürzten sie sich ins Auto und fuhren nach Dorcester, in die St. James Swimming Baths für einen Auftritt. Genauso ging es am nächsten Tag weiter. Die Beatles fuhren zurück nach Liverpool. Dort warteten zwei Shows auf sie im Majestic Ballroom in Birkenhead. Die Beatles traten um 19.30 Uhr und 23.30 Uhr auf. Es war deren 17. Auftritt im Majestic Ballroom. Ohne Pause ging es am nächsten Tag nach Manchester in den Oasis Club. Dort hatten die Beatles ein Jahr zuvor drei Mal gespielt. Dieses Konzert war das letzte in diesem Klub. Überall, wo sie hinkamen, wurden sie frenetisch begrüßt und bejubelt.

Irgendwann Mitte Februar fanden die Beatles in diesen turbulenten Tagen Zeit, Fotoaufnahmen für das Cover des Albums vorzunehmen. Das Artwork des Albums sollte etwas Besonderes werden. Als Ehrenmitglied der Zoologischen Gesellschaft in London hatte George Martin die Idee, die Beatles für das Cover der Langspielplatte vor dem Insektenhaus des Londoner Zoos abzubilden. Doch der Zoo lehnte Martins Anliegen ab. Später gestand Martin, dass er froh war, dass es nicht geklappt hatte. Stattdessen rief der Produzent kurzerhand den damals bekannten Theaterfotografen Angus McBean an, den er von Aufnahmen für andere musikalische Projekte kannte, und bat ihn, die Beatles abzulichten. McBean war nicht nur im Theater als Fotograf tätig, sondern hatte Erfahrungen mit Plattencover-Aufnahmen. So produzierte er mehrere Cover von Cliff Richard. McBean sagte zu und schoss das berühmte Farbfoto im Treppenhaus des EMI-Hauptgebäudes am Manchester Square, Nummer 20. Die Beatles lehnten sich im ersten Stock des Treppenganges über das Geländer, und McAngus stand ein Stockwerk tiefer im Erdgeschoss und knipste drauflos. Der Kontrast war großartig. Ein hässlicher Plattenbau, der ein unterkühltes Ambiente ausstrahlt und im Gegensatz dazu die Beatles mit ultra-hippem Haarschnitt und coolen Anzügen. Ein paar Klicks, und die Frontseite des Plattencovers war gesichert. Die Rückseite war schlicht in weiß gehalten, ohne Bilder, jedoch schrieb Pressesprecher Tony Barrow einen ausführlichen Klappentext, der neben dem Tracklisting platziert war. Oberhalb der Rückseite waren die Namen der Beatles aufgeführt.

1969 wurde Fotograf McBean erneut kontaktiert. Die Beatles wollten die Aufnahmen wiederholen, um zu zeigen, wie stark sie sich innerhalb sechs Jahre optisch verändert hatten. Sie trafen sich am sechsten Mai 1969. Da im Treppenhaus des EMI-Gebäudes eine Art Brüstung aufgebaut war, konnte Angus McBean für die Aufnahme nicht seine originale Position einnehmen. Er schoss dennoch ein paar Bilder, bei diesen Aufnahmen trug George einen kastanienbraunen Anzug und John kam im dunkelblauen Anzug zur Foto-Session. EMI versprach, das Gerüst zu entfernen und lud die Band und McBean für den 13. März ein, die Aufnahmen zu wiederholen. Bei dieser Sitzung trugen John und George gestreifte Bühnenanzüge aus dem Jahr 1966. Sie standen an der gleichen Stelle im Treppenhaus, nahmen die gleichen Posen wie 1963 ein, McAngus schoss wie einst von der gleichen Stelle des Erdgeschosses. Im Grunde eine Persiflage. Gedacht waren die Fotos für das Get Back-Album. Doch aus dem Projekt entwickelte sich schließlich das Let it Be-Album, für das andere Bilder verwendet wurden. Erst 1973 kam für das Blaue Album mit Liedern von 1967 bis 1970 ein Motiv dieser Session auf das Plattencover. McBean frage bei der ersten Sitzung 1963 John Lennon, wie lange es die Beatles wohl geben werde. Lennon antwortet, dass die Band wohl nicht länger als sechs Jahre zusammen sein würde, da sich keiner einen glatzköpfigen Beatle vorstellen wolle. Als McBean die Beatles wieder traf, war von Glatzköpfigkeit nichts zu erkennen. Haare, von links nach rechts, soweit das Auge reichte, wohin die Kamera auch gerichtet war. Und die Beatles waren noch zusammen … aber nicht mehr lange.

Die Helen Shapiro-Tour (Teil 2)

Am 23. Februar 1962 fuhren die Beatles nach Mansfield, Notts. Dort, im Grand Cinema, begann der zweite Teil der Helen-Shapiro-Package-Tour. Allerdings nunmehr unter anderen Vorzeichen. Nun waren die Beatles die uneingeschränkten Top-Stars. Helen Shapiro Singe stand auf Platz 33, die Beatles hatten sie innerhalb kürzester Zeit überrundet. Das Publikum lechzte nach ihnen. Kurz vor dem Auftritt sahen sich die Beatles in Helens Backstage-Raum, wo das einzige TV-Gerät stand, die Ausstrahlung ihres Auftritts in „Thank Your Lucky Stars" an. Am selben Tag schoss „Please Please Me" an die Spitze der Disc Singles Charts. George Harrison war es unangenehm, dass nun die Fans nur noch nach ihnen schrieen. Ihm tat Helen Shapiro von ganzem Herzen leid, er fand sie sehr nett. So auch die anderen drei Beatles. Sonntag, den 24. Februar, traten die Beatles im Helen Shapiro-Package in Coventry auf. Es war der zweite Auftritt der Beatles im Coventry Theatre. Sie hatten dort bereits am 17. November 1962 gespielt. Das Coventry Theatre war ein begehrter Auftrittsort. Später spielten dort The Byrds, Jimmy Hendrix, Deep Purple und auch Queen. Das Theater war bestuhlt und für zweitausend Besucher ausgelegt.

Montag, den 25. Februar, begutachtete George Martin und sein Team nochmals die Beatles-Aufnahmen vom 11. Februar und fertigten Mono- wie auch Stereo-Mixe an, wobei George Martin deutlich mehr Zeit aufwendete für den Mono-Master. Die Stereo-Abmischung ging schnell vonstatten. Auf dem einen Kanal lagen die Instrumente, auf dem andern die Stimmen. Die Abmischungen fanden im Kontrollraum eins statt. Da die Aufnahmen mit einer Stereo-Tonbandmaschine gemacht wurden, gab es für Martin nur eine Möglichkeit, die Stimmen separat auf einer Spur zu haben, indem auf einer Spur die Instrumente waren und auf der anderen Spur die Stimmen. So konnte er die Mono-Mixe besser verarbeiten, indem er auf einem zweiten Tonbandgerät die Stimmen mit den Instrumenten mischte. Der Stereomix war im Grunde nur das Abspielen der originalen Bänder, indem die beiden Spuren extrem nach links und nach rechts gependelt wurden. Die Beatles und auch George Martin waren überzeugt, dass Mono-Abmischungen der weitaus interessantere Weg sei, Musik zu genießen. „The Ballad Of John & Yoko" war die erste Single in

Stereo, die 1969 in England veröffentlicht wurde. In Amerika war die erste Stereo-Single „Get Back".

In Stereo hört man zwar gewisse individuelle Feinheiten, in Mono jedoch spürt man den geballten, kompakteren Sound.

Die Beatles spielten an diesem Tag im Casino Ballroom in Leigh, Grafschaft Lancashire. Ausgehandelt wurde der Auftritt von Brian Epsteins NEMS-Firma. Es sollte deren einziger Gig in diesem Ort sein. Am nächsten Tag, es war der Dienstag, 26. Februar 1963, ging es zurück zur Helen Shapiro-Package-Tour ibs Gaumont Cinema in Taunton, Somerset. Da immer noch winterliche Temperaturen vorherrschten, war die Anfahrt schwierig, noch dazu hatte es diesmal Helen Shapiro getroffen. Sie hatte sich eine Erkältung eingefangen und musste diesen Tag pausieren. Für sie sprangen Danny Williams und Billie Davis ein, der gerade eine Top-Single am Start hatte mit dem Song „Tell Him". Die Beatles sollten im selben Jahr im September nochmals für ein Konzert in diesem Kino auftreten. Auch am nächsten Tag musste Helen absagen. Abermals sprang Danny Williams in die Lücke bei den beiden Shows im Rialto Theatre in York. Insgesamt spielten die Beatles 1963 vier Mal im Rialto.

Der nächste Tag, es war Donnerstag, der 28. Februar, ist ein geschichtsträchtiges Datum. Die Beatles fuhren mit der gesamten Künstler-Entourage im Bus von York nach Shrewsbury in das Granada Cinema. Ganz hinten im Bus saßen John und Paul, mit den Gibson J-160 Halbresonanz-Gitarren in der Hand und komponierten. Heraus kam dabei der Song „From Me To You". Der Song war inspiriert von einer Rubrik im New Musical Express, einem Magazin, das die Beatles auf Tour regelmäßig lasen. Die Rubrik war betitelt mit „From You To Us", Lennon machte aus dem „Us" das personalisierte „Me" und drehte es zu „From Me To You". Lennon schilderte den Vorgang: „Wir waren unterwegs von York nach Shrewsbury und alberten im Bus herum, klimperten ein bisschen auf der Gitarre, bis wir plötzlich eine gute Melodie fanden. Dann begannen wir ernsthaft zu arbeiten. Bis wir angekommen waren, hatten wir den Text und alles andere fertig. Die erste Zeile stammte von mir … wir wunderten uns selbst darüber, wie wir auf einen Titel wie „From Me To You" gekommen waren. Ich war noch am Überlegen, als ich die Zeitung in die Hand nahm, um zu schauen, wie wir in den Charts standen. Da merkte ich, dass uns der Einfall von der Zeitungslektüre im Bus gekommen sein musste. Paul und ich hatten uns über einen Leserbrief in der Rubrik „Briefe an die Redaktion" (From Us To

You) unterhalten."[40] Paul war sehr stolz auf den Mittelteil des Liedes, weil sie zum ersten Mal einen Übergang von Dur auf Moll hinbekamen. Das Lied ist in in D-Dur geschrieben und der Mittelteil beginnt nicht wie gewöhnlich mit einem G-Dur Akkord als vierte Stufe, sondern mit einem G-Moll, wodurch im Dreiklang statt der großen Terz (Ton H) eine kleine Terz (Ton B) gespielt wird. John und Paul, die vorhatten, als Komponisten-Duo berühmter als Rodgers und Hammerstein zu werden, hielten diesen musikalischen Kniff für einen großen Schritt nach vorne, obgleich sie nicht ganz überzeugt waren von der Qualität des Songs. Es war für sie eher ein B-Song. George Martin war anderer Ansicht. Roger Greenaway von The Kestrels erinnerte sich an den Moment, als die Beatles „From Me To You" komponierten. Die Beatles spielten auf ihren Gitarren und Kenny Lynch kam nach hinten und bot ihnen seine Unterstützung beim Komponieren an. Er hatte bislang zwei Top-Ten-Singles in den englischen Charts platziert und war von seinen kompositorischen Fähigkeiten überzeugt. John und Paul jedoch wollten seine Hilfe nicht annehmen, was Lynch verärgerte. Nachdem er abgeblitzt war, ging Lynch wieder nach vorne in den Bus und rief wutentbrannt, dass er mit den beiden Idioten nicht mehr arbeiten würde. „From Me To You" sollte die nächste Single werden.

Im Granada Cinema in Shrewsbury war Helen Shapiro wieder fit und konnte auftreten. Ihre sonore Stimme war wieder hergestellt. Billie Davies verließ die Tour. Freitag, den ersten März, folgte ein Auftritt im Odeon Cinema in Southport. Die Beatles spielten dort 1963 und das folgende Jahr insgesamt fünf Mal. Sonntag, der zweite März, war turbulent. Zuerst absolvierten die Beatles ihre beiden Shapiro-Shows in der City Hall in Sheffield, anschließend düsten sie 60 Kilometer nach Manchester für einen TV-Auftritt beim ABC-Sender. Sie traten dort nicht auf, da es eine Einladung für das Nachrichten-Programm „ABC at Large" war. Brian Epstein begleitete sie. David Hamilton, der Redakteure und Moderator der Show, interviewte die Beatles nur. Unter anderem stellte er die Frage, warum es die Beatles geschafft haben, berühmt zu werden, hingegen viele andere Bands erfolglos bleiben. Die Beatles blieben eine Antwort schuldig, manövrierten sich aber geschickt durch das Interview. Der Liverpooler Freund Gerry Marsden und seine Pacemakers waren ebenfalls

---

[40] Beatles Anthology, S. 94

eingeladen. Zum Schluss der Sendung wurde ein Ausschnitt von „Please Please Me" gesendet aus der Sendung „Thank Your Lucky Stars".

Der dritte März markierte das Ende der Helen Shapiro-Package-Tour. Die letzten beiden Shows fanden im Gaumont Cinema in Hanley statt. In der Rangordnung waren die Beatles in Teil zwei der Package-Tour auf den ersten Platz des ersten Sets gerückt. An ihnen konnte man nicht mehr vorbei.

Die Package-Tour war ein wichtiger Schritt für die Beatles. Tausende neuer Fans hatten so die Gelegenheit, sich von den Live-Qualitäten der Beatles zu überzeugen. Mit der zweiten Teilnahme an der Sendung „Thank Your Lucky Stars" sowie den kulminierenden Rundfunk und Presseeinsätzen, verdichtete sich die Präsenz, und die Popularität der Band stieg kontinuierlich an. Die Beatlemania hob an, war in Ansätzen bereits erkennbar – lange bevor die Presse von diesem Phänomen Notiz nahm und der Beatlemania den Namen gab. Die Beatles hatten sich während der Tour oft gefragt, welche musikalische Strömung als nächstes den Pop-Markt dominieren würde. Es war ihnen noch nicht bewusst, dass sie selber mit ihrer Musik das nächste ganz große Ding werden würden.

Nach dem Abschied von Helen Shapiro und den anderen Künstlern der Package-Tour fuhren die Beatles nach St. Helens in den Plaza Ballroom. Dort erhielten sie für den Auftritt zum ersten Mal in ihrer Karriere die stattliche Gage von 100 Pfund. Zugleich war es deren fünfter und auch letzter Auftritt in diesem Ballroom.

Die dritte Single: „From Me To You"

Nachts fuhren die Beatles von St. Helens nach London. Gleich am morgen des fünften März war eine Fotosession angesagt. John Dove, ein EMI-Angestellter, war beauftragt worden, Ideen für das Plattencover und Autogrammkarten-Motive zu sammeln. Die Session begann im Haupthaus der EMI, Manchester Square 20, dort wurden die Beatles auf der Außentreppe fotografiert. Später wurden Fotos geschossen von den Beatles zusammen mit Produzent George Martin und Verleger Dick James, der, nachdem „Please Please Me" ganz oben in den Charts stand, noch mehr das große Geld roch. Anschließend wanderten sie weiter zum Montagu Place, wo sie sich vor einer Parkuhr ablichten ließen. Lennon setzte seine schwarze „Buddy Holly"-Hornbrille der Parkuhr auf. Danach machten sie sich auf ins Abbey Road Studio für die Aufnahme der nächsten Single „From Me To You".

George Martin hatte zuvor bereits gemeinsam mit Brian Epstein einen Veröffentlichungsplan ausgearbeitet. Alle drei Monate sollte eine neue Single erscheinen, pro Jahr waren zwei Alben geplant. Bei den täglichen Auftritten der Band war dies eine große kreative Herausforderung. Für schöpferische Tätigkeiten blieb wenig Zeit. Wann immer George Martin mit den Beatles sprach, bat er um eine weitere Hit-Single. Und die Beatles schlugen „From Me To You" vor, den Song, den sie ein paar Tage zuvor komponiert hatten. Martin kümmerte sich sofort um einen Termin, und so kamen die Beatles am fünften März erneut ins Abbey Road Studio. Es sollte nach dem Cavern Club ihre zweite Heimat werden. Wie alle Stücke in dieser Zeit wurde auch diese Single von den Beatles live eingespielt. Allerdings wurden zusätzliche Overdubs aufgenommen. Die Leitung hatte George Martin inne – seit der zweiten Single „Please Please me" waren die Beatles für ihn kein unbeschriebenes Blatt mehr, er wusste, dass seine Anwesenheit wichtig war. Kein Wunder, auf einen Schlag waren die Beatles eine große Nummer geworden. George Martin war bei der EMI angestellt und als Parlophone-Chef war er verantwortlich für den Erfolg und vor allem musste er mit dem Jahresbudget von 55.000 Pfund verantwortungsbewusst umgehen. Toningenieur war Norman Smith, die Bandkontrolle übernahm Richard Langsam – also das gleiche Team, das schon für die Aufnahmen der „Please Please Me"-Langspielplatte zuständig war. George Martin saß auf seinem hohen Barstuhl, der in Studio zwei herumstand, und die Beatles spielten ihm die neue Single vor. Er war von dem Song begeistert, doch die größte Sorge Martins war, dass der Song, den die Beatles vorstellten, nicht länger als zwei Minuten und 45 Sekunden sein durfte, denn längere Titel wurden von den BBC-Rundfunkanstalten generell nicht gespielt. Seine Sorgen war unbegründet. Der Song hatte eine Länge von einer Minute und 56 Sekunden. Die erste Aufnahme-Session begann um 14.30 Uhr und dauerte bis 17.30 Uhr. Die Beatles spielten 13 Takes von „From Me To You". Ursprünglich wollte George ein Solo am Anfang des Stückes platzieren, aber Martin überredete die Band, erneut die Harmonika einzusetzen, diesmal jedoch unterstützt von dem Harmoniegesang. Er dachte in dieser Hinsicht rein pragmatisch, sowohl „Love Me Do" als auch „Please Please Me" wurden mit Johns Mundharmonika eingespielt und beide Singles waren erfolgreich. Auch war dieses Instrument ein Alleinstellungsmerkmal, die wenigsten Künstler setzten dieses Instrument ein. Nach den 13 Takes ging John in den Schneideraum, wo Malcolm Davies an diesem Tag Dienst hatte. Normalerweise verirren sich keine Musiker in diesen Raum, aber John hatte gehört, dass Davies im Besitz einer Mundharmonika war, die er sich für die Overdub-Aufnahmen ausleihen wollte. Er dachte, Davies Exemplar würde besser klingen als seines. Nach der Aufnahme brachte John die Mundharmonika zurück mit der Bemerkung, dass sie wie ein Sack Kartoffeln gerochen hätte.[41]

Insgesamt wurden sechs Overdubs eingespielt: Georges Gitarrensolo, die Harmoniestimmen für den Anfang und Johns Thema auf der Mundharmonika. Nun kam die B-Seite der Single an die Reihe. Hierfür wählten die Beatles erneut eine Eigenkomposition: „Thank You Little Girl", erneut eine Gemeinschaftsproduktion von Lennon und McCartney. Das „Little" wurde bei der Single-Veröffentlichung aus dem Titel entfernt. Ursprünglich wollten die Beatles diesen Song als neue Single präsentieren, merkten aber bald, dass Melodie und Text nicht zu einem stimmigen Pop-Song führten. Später bezeichnet die beiden das Lied als reine Übungsnummer, für die B-Seite auf jeden Fall perfekt. Die Beatles nahmen auch bei „Thank You Girl" 13 Takes auf, bis alles passte.

Anschließend wurde der Harmoniegesang wie auch die Gitarre von George gedoppelt Die Mundharmonika spielte John erst acht Tage später ein, nach-

---

[41] The Complete Beatles Recording Session, S. 28

dem er sich von einer Grippe erholt hatte. Er kam alleine ins Studio, ohne die anderen. Toningenieur Geoff Emerick erinnerte sich, dass Lennon mehrere Takes brauchte, um das simple Mundharmonika-Thema einzuspielen. Er wirkte an diesem Tag alles andere als sicher. Auch einem John Lennon passierte so etwas.

Interessant bei dem Song ist, dass in der Mono-Abmischung im Mittelteil die kleinen Mundharmonika-Einwürfe fehlen. Auch am Ende wurde deutlich weniger Hall auf die Stimme gefahren. Auf den Past Masters von 1988 ist die Stereo-Variante zu hören.

Obwohl die dritte Single hierfür fertig aufgenommen war, wollten die Beatles noch nicht Schluss machen und stellten zwei weitere Songs vor: „The One After 909" sowie „What Goes On". Da es mittlerweile 19 Uhr war, blieb nur Zeit für einen Song. Die Beatles spielten fünf Mal „The One After 909", wobei nur eine Version komplett eingespielt wurde. Alle anderen Versuche wurden abgebrochen oder waren wegen Spielmängel nicht zu verwenden. Der Song wurde auf Eis gelegt, die Beatles hatten nicht mehr die Absicht, die Aufnahmen zu verfeinern und abzuschließen. Erst 1969 machten die Beatles mit Johns Song Ernst und lieferten eine Energie-geladene Uptempo-Version ab, die auf jeden Fall besser war als die Ursprungsversion von 1963. George spielte ein grandioses Solo ein, hingegen auf der ersten Fassung fragte John enttäuscht, was für eine Art Solo denn das sei? Es war nicht Georges kreativster Tag.

Gleich am nächsten Tag fuhren die Beatles nach Manchester zu einem TV-Auftritt. Sie folgten einer Einladung der BBC in das Playhouse Theatre anlässlich der Show „Here We Go". Produzent der Sendung war Peter Pilheam, der die Beatles bereits vor deren Schallplatten-Vertrag mit der EMI gebucht hatte. Es war bereits der fünfte und zugleich letzte Termin für diese Sendung. Die Beatles probten ab 16 Uhr und nahmen zwischen 20 und 20.45 Uhr folgende Lieder auf: „I Saw Her Standing There", „Misery", „Do You Want To Know A Secret" und die aktuelle Single „Please Please Me". Sechs Tage später, am 12. März, wurde die Sendung um 17 Uhr landesweit ausgestrahlt, allerdings wurde McCartneys toller Song „I Saw Her Standing There" von der Ausstrahlung herausgenommen. Gleich am nächsten Tag startete eine Show, die Brian Epstein organisiert hatte. Der Manager hatte mittlerweile noch mehr Künstler unter Vertrag genommen und dachte an ein ShowCase, auf dem alle Artisten auftreten könnten. Inspiriert war er von den Motown Revuen aus früheren Jahren. Er mietete zwei Busse und von Liverpool fuhr der ganze Tross nach Nottingham in die Midlands. Mit an Bord waren an erster Stelle The Beatles, Gerry And The Pacemakers, The Big Three und Billy J. Kramer And The Dakotas. Moderator der Show war Bob Wooler, der Diskjockey aus dem Cavern Club, der die Bands sehr gut kannte. 80 Fans aus Liverpool durften die Stars im Bus begleiten für ein Entgelt von 25 Schillinge (1 Pfund, 25 Pence). Das Konzert fand im Elizabethan Ballroom in der Parliament Street statt und lief unter dem Motto „Mersey Beat-Showcase". Insgesamt gab es sechs Showcases, der letzte Event aus dieser Reihe fand am 16. Juni 1963 im Odeon Cinema in Romford statt. Am nächsten Tag verabschiedeten sich die Beatles von dem Liverpooler Star-Ensemble und düsten weiter in die Royal Hall nach Harrogate für einen Auftritt. Es blieb der einzige Auftritt in diesem Ort.

Die Tournee mit Chris Montez und Tommy Roe

09. März 1963 Granada, East Ham
10. März 1963 Hippodrome, Birmingham
12. März 1963 Granada, Bedford
13. März 1963 Rialto, York
14. März 1963 Gaumont, Wolverhampton
15. März 1963 Colston Hall, Bristol
16. März 1963 City Hall, Sheffield
17. März 1963 Embassy, Peterborough
18. März 1963 Regal, Gloucester
19. März 1963 Regal, Cambridge
20. März 1963 ABC, Romford
21. März 1963 ABC, Croydon
22. März 1963 Gaumont, Doncaster #
23. März 1963 City Hall, Newcastle-upon-Tyne
24. März 1963 Empire, Liverpool *
26. März 1963 Granada, Mansfield
27. März 1963 ABC, Northampton
28. März 1963 ABC, Exeter

29. März 1963 Odeon, Lewisham

30. März 1963 Guildhall, Portsmouth

31. März 1963 De Montfort Hall, Leicester

Fünf Tage nach Abschluss der Helen Shapiro-Tour begann am achten März die zweite landesweite Tournee. Die Hauptstars dieser Tournee waren Chris Montez und Tommy Roe, doch anders als bei der Tour mit Helen wirkten nicht weitere Künstler mit sondern nur die Beatles. Beide Künstler kamen aus Amerika. Chris Montez hatte mit dem Song „Let's Dance" im November 1962 Platz vier in den Billboard-Charts erreicht. Die Nachfolge-Single „Some Kinda Fun" hatte Mühe, in die Top 40 der Charts zu gelangen. Montez' Karriere war also in Amerika bereits am Abklingen. Beim 20-jährigen Tommy Roe aus Atlanta sah es etwas besser aus. Sein Song „Sheila" war im September 62 ein Smashhit. Er wurde bereits als neuer Buddy Holly gehandelt, kein Wunder, seine Single erinnerte stark an „Peggy Sue". Auch die Nachfolgesingle „Everybody" konnte sich in Amerika in den Top Ten behaupten. Besser lief es für beide in England. Dort hatten sie hohe Chartpositionen erreicht – die englische Jugend hörte mit Vorliebe amerikanische Musik. Ein guter Grund, eine Tour in England anzustoßen. Werbung für diese Tour machte Andrew Loog-Oldman, der spätere Manager der Rolling Stones. Montez und Roe hatten noch nie von den Beatles gehört. In Amerika waren sie zu dem Zeitpunkt noch ein völlig unbeschriebenes Blatt. Vom ersten Treffen an verstanden sich Montez und Roe mit den Beatles auf Anhieb gut. McCartney wirkte auf die beiden sehr freundlich, Ringo und George waren etwas distanzierter, aber umgänglich, Lennon hingegen wirkte für sie gefährlich. Chris Montez erinnert sich an die Tournee: „Wir kamen gut miteinander aus. Sie schienen ganz normale Typen zu sein, einfach Rocker. Und sie liebten Musik. … Paul war sehr bescheiden und sehr nett. Ringo und George waren echte Kerle. Wissen Sie, ich hatte großen Respekt vor Lennon …"

Und Tommy Roe ergänzte: "Sie waren sehr nett. Sie waren sehr wissbegierig über Amerika. Ich meine, sie stellten tonnenweise Fragen über Amerika. Und John hatte eine Gibson-Gitarre, und das erste, was er im Bus tat, war zu sagen: 'Weißt du, wir haben deinen Song „Sheila" im Star Club in Hamburg gespielt, und die Leute haben ihn geliebt.'

Und er sagte: 'Aber ich glaube, ich spiele die Akkorde nicht richtig....'

Und er spielte es, und tatsächlich, er spielte ein D vor dem E. Ich sagte: 'Nein, das geht so: A, E, D, A, so...' Und er sagte: 'Ah, das ist es! Ich wusste, dass ich etwas falsch gemacht habe.'

Und dann ließ John mich seine Gitarre im Bus benutzen, um Songs zu schreiben."[42] Was aber die beiden am meisten frappierte, war, dass, egal, wo sie hinkamen, Heerscharen von Mädchen auf die Beatles wartete. Sie kannten zwar dieses Phänomen von Elvis, jedoch hatten sie noch nie erlebt, dass eine Newcomer-Band so eine große Anhängerschaft hatte.

Die Tour führte in 23 Tagen durch 21 Städte. Wie bei der Helen Shapiro-Tour gab es pro Abend zwei Shows, wobei vertraglich mit Veranstalte Arthur Howes festgelegt war, dass Tommy Roe der Headliner der ersten Abendshow war und Chris Montez den glorreichen Abschluss im zweiten Teil des Abends bilden sollte. Doch bereits beim ersten Konzert im Granada Cinema in London stellte man schnell fest, dass das Publikum nur nach den Beatles trachtete. Zwar hatte Roe mit „Sheila" und Montez mit „Let's Dance" jeweils einen grandiosen Hit, für die Beatles waren sie Stars, doch „Please Please Me" und die permanente Medienpräsenz der Beatles zeigte Wirkung. Beatlemania war groß im Kommen. Hierzu George Harrison: „In London war das erste Konzert der Tournee. Danach fand ein turbulentes Treffen statt, denn der Veranstalter Arthur Howes meinte, die Beatles sollten die erste Hälfte des Konzertes schließen. ... Wir sagten ‚Nein, nein, Tommy und Chris sollen schließen', weil die beiden für uns immer noch große Namen hatten. Ich erinnere mich noch, wie Tommy Roe wütend wurde und sagte: ‚ich habe einen Vertrag, und wenn ich die Show nicht mehr schließen darf, gehe ich.' Chris Montez tat mir leid, er war ein netter, kleiner Mexikaner. ... die Beatlemania war nicht mehr aufzuhalten. Mit „Please Please Me" hat es angefangen ...".[43] Die Beatles spielten folgende Songs auf der Tour: „Love Me Do", „Misery", „A Taste Of Honey", „Do You Want To Know A Secret", „Please Please Me" und „I Saw Her Standing There" – bis auf „A Taste Of Honey", ein Lied von Herb Alpert, hatten sie nur noch Eigenkompositionen im Programm. Sonntag, den 10. März, reiste der Trupp weiter nach Birmingham. Dort fanden die beiden Abendshows im Hip-

---

[42] https://pleasekillme.com/brawl-between-john-lennon-chris-montez-1963-exclusive/

[43] Beatles Anthology S. 94

podrom Theatre statt. Nach dem Gespräch mit Howes weigerten sich die Beatles, als Headliner aufzutreten, doch wie schon am ersten Abend in London ließ das Publikum auch in Birmingham keine Zweifel aufkommen, wer die Favoriten des Abends waren. Für die beiden angekündigten Stars Roe und Montez müssen es bittere Erfahrungen gewesen sein. Den Beatles tat es aufrichtig leid. Zum Glück war ein Tag Pause von der Tour, doch auch dieser Tag war vollgepackt mit einem wichtigen Termin. Am Montag, den elften März, reisten die Beatles zurück nach London. Dort hatten sie im EMI-House die vierte und auch letzte Show „The Friday Specatacular" für Radio Luxembourg. Sie gaben ein Interview und die beiden Songs „Please Please Me" und „Ask Me Why" wurden von Platte gespielt und am 13. März um 22 Uhr ausgestrahlt.

Am 12. März ging es zurück zur Roe-Montez-Tour. An diesem Abend im Granada Cinema in Bedford fehlte John Lennon, dessen anhaltende Erkältung so schlimm wurde, dass er nicht mehr auftreten konnte. Während er Bettruhe verschrieben bekam, übten George und Paul Versionen ein, die sie ohne John präsentieren konnten. Ein bestimmt schwieriges Unterfangen. Es war der mittlerweile dritte Gig in Bedford und der erste Auftritt ohne Leadsänger. Auch beim folgenden Auftritt in York musste John passen. Noch dazu standen Aufnahmen im Abbey Road Studio an, die sie en passant zischen Bedford und York erledigten. Von zehn bis 13 Uhr sangen Paul und George Hamoniegesänge für die B-Seite „Thank You Girl" ein. John konnte nicht einsingen, er war immer noch ohne Stimme aufgrund der Erkältung. An diesem 13. März mischte George Martin die B-Seite der Single ab, sowohl Mono- wie auch Stereomixe wurden erstellt. Am darauffolgenden Tag nahm sich Martin die A-Seite der Single vor. Wie den Tag zuvor buchte er das Studio zwei von zehn bis 13 Uhr. Mehr Zeit brauchte er nicht, um die A-Seite in Mono und Stereo abzumischen. Die Beatles hingegen reisten an diesem Tag nach Wolverhampton in das Gaumont Cinema. Abermals traten sie ohne John auf. Sie spielten in abgespeckter Version: „Love Me Do", „Misery", „A Taste Of Honey", „Do you Want To Know A Secret", „Please Please Me" sowie „I Saw Her Standing There".

Freitag, den 15 März, war John wieder einigermaßen fit, und so konnten die Beatles endlich wieder zu viert auf die Bühne gehen. Im Rahmen der Show spielten sie in der Colston Hall in Bristol. Wegen Johns Erkältung mussten die Beatle zuvor am elften März einen Radio-Termin absagen. Als Ersatz waren sie bereit, eine Live-Show für das Radio zu liefern. Am 16. März fuhren sie mit dem Taxi ins Playhouse Theatre in London, wo die Aufnahmen für die Sendung „Saturday Club" der BBC stattfand. Die Beatles kamen morgens um neun Uhr an, probten eine Stunde und nahmen von zehn bis zwölf Uhr folgende Songs auf: „I Saw Her Standing there", „Misery", „Too Much Monkey Business", „I'm Talking About You", „Please Please Me" und „Hippy Hippy Shake". Nach den Aufnahmen stürzten sich die Beatles in ihren Kleinbus und fuhren über 200 Kilometer nordwärts nach Sheffield in die City Hall für ihre beiden Auftritte der Roe/Montez-Show. Dort hatten sie bereits am zweiten März im Rahmen der Helen Shapiro-Tour gastiert. Tags darauf, es war Sonntag, der 17. März, führte die Tour nach Peterborough in das Embassy Cinema, wo die Beatles ein paar Monate zuvor am zweiten Dezember 1962 das Desaster bei ihrem Auftritt mit Frank Ifield erlebt hatten. Diesmal lief es weitaus besser. Überall, wo sie hinkamen, freuten sich die Fans auf die Beatles. Auch in Gloucester im Regal Cinema lief es gut am darauf folgenden Tag. Die Beatles waren auch dort die uneingeschränkte Nummer eins des Abends. Am 19. März spielten die Beatles in Cambridge im Regal Cinema das bereits zehnte Konzert der Tournee. Mittwoch, den 20. März, kam etwas Bewegung in die Shows. Im ABC Cinema in Romford traten zusätzlich die Viscounts, Debbie Lee, Tony Marsh und Terry Young Six auf. Nach diesen Shows wartete wieder ein Monsterprogramm auf die Beatles. Sie fuhren nachts nach London und folgten einer Einladung für BBC-Aufnahmen im Studio eins der Piccadilly Studios. Um zehn Uhr vormittags probten sie, anschließend nahmen sie drei Lieder auf: „Misery", „Do You Want To Know A Secret" und die Nummer-eins-Single, die das Land aufwühlte: „Please Please Me". Die Sendung „On The Scene" wurde am 28. März von 17 bis 17.30 Uhr ausgestrahlt. Nach den Aufnahmen fuhren die Beatles weiter nach West Croydon, um im ABC Cinema aufzutreten. Im Gegensatz zu Montez und Roe hatten sie nicht nur die anstrengende Tour zu bewältigen, sondern zusätzlich Studio- und Rundfunktermine zu meistern, was in Summe dazu beitrug, die in diesem Stadium bereits beachtliche Popularität zu steigern.

Die Veröffentlichung des Albums „Please Please Me"

Am 22. März 1963 kam endlich die erste Langspielplatte der Beatles in England auf den Markt. Wie zu diesen Zeiten üblich, erschien zuerst eine Mono-Version des Albums, erst am 26. April folgte eine weitere Pressung in Stereo. Das Single-Format war in den frühen 60er Jahren von Jugendlichen favorisiert. Hochpreisige Alben waren eher Hörern von Jazz oder Klassischer Musik vorbehalten. Angespornt durch den Erfolg der gleichnamigen Single erhoffte sich die EMI, höhere Stückzahlen mit der Veröffentlichung zu bewirken. Schon allein die Tatsache, dass das mit Comedy-Veröffentlichungen verstaubt wirkende Parlophone-Label es geschafft hatte, mit zwei Singles einen modernen Pop-Akt zu etablieren, ließ auf einen guten Verkauf hoffen. Noch dazu war dieser Act nicht aus der Hauptstadt, sondern aus dem abseitig gelegenen Liverpool. Ein weiteres Novum. Das Hochglanz-Cover des Albums mit dem Konterfei der Beatles im EMI-Gebäude, das Starfotograf Angus McBean geschossen hatte, wirkte sehr ansprechend. Es sollte ein ästhetischer Kitzel für die weiblichen Fans werden. Und die Musik, die darauf wartete, gehört zu werden, war reine Sprengkraft. Die Beatles hatten auf ihrer Tournee ein Acetat ihrer Platte schon vor der Veröffentlichung dabei und spielten es Tommy Roe vor. Der Einzähler „One, Two, Three, Four" und das energetische „I Saw Her Standing There" haben Roe überwältigt. So einen Sound hatte er vordem noch nie gehört. Vermutlich war Roe der Erste, der die Platte zu hören bekam. Die später eintreffenden Plattenkritiken bestätigten diesen ersten Höreindruck. Alle Rezensionen bescheinigten dem Album eine Frische, eine Kraft, einen fulminanten Sound und vor allem gute Kompositionen. „I Saw Her Standing There" und auch „Misery" – der Song, den das Management von Helen Shapiro ablehnte – hätten durchaus das Potenzial gehabt für Single-Veröffentlichungen. Dass insgesamt sechs Coverversionen auf dem Album gelandet sind, war der knapp bemessenen Produktionszeit geschuldet, die Unkosten mussten niedrig gehalten werden. George Martin wollte kein großes Risiko eingehen. Bei dem Album „Beatles For Sale" sollte sich die Coveranhäufung wiederholen, dort sind ebenfalls sechs Cover platziert, Wie auf dem ersten Album sind es Stücke, die die Beatles in Hamburg spielten – doch bei diesem Album war es kein finanzielles Problem, dafür waren die Beatles mittlerweile aus der Musikszene nicht mehr wegzudenken, sondern durch das extensive Touren der fehlenden Zeit für Kreativität geschuldet. Die Beatles waren mit dem Sound und der Liedauswahl des ersten Albums zufrieden. Trotz Erkältung haben sie ein grandioses Album abgeliefert. Besser hätte es nicht laufen können. Dazu Paul McCartney: „This album was one of the main ambitions in our lives. We felt that it would be a showcase for the group, and it was tremendously important for us that it sounded bang on the button. As it happened, we were pleased. If not, sore throats or not, we'd have done it all over again. That was the mood we were in. It was break or bust for us."[44]

Die Hoffnungen der EMI und Prophezeiungen der Presse sollten sich als richtig erweisen. Im Mai 1963 eroberte das Album die Charts und hielt sich dort 30 Wochen an der Spitze, bis es vom zweiten Beatles-Album „With The Beatles" abgelöst wurde. Insgesamt hielt sich das Album ganze 62 Wochen in den englischen Charts. Dieser Rekord wurde erst im April 2013 von Emeli Sandé mit ihrem Debüt-Album „Our Versions Of Events" mit insgesamt 63 Wochen übertroffen.

Mit diesem Album öffneten die Beatles die Tür in einen völlig neuen Raum, der später noch näher zu beschreiben ist.

Am Tag der Album-Veröffentlichung waren die Beatles immer noch auf Tournee mit den Künstlern Roe und Gomez. Sie spielten im Gaumont Cinema in Dorcester, wo sie bereits am fünften Februar gastiert hatten.

Ein böser Ausrutscher

Zum ersten Mal in ihrer Karriere landeten die Beatles in Newcastle-upon-Tyne, wo sie in der City Hall in der Norththumberland Road auftraten. Nach der Show war die gesamte Künstler-Entourage in einem Landhaus auf eine Party eingeladen, die von der EMI-Dependance im Norden anlässlich der Plattenveröffentlichung abgehalten wurde. Es gab reichlich Alkohol, und es dauerte nicht lange, bis John völlig betrunken war. Chris Montez, Tommy Roe und deren Bandmitglieder blieben nicht lange auf der Party und zogen sich zum

---

[44] Badman, Chap. 4. Übersetzung: „Dieses Album war eines der wichtigsten Ziele in unserem Leben. Wir hatten das Gefühl, dass es ein Schaufenster für die Gruppe sein würde, und es war für uns ungeheuer wichtig, dass es auf Anhieb gut klingt. Und das ist uns gelungen. Wenn nicht, Halsschmerzen hin oder her, wir hätten alles noch einmal gemacht. Das war die Stimmung, in der wir waren. Für uns hieß es Scheitern oder Sieg."

Schlafen in den Tourbus zurück. Irgendwann zur späten Nacht folgten die Beatles, Lennon völlig betrunken, ein Bier in der Hand. Er kletterte mühsam in den Bus, bemerkte den schlafenden Chris Montez, torkelte auf ihn zu und schüttete ihm mit einem Schimpfwort das Bier über den Kopf. Montez schreckte aus dem Schlaf, realisierte, dass er völlig nass war, sah den betrunkenen Lennon über sich, begriff, was passiert war. Wutentbrannt sprang er auf, ging auf Lennon los, die beiden fingen zu kämpfen an. Nun mischten sich auch die anderen amerikanischen Bandmitglieder ein, und es entstand eine hässliche Keilerei. Zum Glück behielt Kollege Tommy Roe die Nerven und ging konsequent dazwischen. Irgendwie schaffte er es, die Streithähne auseinander zu bringen und die Situation beruhigte sich wieder. Im Nachhinein bekundete Roe, dass er noch nie so eine unruhige Truppe in seiner Karriere erlebt hatte. Und er resümierte: „Es gab in dieser Nacht keine Gewinner!" Und man könnte ergänzen: nur Verlierer!

Die Tour ging weiter ....

Viel Zeit, das Besäufnis und das Zerwürfnis zu verdauen, blieb nicht. Am nächsten Tag fuhr der Tross nach Liverpool, wo die ansässigen Fans den Beatles einen triumphalen Empfang bereiteten. Liverpool war aus dem Häuschen, zumindest die Jugend. Vier lange Wochen hatten die Beatles nicht in Liverpool gespielt, vier lange Wochen mussten die Fans auf ihre Lieblingsband warten. Noch dazu war ihre erste Langspielplatten erschienen – die Fans waren schier aus dem Häuschen – ein weiterer Grund für den ekstatischen Empfang. Die Beatles traten im Rahmen der Tour im Empire Theatre auf. In Liverpool aufzutreten war für Roe und Gomez noch undankbarer als sonst wo in England.
Der Tag darauf sah eine Tour-Pause vor. Die Zeit nutzten die Beatles, mit ihrem Hausfotografen Dezo Hoffmann, der sie schon beim ersten Besuch im Abbey Road-Studio abgelichtet hatte, Aufnahmen zu machen. Dezo fotografierte sie an verschiedenen Plätzen in Liverpool, er verwendete sowohl seinen Fotoapparat als auch eine 8mm-Filmkamera. Dienstag, den 26. März, führte die Tour nach Mansfield, einer Stadt zwischen Nottingham und Sheffield gelegen. Dort traten sie im Granada Cinema auf. In diesem Kino waren sie knapp vier Wochen zuvor mit Helen Shapiro gewesen. Damals war gerade die Single „Please Please Me" in den Charts, nun war die Langspielplatte erschienen. Die

Zukunft sah rosig aus. Als nächstes folgte das ABC-Cinema in Northampton. Es war der 17. Auftritt mit Tommy Roe und Chris Montez. Im November des gleichen Jahres sollten die Beatles erneut in diesem Kino auftreten. Donnerstag, den 28. März, kam das ABC Cinema in Exeter, Devonshire, an die Reihe. Überall, wo sie hinkamen, standen die Fans vor den Türen und wartete auf die Beatles. Es war das erste Mal, dass sie in diesem Ort auftraten, aber es sollte nicht das letzte Mal sein. Ein paar Monate später, im November, sollten sie erneut in dem Kino spielen. Die Tour näherte sich dem Ende. Es folgte noch ein Auftritt im Odeon Cinema in Lewisham, London. Am Samstag, den 30, März, spielten sie in der Guidhall in Portsmouth und schließlich zu guter Letzt traten sie in der De Montfort Hall in Leicester auf. Und somit war die zweite landesweite Tournee abgeschlossen.

George Harrison erinnerte sich späterhin: „Es war in der Zeit, als zwei oder drei Platten von uns herausgekommen waren, auf der Tournee mit Chris Montez. Da standen vor manchen großen Theatern immer schon Mädchen, wenn wir ankamen. Wir fuhren vor und drängten uns durch die Wartenden bis zum Bühneneingang. Wenn man einen Blick dafür hatte und die passenden Mädels rasch ausspähte, konnte man sie mit in den Eingang schubsen und die Tür zuknallen. Dann hatte man was für später."[45] So leicht der Umgang mit den Mädchen fiel, so beschwerlich waren die Umstände: 21 Auftritte an 21 verschiedenen Orten, zusätzliche Termine bei der BBC oder im Abbey Road Studio, die schlimme Erkältung Johns, für die er Wochen brauchte, sich zu erholen. Aber die Mühen lohnten sich. Die Langspielplatten verkaufte sich gut, die Popularität nahm stetig zu. Bei den Auftritten selbst hatten die Künstler mit den schlechten Soundanlagen zu kämpfen. In der Regel waren die Anlagen auf einen Gesang ausgelegt. Da die Beatles oftmals dreistimmig oder zweistimmig sangen, waren mindestens zwei Mikrofone von Nöten, was nicht immer der Fall war. Ebenso war das Bühnenlicht mangelhaft, oftmals war John nur ausgeleuchtet, auch dann, wenn Paul sang. Neil Aspinall als Roadmanager tat alles, um der Band das Leben zu erleichtern. Ohne Neil wäre es noch schlimmer gewesen. Aber die Beatles fügten sich dem Schicksal. Es war der Lebensweg, den sie sich erträumt und erkämpft hatten. On the road, Mädchen, einen Plattenvertrag und einen Nummer eins-Hit in den Charts.

---

[45] Beatles Anthology, S. 92

Nach der zweiten Tour

Nach Abschluss der Tournee hatten die Beatles eine Serie von Medienterminen wahrzunehmen. Der erste Termin führte sie ins Studio eins der BBC in den Piccadilly Studios. Die Sendung, für die sie aufnahmen, hieß „Side By Side", der Moderator der Show war John Dunn. Das Programm sah vor, dass jede Woche eine Band eingeladen wurde, um mit dem Karl Denver Trio, der BBC-Hausband, gemeinsam eine lustige Vokalnummer aufzunehmen, mit der jede Sendung musikalisch eingeleitet wurde. Die Nummer hatte den gleichen Titel wie die Sendung und wurde im 12-Bar-Bluesschema vorgetragen. Die Moderation der Sendung mit den Gesangs-Passagen kam abwechselnd von Karl Denver und den Beatles.[46] Karl Denver hatte 1962 einen Hit mit „Wimoweh". Wie Frank Ifield jodelte er gerne und oft. Die Beatles präsentierten natürlich auch ihre eigenen Stücke. Sie spielten „I Saw her Standing There", „Do You Want To Know A Secret", „Baby It's You", „Please Please Me", „From Me To You" und „Misery". Diese erste Aufnahmesession dauerte inklusive Proben von 14.30 bis 17.30 Uhr. Anschließend folgten die Aufnahmen für die zweite Sendung von 18.30 bis 22.20 Uhr. Hier spielten die Beatles „Long Toll Sally", „A Taste Of Honey", „Chains", „Thank You Girl" und Ringos Nummer „Boys", der zum Spaß sagte: „Die Jungs gaben mir diese Nummer auf der Langspielplatte. Unter uns. Ich denke, dieser Song verkauft sich am besten." Die Nummern klingen heute noch erstaunlich frisch, den Beatles haben die Aufnahmen sichtlich Spaß gemacht. Und man hört, wie gut sie eingespielt waren durch die vielen Live-Auftritte. Die erste Sendung wurde drei Wochen später, am 22. April, gegen 17 Uhr ausgestrahlt. Die zweite Sendung folgte am 13. Mai zur gleichen Uhrzeit. Millionen Jugendliche hörten sich diese beiden Sendungen an. Gleich, welche BBC-Sendung die Beatles absolvierten, die Moderatoren und Produzenten waren überrascht von der Qualität und dem Witz und Charme der Band. Brian Mathews, der die Sendung „Saturday Live" moderierte, meinte fassungslos: „Ich habe die Beatles heute zum ersten Mal live er

---

[46] zu hören auf YouTube: https://www.youtube.com/watch?v=gfZhPPyZJKE

lebt. Sie sind um Längen besser als jede andere Beatband, die ich bis jetzt kennen gelernt habe. Ich bin überwältigt."[47]

Nach diesem turbulentem Einstieg in den April hatten die Beatles am zweiten April einen Auftritt im Azena Ballroom in Sheffield. Es war deren dritter Auftritt bereits in diesem Ort. Epstein vereinbarte den Auftritt mit Promoter Peter Stringfellow und vereinbarte eine Gage von 65 Pfund. Nachdem nun das Album allmählich in den Charts hochkletterte, verhandelte Epstein nach, um eine bessere Gage herauszuschlagen. Statt 65 Pfund wollte er nun 90 Pfund haben – die beiden einigten sich auf 85 Pfund. Die Beatles spielten an diesem Abend zwei Sets. Ursprünglich hätten die Beatles in Stringfellows „Black Cat Club" auftreten sollen, aber die Polizei war beunruhigt von den vielen Fans, die vor dem Club warteten und verlegte den Auftritt kurzerhand in den größeren Azena-Ballroom. Die Saalmiete kostete Stringfellow allein 29 Pfund, dafür konnte er mühelos 2000 Karten verkaufen, obwohl nur 500 Personen in dem Ballroom zugelassen waren. Es herrschten sowohl außerhalb wie auch innen im Tanzsaal chaotische Zustände. Beatlesmania war voll im Gange. Als Vorgruppe spielten The Aidens. Deren Schlagzeuger verdanken wir die von McCartney handgeschriebene Setliste des Abends., die er auf der Rückseite einer Parlophone-Postkarte platzierte. Er nahm sie am Ende der Show zu sich. Die Beatles spielten laut McCartneys Liste folgende zwei Sets. Set eins: „I Saw Her Standing There", „Sweet Little Sixteen", „Chains", „Beautiful Dreamer", „Misery", „Hey Good Looking", „Love Me Do", „Baby It's You", „Three Cool Cats", „Please Please Me". Set zwei: „Some Other Guy", „Ask Me Why", „Roll Over Beethoven", „A Taste Of Honey", „Boys", „Keep Your Hands Off My Baby", „Do You Want To Know A Secret", „From Me To You" und „Long Tall Sally". Mittlerweile ist aus dem Ballroom ein Supermarkt geworden. Dennoch sollen im ehemaligen Backstage-Bereich noch die Unterschriften der vier Beatles eine Wand zieren.

Am darauffolgenden Tag waren die Beatles erneut bei der BBC zu Gast. Sie fuhren in das Playhouse Theatre in London, um zum ersten Mal für die Sendung „Easy Beat" drei Lieder aufzunehmen. Brian Matthew führte durch die Sendung, die vor einem aufgeregten Fan-Publikum aufgezeichnet wurde. Die Probe startete um 17.30 Uhr, die Aufnahmen selbst dauerten von 20.30 bis

---

[47] The Beatles, The BBC Archives, S. 30

21.45 Uhr. Die Beatles spielten drei Lieder: „Please Please Me", „Misery" und „From Me To You", also ihre beiden Singles und den Song, den das Management von Helen Shapiro abgelehnt hatte. Zusätzlich wurden John und Paul gebeten, beim Record-Review teilzunehmen. Zusammen mit Laura Lee und Clare O'Rourke gaben sie Kommentare zu neuen Single-Veröffentlichungen von Bert Weden, Cleo Laine, The Vernons Girls und Tommy Roe, den sie ja kurz zuvor auf Tour kennen gelernt hatten. Am siebten April wurde die Sendung um 10.30 Uhr vormittags ausgestrahlt.

Am vierten April gingen die Beatles abermals in das BBC Studio in London. Nachdem die beiden Montag-Sessions so hervorragend liefen, sollten sie eine dritte Sendung aufnehmen. Nochmals nahmen die Beatles zusammen mit dem Karl Denver Trio das Duett „Side By Side" auf. Doch die BBC verwendete lieber die Aufnahme vom ersten April. Nach diesem Einstieg nahmen die Beatles folgende Lieder auf: „Too Much Monkey Business", „Love Me Do", „Boys", „I'll Be On My Way" und „From Me To You". Die Aufnahmen fanden zwischen 11 Uhr vormittags und 14 Uhr nachmittags statt. Die Option für eine vierte Session von 14 Uhr bis 18 Uhr wurde nicht wahrgenommen. Interessant ist, dass die Beatles an diesem Tag „I'll Be On My Way" aufnahmen. Dieser Lennon/McCartney-Song war für Billy J. Kramer and The Dakotas vorgesehen, der das Lied als B-Seite für die ebenfalls von Lennon/McCartney komponierte A-Seite „Do You Want To Know A Secret" verwendete. Aufgenommen hatte Kramer das Lied am 14. März unter der Regie von George Martin, der mit den vielen Acts von Brian Epstein alle Hände voll zu tun hatte. Am 26. April kam die Single auf den Markt. So ist die BBC-Aufnahme die einzige existierende Beatles-Version dieses Liedes. Normalerweise löschte die BBC nach einer gewissen Zeit die Bänder. Dieses Band ist davon verschont geblieben. 1994 ist das Album „Live At The BBC" erschienen, auf dem das Lied zu hören ist.

Am Abend fuhren die Beatles mit ihrem Commer-Kleinbus nach Stowe, etwa in der Mitte des Weges von London und Birmingham gelegen. Dort spielten sie in der ehrwürdigen Halle einer Elite-Schule. Dass sie überhaupt diesen Gig angenommen haben, lag an einem Liverpooler Schüler, der ein großer Fan der Beatles war. Er hatte es geschafft, das Direktorat der Schule zu überzeugen. Oberhalb der Bühne prangte in großen Lettern „Magister sapientissimus eruditissimus dilectissimus scholae stoicae princeps et creator ..." Den Beatles war das egal. Der Zuhörerschaft ebenfalls. Das Beatles-Fieber griff um sich und machte auch keinen Halt vor höheren Bildungsanstalten. Dennoch ist es wohl der einzige Auftritt der Beatles dieser Art. Die Beatles hatten ihre beiden Vox AC 30-Verstärker dabei, die auf den Rigid-Stands erhöht platziert waren. McCartney spielte eine Vox T-60-Bassanlage. Der Gesang lief über zwei größere Boxen. Da das Publikum gesittet in den Stühlen saß, waren die Beatles gut zu hören. Statt des weisesten, gelehrtesten und meist geliebten Lehrers – wie es auf der Tafel oberhalb der Bühne stand - bekamen die Schüler die heißeste, aufregendste und beliebteste Pop-Band Englands serviert. Mit ihrer superlativen Single „Please Please Me" hatten die Beatles bis Anfang April über 250.000 Einheiten verkaufen können, wofür sie ihre erste Silberne Schallplatte in Empfang nahmen. Anlässlich dieses Erfolges gaben sie am frühen Abend des fünften Aprils im EMI-Hauptgebäude ein kleines Konzert. Für die EMI waren die Beatles mittlerweile ein bedeutender Verkaufsfaktor geworden. Die Verantwortlichen registrierten sehr wohl das wachsende Interesse der englischen Jugendlichen und auch die stärker werdenden Resonanz der Medienlandschaft. Stolz präsentierten sie sich zusammen mit George Martin für ein Foto. Das Konzert wurde witzigerweise mitgeschnitten und befindet sich mittlerweile wie so vieles seit Januar 2022 auf YouTube.[48] Sie spielten nur ihre beiden Singles „From Me To you" und „Please Please Me". Ringo hatte immer noch das erste Beatles-Logo auf dem Frontfell seiner Basstrommel. Nach dem Kurz-Auftritt packten sie ihre Instrumente und Verstärker in den Wagen und weiter ging es Richtung Leyton in die Swimming Baths in London für einen Auftritt. Am nächsten Tag kletterten die Beatles erneut in den Bus und ließen sich knapp 300 km nach Buxton kutschieren. Dort wartete ein Auftritt im Pavillion Gardens Ballroom in der St. John's Road. Kaum fertig, ging es wieder zurück Richtung Süden in das 350 km entfernt gelegene Southsea, um dort im Savoy Ballroom die anstürmenden Fans zu beglücken. Am achten April kam Johns erster Sohn Julian auf die Welt. John hatte schon zuvor täglich Cynthia angerufen und sich nach ihr erkundigt. Die Geburt war eine langwierige Angelegenheit. Ganze 24 Stunden brauchte die werdende Mutter, um Julian zu gebären. John Charles Julian Lennon kam am frühen Morgen im Sefton General Hospital in Liverpool gegen 7 Uhr auf die Welt. John war bei der Geburt nicht dabei. Cynthia hatte mit seinem Besuch auch nicht gerechnet. Sie wuss-

---

[48] https://www.youtube.com/watch?v=nkhrDX-h_rE&t=99s

te, dass John auf Tournee war. Er sollte seinen Sohn erst am 11. April in den Armen halten. Am Tag der Geburt traten die Beatles erneut in den Swimming Baths in Leyton auf. Wie der Name schon verrät, handelte es sich ursprünglich um ein Schwimmbad, das in einen Tanzclub umfunktioniert wurde. An diesem Abend lernte Norman Scott die Beatles kennen. Er war Diskjockey des Clubs, und nach dem Auftritt stellte er sich der Band vor und bat, ein paar Fotos von ihnen machen zu dürfen. Die Beatles willigten ein, wollten sich zuvor aber die Zähne putzen. Lennon war als erster fertig und schrie „one, two, three", damit alle auf Anhieb für das Foto lachen. Paul hatte noch die Zahnpasta-Tube in der Hand und drückte vor lauter Lachen so stark drauf, dass die Zahnpaste aus der Tube schoss und auf seiner Hose landete.

Am neunten April blieben die Beatles in London und nahmen einen Rundfunk-Termin für die BBC wahr. Um 12.30 Uhr fand die Probe statt und zwischen 13 und 13.45 Uhr gab es dann ein Live-Interview für die Sendung „Pop Inn". Anschließend ging es gleich weiter zu einer TV-Show „Tuesday Rendezvous". Dort probten sie von 14 bis 17 Uhr, um anschließend einen Playback-Auftritt für „From Me To You" hinzulegen. Zu guter Letzt folgte noch ein Auftritt in Kilburn in der High Road, London. Zum Glück waren alle Termine in London, sonst hätte dieses Pensum nicht bewältigt werden können. Mittwoch, den 10. April, waren die Beatles wieder einmal in Liverpool und traten dort im Majestic Ballroom in Birkenhead auf – es war für sie der letzte Gig in diesem Auftritts-lokal.

Einen Tag später nahm Lennon zum ersten Mal als glücklicher Vater seinen Sohn in den Arm. Der dichtgedrängte Terminkalender der Beatles ließ einen früheren Termin nicht zu. Erst drei Tage nach Geburt war es soweit. Lennon stürmte ins Liverpooler Sefton General Hospital und fand Cynthia im Bett lie-gend, mit Sohn Julian im Arm. Da die Beatles in Liverpool spätestens seit „Please Please me" zur Hauptattraktion aufgestiegen waren, veranlasste Len-non, dass Cynthia mit Julian in ein Privatzimmer verlegt wurden. Der öffentli-che Andrang war zu stark. Cynthia stellte fest, dass nach dem Besuch Johns die Krankenschwestern viel freundlicher zu ihr waren. Die Wiedersehensfreude währte nicht lange. John musste wieder Abschied nehmen. Abends folgte ein Auftritt in der Co-operative Hall in Middleton. Lancashire. Die Beatles spielten eine Stunde vor 300 völlig aus dem Häuschen geratenen Fans. Nach dem Konzert fuhren sie unverzüglich zurück nach Liverpool.

Nicht genug: An diesem Tag, dem 11. April, veröffentlichte Parlophone in England die dritte Beatles-Single „From Me To You" mit der Katalognummer R 5015, auf der B-Seite befand sich „Thank You Girl". Neun Tage nach der Veröffentlichung stieg die Single in die Charts, am vierten Mai erreichte die Single Platz eins, hielt sich dort für sieben Wochen. Insgesamt war „From Me To You" 21 Wochen in den UK-Charts präsent. Während die Single „Please Please Me" nicht in allen Chart-Listungen Platz eins erreichte, konnte sich „From Me To You" mühelos überall an der Spitze positionieren. Ab diesem Zeitpunkt waren die Beatles nicht mehr zu stoppen.

Am nächsten Tag, dem 12. September, traten die Beatles zum vorletzten Mal im Cavern Club auf. Sie waren Headliner bei einem Acht-Stunden Rhythm'n'Blues-Marathon. Das Spektakel begann um 16 Uhr und endete gegen Mitternacht. Neben der Hauptattraktion traten The Fourmost, The Dennisons, The Nomads, The Panthers, The Roadrunners, Group One und Flaron's Flamingos auf.

Die beiden nächsten Tage waren für TV-Auftritte reserviert. Brian Epstein arbeitete auf Hochtouren, seine Band populär zu machen und nutzte jede Gelegenheit.

Zwar hatten die Beatles bereits elf regionale und nationale TV-Auftritte absolviert, aber am 13. September wurden sie zum ersten Mal offiziell von der BBC eingeladen für die Sendung „The 625 Show", die eine nationale Reichweite hatte. Die Show wurde im Lime-Grove-Studio der BBC in Shepherd's Bush im Westen von London aufgenommen. Die Beatle probten mehrmals, zuerst von 11.30 bis 13 Uhr vor laufenden Kameras, nochmals von 14.15 bis 15.45 Uhr und von 16.30 bis 18 Uhr. Die Aufnahmen selber folgten von 19.30 bis 20.15 Uhr. Die Beatles spielten „From Me To You", die B-Seite „Thank You Girl" und „Please Please Me". Nach den Aufnahmen folgten sie einer Einladung von Bruce Welch, dem Gitarristen der Shadows, auf eine Party in North Harrow, London. Dort trafen sie zum ersten Mal Superstar Cliff Richard. Die Presse behandelte die Beatles und die Shadows wie harte Rivalen, auf jeden Fall war gegenseitiger Respekt im Spiel. Am 16. April wurde die Sendung „The 625 Show" ausgestrahlt.

Tags darauf folgte der dritte Auftritt der Beatles in der TV-Sendung „Thank Your Lucky Stars". Die Beatle kamen gegen 11 Uhr in den Teddington Studios an, probten kurz und nahmen eine Playback-Version von „From Me To You" auf. Unter den anderen Gästen waren auch Dave Clark Five und The Vernon Girls.

Der Abend des 14. April war tatsächlich unbelegt, was selten genug im dicht gedrängten Terminplan vorkam, und die Beatles nutzten die Gelegenheit und besuchten ein Konzert der Rolling Stones im Craw-daddy Club in Richmond. Die Stones spielten Rhythm and Blues, so wie die Beatles in Hamburger Tagen diese Musik spielten, und sie waren beeindruckt von der Ausstrahlung des musikalischen Duos Jagger und Richards auf der Bühne. Aber die Faszination beruhte auf Gegenseitigkeit. Alle vier Beatles hatten schwarze Ledermäntel an, von denen Mick Jagger begeistert war. Auch er wollte so einen Mantel tragen.

Montag, 15. September, waren die Beatles wieder live unterwegs. Sie hatten einen Auftritt im Bridge Hotel in Tenbury Wells. Es war ein kleiner Ort in Worcestershire. Sie spielten dort im Riverside Dancing Club des Bridge Hotels. Brian Epstein hatte den Auftritt Monate zuvor ausgemacht, nun stellte sich heraus, dass das Lokal für den Berühmtheitsgrad der Band viel zu kein war, doch die Beatles machten das Beste daraus, indem sie mit dem Publikum Kontakt aufnahmen.

Dienstag, 16. April, war erneut ein TV-Auftritt angesagt. Die Beatles fuhren nach Manchester in das Studio vier des Granadas Television Center. Von 15 bis 16 Uhr probten sie, von 18.30 bis 19 Uhr nahmen sie ein Playback-Show für „From Me To You" auf. Die Sendung wurde zur gleichen Zeit wie „The 625 Show" ausgestrahlt. Die Zuschauer hatten die Qual der Wahl.

Einen Tag darauf spielten die Beatles zum ersten Mal im Majestic Ballroom in Luton, Bedfordshire. Kurioserweise gibt es eine Setliste dieses Abends, handgeschrieben von Paul McCartney, die am 28. Oktober 2021 im Londoner Auktionshaus Bonham versteigert wurde. So wissen wir, dass die Beatles zehn Songs an diesem Abend spielten, darunter „Long Tall Sally" und „Beautiful Dreamer".

Am 18. September spielten die Beatles in der ehrwürdigen Royal Albert Hall in London. Das Konzert wurde von der BBC zum Teil aufgenommen und lief unter dem Motto „Swinging Sound 63". Die weiteren Stars des Abends waren Del Shannon, The Springfields, Lance Percival, Rolf Harris, The Vernon Girls, Kenny Lynch, Shane Fenton and the Fentones sowie George Melly. Die BBC produzierte drei große Events pro Jahr, die Beatles wurden nur zu dieser Show eingeladen. Es war das erste Mal, dass sie in der Royal Albert Hall auftraten. Der Abend war aufgeteilt in zwei Sets: Im ersten Set spielten die Beatles „Please Please Me" und „Misery", in Teil zwei des Abends präsentierten sie „Twist And Shout" sowie „From Me To You. Am Ende der Show versammelten sich alle Künstler auf der Bühne und trugen Kurt Weills „Mack The Knife" vor. Später am Abend lernte Paul McCartney Jane Asher kennen, die seine Freundin und spätere Verlobte wurde.

Am 19. April fand der zweite große Mersey Beat Showcase statt in Stoke-on-Trent.[49] Alle Bands, die Brian Epstein bei NEMS unter Vertrag hatte, waren bei diesem Event dabei. Einen Tag später gastierten die Beatles in den Mersey View Pleasure Grunds in Frodsham, es sollte deren einziges Gastspiel in diesem abgelegen Ort in Chesire sein, obgleich es ein beliebter Auftrittsort für Bands in den 60ern war. Ungleich gewichtiger war der Auftritt am 21. April. Die Beatles waren eingeladen, im Empire Pool in Wembley aufzutreten anlässlich eines vom New Musical Express veranstalteten Wettbewerbs. Die Auszählung der Stimmen fand Ende 1962 statt. Damals waren die Beatles noch nicht national bekannt, doch aufgrund ihrer steigenden Popularität wurden sie bei der Show an zweiter Stelle gesetzt. Headliner des Nachmittags waren Cliff Richard und The Shadows. Insgesamt traten an diesem Nachmittag 14 Künstler auf. Die Beatles spielten vier Lieder: „Please Please Me", „From Me To You", „Twist And Shout" und „Long Tall Sally". Es war bis dato das größte Konzert, an dem die Beatles teilnahmen. Sie spielten vor 10.000 Fans. Sie sollten noch drei weitere Male am NME Wettbewerb teilnehmen, allerdings als uneingeschränkte Headliner: 1964, 1965 und 1966 – der letzte Termin war auch zugleich das letzte Konzert der Beatles in England – abgesehen vom berühmten Rooftop-Konzert am 30. Januar 1969.

Am Abend spielten die Beatles im Pigalle Club, einem Nachtclub und Restaurant in London. Da der Auftritt seltsamerweise in der wöchentlichen Jüdischen Zeitung inseriert war, waren nur jüdische Gäste anwesend. Kurze Zeit später sollte dieser Club der angesagte Treffpunkt der Londoner Mod- und Hipster-Szene werden.

Zum Glück hatten die Beatles zwei freie Tage, um sich vom turbulenten ShowBiz zu erholen. Am 23. April ging es dann weiter mit einem Gig in der

---

[49] Erster Showcase war in Nottingham am 07.03.63

Floral Hall in Southport. Es war deren dritter Auftritt in diesem Lokal. Bereits im Februar und November 1962 gastierten sie dort.

Tags darauf, am 24. April, fand der dritte von NEMS organisierte Mersey Beat Showcase statt, diesmal im Majestic Ballroom im Finsbury Park in London. Die Beatles spielten vor 2000 entzückten Fans, mit dabei waren Gerry and the Pacemakers, The Big Three sowie Billy J. Kramer and The Dakotas, die allesamt bei Epstein unter Vertrag standen.

Am nächsten Tag blieben die Beatles in London, da sie einen Termin mit der Fotografin Fiona Adams hatten. Sie posierten in der Nähe der Kreuzung Euston Road, Hampstead Road und Tottenham Court Road in einem brach liegenden Gelände. Ein berühmt gewordenes Bild aus dieser Foto-Session zeigt die Beatles, wie sie auf einer halb verfallenen Mauer in die Luft springen. Fiona Adams war beeindruckt von der Performance der Beatles. Zum einen war es nicht ganz ungefährlich Zum anderen sprang jeder der Beatles auf seine eigene, individuelle Art. Sie hatte den Eindruck, dass die Sprünge einstudiert waren, was jedoch nicht der Fall war. Eine dieser tollen Aufnahmen wurde für das Cover der EP „Twist and Shout" verwendet, die am 12. Juli 1963 veröffentlicht wurde. Abends folgte das vierte Mersey Beat Showcase, diesmal in der Fairfield Hall in Croydon, London. Das Konzert wurde bereits im Januar 63 vereinbart. Da Veranstalter John Smith befürchtete, den Saal mit den NEMS-Künstlern nicht voll zu bekommen, engagierte er zusätzlich den Sänger John Leyton, der jedoch am Konzerttag krank ausfiel. So waren die Beatles die Headliner und spielten gegen die Befürchtung des Veranstalters vor vollem, begeisterten Haus. Nach dem vierten Mersey Beat-Showcase-Spektakel folgten noch zwei Auftritte für eine Band, die seit Monaten nahezu unentwegt auftrat und sich keinem der immer zahlreicher werdenden Medientermin sperrte. Am 26. April spielten die Beatles in der Music Hall in Shrewsbury, organisiert von Veranstalter Lewis Buckley, und Sonntag, den 27. April kam im Anschluss noch ein Auftritt in der (Victory) Memorial Hall in Northwich hinzu. Danach hatten die Beatles, man sollte es kaum glauben, einen 12-tägigen Urlaub. George, Paul und Ringo reisten nach Santa Cruz auf Teneriffa. Dort trafen sie sich mit Klaus Vormann und Astrid Kirchherr, ihren alten Freunden aus Hamburger Tagen. Klaus Voormanns Vater hatte dort in der Nähe eine Finka. Scheint man den Fotos, die dort geschossen wurden, zu glauben, haben die fünf eine gute, entspannte Zeit zusammen verbracht. Es war der letzte Urlaub vor dem globalen Beatles-Mania-Ausbruch, so konnten sie noch unerkannt und sorgenfrei ihre Zeit genießen und sich entspannen. John hingegen akzeptierte drei Wochen nach Geburt seines Sohnes ein Angebot Epsteins und folgte seiner Einladung nach Torrelominos auf dem spanischen Festland und ließ es sich dort gutgehen. Einem bösen Gerücht zufolge soll es zu Intimitäten zwischen John und dem homophilen Epstein gekommen sein, was jedoch bei Lennons enormer Begeisterung für das schön gebaute weibliche Geschlecht nicht wirklich vorstellbar ist. In späteren Interviews, in denen Lennon oft hemmungslos offen und ungeschminkt über sich sprach, erwähnte er natürlich auch diesen Urlaub, der ihm in Liverpool mit Bob Wooler viel Ärger Eingracht hat. Er offenbarte, dass es fast zu einer Liebesaffäre mit Brian gekommen wäre, aber er konnte widerstehen.[50] Seiner Art entsprechend schrieb er über diese Beziehung den Song „Bad To Me", den er Billy J. Kramer zuschanzte. McCartney war der festen Ansicht, dass John nur mit Brian in den Urlaub fuhr, um seine Position als Chef der Beatles zu festigen.

Am neunten Mai kamen die Beatles aus dem Urlaub zurück und zwei Tage später hatten sie nach dem 27. April wieder ein Konzert. Sie spielten im Imperial Ballroom in der Carr Road in Nelson, Lancashire. An die 2000 begeisterten Fans erlebten das Konzert, die eifrigsten unter drängten auf die Bühne, wurden aber von Ordnungshütern abgehalten. Die Beatlemania war in vollem Gange. Am 12. Mai hatten die Beatles erneut einen Auftritt in der ABC TV-Sendung „Thank Your Lucky Stars". Es war der fünfte Auftritt der Beatles für diese Sendung. Sie mimten zu den beiden Songs „From Me To You" und „I Saw Her Standing There", wobei Ringo stolz sein neues Schlagzeug und Beatles-Logo präsentierte. Denn kurz vor dem Urlaub wechselte Ringo sein Instrument. Bislang spielte Ringo ein Schlagzeug der Firma Premier, es war in scheußlichem Braun gehalten und klang nicht besonders gut. So ging Ringo

---

[50] In Pete Shottons Buch „Lennon: In My Life" sieht die Geschichte anders aus: "Was passiert ist", erklärte John, "ist, dass Eppy immer weiter auf mich losging. Bis ich eines Abends schließlich meine Hose herunterzog und zu ihm sagte: ‚Oh, um Himmels willen, Brian, steck ihn mir doch einfach in den Arsch.' Und er sagte zu mir: ‚Eigentlich, John, mache ich so etwas nicht. Das ist nicht mein Ding.' ‚Gut', sagte ich, ‚was machst du dann gerne?' "Und er sagte: ‚Ich möchte dich einfach nur berühren, John.' „Und so ließ ich mich von ihm befummeln. Und das war's dann. Ende der Geschichte."

zusammen mit Brian Epstein in die Shaftesbury Avenue 114 nach Soho und suchte dort Drum City auf, einen Schlagzeug-Laden, der wie auch Sound City Ivor Arbiter gehörte. Arbiter vertrieb nicht nur Gretsch-Gitarren aus Amerika sondern auch Ludwig-Schlagzeuge aus diesem Land, der Traum eines jeden Schlagzeugers zu diesen Zeiten. Ringo kam in den Laden und war unverzüglich fasziniert von einem Ludwig-Kit im schwarzen Perlmuttimitat. Jedoch war das Ludwig-Drumset in der Größe, so wie es sich Ringo vorstellte, nicht vorrätig und musste bestellt werden. Ringo entschied sich für folgende Komponenten: er nahm sich eine 14 x 20-Inch-Bassdrum, eine 8 x 12 Inch-Tom, ein 14-Inch Floortom und eine 5.5 x 14 Inch Jazz-Snaredrum mit Holzkessel. Als Ringo später gefragt wurde, warum er sich für solch eine Jazz-Snare entschieden hatte, meinte er, dass er für Aufnahmen einen tieferen Snare-Sound bevorzugen würde. Hinzu kam ein Speed King Bass-Drum Pedal, ein 20 Inch Paiste Stambul Becken, ein 18 Inch Zildjan Becken und 14 Inch Zildjan HiHats. Für den Transport bekam Ringo passende Fieberglaskoffer, da die Koffer des Premier-Schlagzeugs zu groß waren. Ringo hatte sich für ein relativ kleines Schlagzeug entschieden.

Geliefert wurde das Drum-Kit von Gerry Evans am 12. Mai von Londons Drum City nach Birmingham in die Alpha Television Studios, wo die Beatles nach ihrem knapp zweiwöchigen Urlaub den TV-Auftritt hatten. Zum ersten Mal waren sie Headliner in der Sendung „Thank Your Lucky Stars". Bei der Probe spielte Ringo zum letzten Mal sein Premier-Set, für den Auftritt weihte er sein neues Ludwig-Schlagzeug ein. Evans baute hierfür das Drumkit auf und wollte soeben das große Ludwig-Logo auf dem vorderen Bassdrum-Fell entfernen, als Ringo hinzukam und die Aktion gerade noch verhindern konnte. Er war verrückt nach allem, was aus Amerika kam und war stolz, ein amerikanisches Ludwig-Schlagzeug zu spielen.

Arbiter lieferte jedoch nicht nur das Schlagzeug, sondern kümmerte sich im Auftrag von Epstein auch um ein neues Beatles-Logo. Er entwarf das Drop-T-Logo und ließ es auf das vordere Fell der Bassdrum kleben, unterhalb des Ludwig-Logos. Somit wurde das Käfer-Logo auf dem Premier-Schlagzeug ausrangiert. Das neu entworfene Logo von Arbiter wurde das offizielle Markenzeichen der Beatles und ist es bis heute geblieben.

Das alte Premier-Schlagzeug bekam Drum City zum Verkauf angeboten. Als erstes entfernten sie das alte Beatles-Logo und schmissen es weg. Keiner im

Geschäft kam auf die Idee, das Logo aufzubewahren, obwohl die Beatles zu diesem Zeitpunkt bereits berühmt waren. Vermutlich dachten sie, dass der ganze Spuk um die Beatles bald vorüber sein würde. Das Premier-Schlagzeug wurde technisch überholt und verkauft. Über Umwege landete das Instrument später bei dem Aktionshaus Sotheby und wurde dort vom Hard Rock-Cafe ersteigert. Es kann nun in New York City bewundert werden.[51]

Zwei Tage später, am 14. Mai, gastierten die Beatles im Rick Ballroom in der Park Lane in Sunderland, Durham. Ohne Rast ging es am nächsten Tag weiter ins Royalty Theatre in der City Road in Chester, Chesire, wo sie sechs Songs präsentierten: „Some Other Guy", „Thank You Girl", „Do You Want To Know A Secret", „Please Please Me", „You Really Got A Hold On Me", „I Saw Her Standing There" und „From Me To You". Den Motown-Song „You Really Got A Hold On Me" spielten sie gerne und wurde dann später für das zweite Beatles-Album „With The Beatles" aufgenommen.

Am 16. Mai gab es wieder einen Fernseh-Auftritt. Es war der zweite Besuch in der Kindersendung „Pops and Lenny". Die Beatles kamen gegen 13.30 Uhr im Television Theatre in Shepard's Bush Green in London an, probten unverzüglich und spielten vor begeistertem Live-Publikum von 17 bis 17.30 Uhr „From Me To You" und eine Kurzfassung von „Please Please Me". Nach der Show gesellten sie sich zu Moderator Terry Hall, der mit seinem Marionettentheater „Lenny The Lion" die Kinder begeisterte. Freitag, den 17. Mai, folgte ein Auftritt in den Crossvenor Rooms in Norwich. Der Gig wurde Mitte April mit dem Veranstalter Peter Holmes vereinbart für eine Gage von 250 Pfund (zur Erinnerung: 1962 spielten die Beatles im Cavern Club für fünf Pfund). Als Supportband trat die lokale Band Ricky Lee and the Hucklebucks auf. Die Beatles kamen in einem neunen, blauen Bedford-Kleinbus vor Ort an, bauten eigenhändig die Verstärker und Anlage auf. Sie wurden von der lokalen Presse interviewt. Redakteur Ray Aldous erinnert sich: „Paul war lustig. Ringo war der Komödiant. George sagte nie einen Pieps. Und John war der stille Mann in der Ecke, der der Anführer zu sein schien. Sie waren auf dem Weg nach ganz oben. Man konnte es sehen."[52] Die Beatles spielten zwei Mal zwanzig Minuten

---

[51] Auch Pete Best wechselte von Premier zu Ludwig, allerdings sechs Monate früher als Ringo. Er bekam sein neues Set im November 62, drei Monate nach Rauswurf von den Beatles

[52] https://www.beatlesbible.com/1963/05/17/live-grosvenor-rooms-norwich/

vor 1700 hingerissenen Zuschauern. In der Tat, die Beatles waren auf dem Weg ganz nach oben …

Die Roy Orbison-Tour

Vom 18. Mai bis 9. Juni 1963 waren die Beatles zum dritten Mal auf einer großen England-Tournee mit dem amerikanischen Superstar Roy Orbison unterwegs, von dem besonders Lennon ein großer Fan war. Wie bei der Helen Shapiro-Tour wurden weitere Stars eingeladen. Mit dabei waren Gerry and the Pacemakers, die mit „How Do You Do It" einen Nummer-eins-Song hatten, David MacBeth, Louise Cordet, Tony Marsh, Terry Young Six, Erker Grant und Ian Crawford. Es war für Orbison die erste und für die Beatles die dritte landesweite Tournee, die durch 21 Städte Englands führte:

18. Mai Adelphi, Slough
19. Mai Gaumont, Hanley
20. Mai Gaumont, Southampton
22. Mai Gaumont, Ipswich
23. Mai Odeon, Nottingham
24. Mai Granada, Walthamstow
25. Mai City Hall, Sheffield
26. Mai Empire, Liverpool
27. Mai Capitol Theatre, Cardiff
28. Mai Gaumont, Worcester
29. Mai Rialto, York
30. Mai Odeon, Manchester
31. Mai Odeon, Southend-on-Sea
01. Juni Granada, Tooting
02. Juni Hippodrom, Brighton
03. Juni Granada, Woolwich
04. Juni Town Hall, Birmingham
05. Juni Odeon, Leeds
07. Juni Odeon Glasgow, Schottland
08. Juni City Hall, Newcastle
09. Juni King George's Hall, Blackburn

Was sich schon in den anderen beiden Tourneen angekündigt hatte, wurde bei dieser Tour bestätigt. Die Beatles hatten sich bereits eine enorme Publikums-Resonanz erarbeitet, so dass nichts anderes übrig blieb, als sie als Headliner zu platzieren. Als Roy Orbison in England ankam, stellte er schnell fest, dass er nicht wie geplant der König der Tour sein würde. Von den Beatles hatte er noch nie zuvor gehört, so fragte er rhetorisch. „Was ist denn ein Beatle?", worauf Lennon ihm von hinten auf die Schulter tippte und sagte: „Das bin ich!". Als Orbison später das enthusiasmierte Publikum mitbekam, war er mit dieser Entscheidung einverstanden, den Beatles war dieser Schritt peinlich. Für sie war Orbison musikalisch besser. Wenn Roy Orbison seine Stimme anhob, schmolzen sie dahin. Auch als Songwriter war er bei den Beatles hoch abgesehen. Kurz vor dem Beginn der Tournee meldete sich die junge, aufsteigende Firma Marshall bei Orbison, die ihm Verstärker für die Tour anbot. Orbison willigte ein, und so spielten er und seine Band englische Marshall-Verstärker. Er war somit der erste amerikanische Künstler, der die englische Marke in seinem Heimatland populär machte, lange bevor Cream und Hendrix ihre US-Tourneen absolvierten.

Beim ersten Auftritt im Adelphi in Slough ging Orbison als erster auf die Bühne und das Publikum tobte vor Begeisterung. Er stand nur da und sang, bewegte sich kaum. Er musste an diesem Abend 14 Zugaben geben. Die Beatles warteten währenddessen beklommen backstage und dachten, dass sie nun auf der Bühne untergehen würden. Aber so gut Orbison ankam, so gut lief es auch für die Beatles. Mit Orbison hatten die Beatles einen Künstler zur Seite, der ihnen Paroli bieten konnte. Er schaffte es, sich einen Platz im frenetischen Beatles-begeisterten Publikum freizuhalten. Die Beatles waren von Orbisons Performance und Persönlichkeit beeindruckt. Wo sie auch zusammen auftraten, Orbison kam gut beim Publikum an, wie auch die Beatles. Je länger die Tour anhielt, desto besser arrangierten sich die Beatles mit dem amerikanischen Künstler. Die Beatles hatten folgende Lieder für die Tour im Programm: „Some Other Guy", „Do You Want To Know A Secret", „Love Me Do" oder alternativ „A Taste Of Honey", „From Me To You", „Please Please Me", „I Saw Her Standing There" sowie „Twist and Shout" oder wahlweise „Long Tall Sally".

Orbison hatte folgende Setliste: „Only The Lonely", „Candy Man", „Running Scared", „What I'd Say" von Ray Charles, „Dream Baby" und „In Dreams", seine aktuelle Single, für die er die Tour durch England machte. Wenn man die Aufnahmen dieser Shows auf YouTube verfolgt, hört man, wie bereits die Schreie der Mädchen die Musik übertönt. Es ist noch nicht die völlige Ekstase, in der das Publikum völlig losgelöst sich einem Taumel hingibt, aber es ist bereits sehr nahe dran. Das Schreien der Fans gehörte nun zum Live-Alltag der Beatles. Auf der Tour freundeten sich die Beatles mit Orbison an. Ein Jahr später, als die Beatlemania sich fast über die ganze Welt ausgebreitet hatte, feierten die Beatles seinen 28. Geburtstag, bei dem sie Orbisons jungen Sohn Roy Jr. mit Torte fütterten. Orbison und Lennon verstanden sich auf der Tour am besten, Harrison Freundschaft mit Orbison entwickelte sich langsamer, mündete in die gemeinsame Band The Traveling Wilburys und hielt bis zu Orbisons viel zu frühem Tod im Dezember 1988.

Am 21. Mai hatten die Beatles einen freien Tag, den sie für zwei Radio-Shows der BBC nutzten. Sie fuhren von Southampton nach London in das Playhouse Theatre, wo die Aufnahmen für die beiden BBC-Sendungen stattfinden sollten. Sie kamen gegen 14.30 Uhr im Theater an und begannen mit der Probe für die Sendung „Saturday Club". Es war das erste Mal, dass sie in dieser Sendung die Hauptattraktion waren. Vor dem Auftritt wurden sie von Brian Matthew, dem Moderator, interviewt, die Beatles zeigten sich von ihrer witzigen Seite. Anschließend gaben sie sechs Lieder zum Besten: „I Saw Her Standing There", „Do You Want To Know A Secret", „Boys", „Long Tall Sally", „From Me To You" und „Money". Die Aufnahmen fanden zwischen 17.30 und 18.30 Uhr statt, ausgestrahlt wurde die Sendung am 25. Mai zwischen 10 und 12 Uhr.
Nach einer 45-minütigen Pause ging es im Playhouse Theatre weiter mit den Aufnahmen zur zweiten Sendung „Stepping Out", die vor Live-Publikum aufgezeichnet wurde. Um 19.15 Uhr probten die Beatles, die Aufnahmen fanden von 22 bis 23.15 Uhr statt. Moderator Diz Disley stellte die Beatles vor, dann legten sie vor einem begeisterten Publikum los mit „Please Please Me", „I Saw Her Standing There", „Roll Over Beethoven", „Twist and Shout", „Thank You Girl" und „From Me To You". Am 03. Juni wurde „Stepping Out" gesendet.
Den nächsten Tag ging es in Ipswich mit der Orbison Tournee weiter. Unterbrochen wurde die Tour am 24. Mai für eine weitere Rundfunksendung, die

besonders war, da es sich um eine Sendung von und für die Beatles handelte: „Pop Go The Beatles". Wie kam es dazu? Der BBC-Manager Vernon Lawrence schlug am 30. April seinem Vorgesetzten Donald MacLean vor, den Beatles eine eigene Show zu widmen. Mac Lean war nach eingehender Prüfung einverstanden und setzte vier Sendungen an, bei Erfolg sollten weitere elf Sendungen folgen. Das Budget für die jeweils 30-minütige Show lag bei 100 Pfund, Produzent der Show war Terry Henebry. Moderiert wurde die Sendung von Lee Peters, den die Beatles mit boshaftem Witz stets Pee Litres nannten. Die wöchentliche Sendung war eine gelungene Mixtur aus lockerem Gespräch und Musik. Jede Woche wurde ein Gast eingeladen. In der ersten Sendung war das Lorne Gibson Trio zu Gast. Die Beatles nahmen an diesen ersten Tag ihrer eigenen Sendung den Titel-Song „Pop Goes The Weasel" auf, der zu Anfang und Ende jeder Sendung eingeblendet wurde. Sie hatten Probleme mit dem Song und baten das Lorne Gibson Trio mitzuwirken. Von 14 bis 18 Uhr probten die Beatles und nahmen dabei sechs Lieder auf, von denen nur drei bislang auf Platte vorlagen. Sie spielten: „From Me To You", „Everybody's Trying To Be My Baby", „Do You Want To Know A Secret", „You Really Got A Hold On Me", „Misery" und „The Hippy Hippy Shake". Am 04. Juni um 17 Uhr wurde die erste Beatles-Episode ausgestrahlt. Was für eine Leistung für eine Band, die bislang drei Singles und eine Langspielplatte vorzuweisen hatte! Abends schlossen sie sich wieder der Orbison-Entourage an und spielten ihr Set im Granada Cinema in Walthamstow, London.

Am Samstag, den 25. Mai, ging es weiter in Sheffield und am 26. Mai gastierten sie nach langen sechs Wochen wieder einmal in Liverpool im Empire Theatre. Je öfter sie außerhalb spielten, desto fremdartiger musste es sich angefühlt haben, wieder dort zu spielen, wo ihre Anfänge lagen. So wie sie Hamburg entwachsen waren, so war nun Liverpool an der Reihe. Montag, den 27. Mai, traten die Beatles mit Orbison zum ersten Mal in Cardiff, Wales, auf. Gitarrist Dave Edmunds arbeitete zu dieser Zeit in einem Musikladen und wurde von seinem Chef beauftragt, das Konzert der Beatles zu besuchen und ihnen so viel wie nur möglich zu verkaufen. Da es noch keine Sicherheitsleute gab, kam Edmunds gut durch und traf die Beatles am Nachmittag an, als sie gerade den Soundcheck machten. Er kam mit ihnen ins Gespräch, war aber zu aufgeregt, etwas zu verkaufen, Statt dessen gab er den Beatles umsonst Gitarren-und Basssaiten-Sets. Edmunds Chef war bestimmt nicht darüber erfreut. Für Dave Edmunds war es ein gelungener Tag. Er stand abends seitlich von der Bühne und konnte die Beatles-Show hautnah mitverfolgen.

Die Tour ging weiter nach Worcester, dann nach York und am 30. Mai nach Manchester. Es war der 12. Tag der Tour. Dieses Konzert besuchte Derek Taylor, ein Redakteur des Daily Express'. Er besorgte sich ein Ticket für zwei Pfund, gerade noch rechtzeitig, da das Odeon Cinema ausverkauft war und war völlig entgeistert von der Show, der Energie, der Musik, dem Spirit der Beatles. So etwas hatte er zuvor noch nie erlebt. In seinem Konzertrückblick schrieb er in nietzscheanischer Sprache, dass es für ihn eine Gewissheit sei, dass die Beatles mit ihrer ungeheuren Kraft einen Regenbogen über die Welt malen, vergoldet an den Enden. Es dauerte nicht lange, und Derek Taylor schloss enge Freundschaft mit den Beatles und wurde deren Pressesprecher.

Eine neue Gitarre für George

Harrison konnte mit seiner Gretsch 6128T Duo Jet von 1957 mehr als zufrieden sein, was die Aufnahmen des ersten Albums nur bestätigen. Über den Vox-Verstärker AC30 hatte die Gitarre einen warmen, klaren Klang. Als Gitarrenfanatiker jedoch sehnte er sich nach einem neuen, noch durchsetzungsfähigeren Sound.

Fündig wurde er im Musikladen Sound City in der Rupert Street (später umbenannt in Shaftesbury Avenue) in Soho, London. Ivor Arbiter, der Inhaber des Ladens, war alleiniger Importeur von Gretsch-Gitarren in England und es dauerte nicht lange, bis Harrison sich für ein Modell entschied: eine nagelneue Gretsch G6122 Chet Atkins Country Gentleman strahlte ihn an. Verkauft wurde ihm die Gitarre von Bob Adams, dem Geschäftsführer des Musikgeschäftes, der Harrison bediente. Die Gitarre kostete 264 Pfund (heutiger Preis liegt bei über 4000 Euro).

Das Modell, das George erwarb, verfügte über ein Saitendämpfer-System, das Gretsch seit 1960 in diesem Modell optional verbaute. Mithilfe zweier Kipp-Schalter, jeweils oberhalb und unterhalb des Bigsby-Hebels ließen sich entweder die oberen drei oder unteren drei Saiten abdämpfen. Es gibt eine Aufnahme der Gruppe Herman's Hermits, auf der dieses Dämpfer-System zum Einsatz kam. Der Song „Misses Brown, You've Got A Lovely Daughter" der Gruppe Herman's Hermits von 1965 demonstriert die derart gedämpften Saiten. Dieses Gretsch-Modell verfügte neben dem herkömmlichen Drei-Weg-Toggle-Wahlschalter für die beiden Filter Trons-Tonabnehmer über einen zusätzlichen Drei-Weg-Regler, der die Klangfarbe festlegte. Viele Gretsch-User nannten ihn Mud-Schalter, weil sie mit dem Soundergebnis unzufrieden waren. Sie ließen den Schalter lieber in der mittleren, neutralen Position. Was für Harrison am bedeutendsten war, dass das Modell, für das er sich entschied, von seinem großen Vorbild Chet Atkins stammte. Zeit seines Leben zollte Harrison größten Respekt vor dem Gitarristen, der zusammen mit der Firma Gretsch die Country Gentleman nach seinen Vorstellungen entwickelte. Die Arbeit hatte sich gelohnt. Tatsächlich konnte sich die Firma Gretsch Anfang der 60er Jahre durch den tatkräftigen Einsatz von Atkins gegenüber Fender und Gibson gut behaupten. Mit der Hinzunahme der Atkins-Modelle steigerte Gretsch den jährlichen Verkauf von 50 auf nunmehr 2000 Gitarren. Harrison trug zur Popularität von Gretsch natürlich auch entscheidend bei. Harrison war Chet Atkins-Fan seit seinem 17. Lebensjahr. Der Einfluss Atkins auf die Solos, die Harrison für Beatles-Songs spielte, ist deutlich zu hören.

Etwas später kaufte sich Harrison noch eine zweite Gretsch Country Gentleman zur Reserve, dieses Modell jedoch ohne Dämpfer-System. Bei der Flut von Auftritten wollte Harrison auf Nummer sicher gehen. Die beiden Gitarren spielte Harrison bis 1966, gelegentlich wechselte er zu einer Gretsch Tennessean Rose, ebenfalls ein Chet Atkins-Modell, das er sich 1964 bei einem Besuch bei seiner Schwester Luise in Amerika zugelegt hatte.

Weiter ging die Tour am 31. Mai im Granada Cinema in Tooting, London. Doch zuvor an diesem Tag hatten die Beatles eine achtstündige Aufnahme für das BBC Paris Studio. Es ging um die Fortsetzung der eigenen Sendung „Pop Go The Beatles". An diesem Tag sollten sie Sendung zwei und drei aufnehmen. Die Beatles hatten sich vorgenommen, Lieder für die Sendung aufzunehmen aus ihren Hamburger Tagen. So spielten sie Rhythm and Blues-Lieder, die sie früher für das Hamburger und Liverpooler Publikum gespielt hatten. Um 9.30 Uhr begannen die Aufnahmen, Kurioserweise fingen sie mit der Sendung Nummer drei an. Gast dieser Sendung war Carter-Lewis and the Southerners. Um 13.30 Uhr waren sie mit den Aufnahmen fertig. Sie spielten „A Shot Of Rhythm and Blues", „Memphis Tennessee", „A Taste Of Honey", „Sure To Fall (in Love With You)" „Money", und „From Me Toy You". Gleich danach nahmen sie Sendung Nummer zwei auf zwischen 13.30 und 17.30 Uhr. Bei dieser Sendung waren The Countrymen zu Gast. Abermals spielten sie sechs Songs ein: „Too Much Monkey Business", „I Got To Find My Baby", „Young Blood", „Baby It's You", „Till There Was You" und „Love Me Do". Von diesen Aufnahmen landeten „Sure To Fall", „Young Blood", „I Got To Find My Baby" sowie „Baby It's You" auf der „Live At The BBC"-CD!

Die zweite Sendung „Pop Go The Beatles" wurde am 11. Juni von 17 bis 17.30 Uhr ausgestrahlt. Sendung Nummer drei folgte exakt eine Woche später zur gleichen Zeit.

Am Abend des 01. Juni spielten die Beatles dann im Granada Cinema in Tooting. Es war der 14. Auftritt innerhalb der Orbison-Tour. Und so ging es weiter, an jedem Tagesende ein Auftritt, unterbrochen von TV- oder Rundfunkauftritten. Die Beatles waren voll im Geschäft, das Kalkül Epsteins, die Beatles in England bekannt zu machen, ging auf. Am 02. Juni gastierten sie im Hippodrome Theatre in Brighton, dann folgte das Granada Cinema in London. Am 04. Juni fuhren sie für den Auftritt in der Town Hall nach Birmingham, wo Harrison viel später am 03. Dezember 1969 nochmals mit Delaney und Boney auftreten sollte. Der 18. Auftritt mit Orbison war im Odeon Cinema in Leeds. Der Tag darauf, 06. Juni, war frei, ohne Verpflichtungen, was sehr selten im Terminplan der Beatles 1962 und 63 passierte. Dafür ging es am Freitag, den 07. Juni weiter mit einem Auftritt im Odeon Cinema in Glasgow, Schottland, wo Orbison sehr gut beim Publikum ankam. Samstag, 08. Juni, beschallten sie die City Hall in Newcastle-upon-Tyne. Und am 09. Juni war es endlich soweit: In der King George's Hall in Blackburn, Lancashire – ein Ort, den späterhin Lennon in seinem Song „A Day In The Life" besingen sollte – , endete mit dem 21. Auftritt die Orbison-Tournee. Somit hatten die Beatles drei große landesweite Tourneen innerhalb von knapp fünf Monaten absolviert, die Single „From Me To You" war seit Anfang Mai an der Spitze der englischen Charts. McCartney erzählte, dass er einmal im Bett lag und draußen den vorbeigehenden Milchmann „From Me To You" pfeifen hörte. Ab diesem Zeitpunkt wusste er, dass es die Beatles geschafft hatten.

Intermezzo: Die Single „How Do You Do It"

George Martin wollte den Beatles als erste Single den Song „How Do You Do It" überlassen, da diese Komposition für ihn der Garant war für einen Nummer eins-Hit. Mitch Murray, der Komponist, bot diesen Song zuvor Adam Faith sowie Brian Poole and The Tremolos für eine Veröffentlichung an, doch diese Künstler zeigten kein Interesse. Da der Song bei Dick James im Verlag war und dieser einen engen Kontakt hatte zu George Martin, kamen die Beatles ins Spiel. Wie wir wissen, lehnten diese jedoch dieses Angebot in aller Entschiedenheit ab und beharrten darauf, eigene Songs aufzunehmen. Grund für die Ablehnung war, dass sie sich mit diesem Lied bei ihren Fans als Songwriter diskreditiert hätten. Ihre Reputation als Songwriter stand auf dem Spiel. „How Do You Do It" war für ihren Geschmack zu belanglos, zu weiß, hatte nichts von dem Rhythm and Blues-Feeling, das Lennon vor allem goutierte. Die Kritik in den Liverpooler Fan-Kreisen wäre berechtigt gewesen. George Martin gab dem Wunsch der Band nach und beugte sich. Es war eine für diese Zeit ungewöhnliche Forderung einer Newcomer Band, nur eigene Songs aufnehmen zu wollen und es war für Martin bestimmt eine harte Entscheidung. Jedoch war Martin immer noch überzeugt von der Qualität dieses Songs. Da die Beatles „How Do You Do It" abgelehnt hatten, entschied er sich, eine andere Band für dieses Projekt zu suchen. Er wurde abermals in Liverpool fündig. Brian Epstein hatte mit seiner Firma NEMS bereits mehrere Bands unter Vertrag, so auch Gerry and The Pacemakers. Er schickte über NEMS der Band ein Acetat der Beatles-Aufnahme von „How Do You Do It" zu, die sie am vierten September mit Ringo eingespielt hatten, und lud die Band am 22. Januar 1963 zu Aufnahmen ins Abbey Road-Studio ein. Gerry und Band orientierten sich stark an dem Arrangement des Songs, das die Beatles erarbeitet hatten, sehr zum Unwillen des Komponisten, da nicht nur die Struktur des Songs sich geändert hatte, sondern auch geringfügig der Text. Aber Murray hatte keinen Grund zur Sorge. Am 14. März erschien die Single auf dem Markt und am elften April erreichte „How Do You Do It" die Nummer eins der englischen Charts und hielt sich dort drei Wochen, bis „From Me To You", die dritte Single der Beatles, den Song am vierten Mai an der Spitze ablöste. Somit zeigte George Martin den richtigen Riecher für Erfolg. Man muss festhalten: Gerry And The Pacemakers waren, dank George Martins Gespür die erste Band aus Liverpool

mit einem Nummer-eins-Single-Erfolg.[53] Auch deren zweite Single „I Like It"
sowie die dritte Single „You'll Never Walk Alone", eine große Hymne, komponiert von Rodgers und Hammerstein, die auch heute noch in vielen Fußball-
stadien zu hören ist, schafften den Sprung auf Nummer eins. Somit stellte
Gerry mit seinen Pacemakers mit dieser Serie von drei Nummer-eins-Hits einen Rekord als Newcomer-Band auf und übertrumpften zumindest in dieser
Hinsicht die Beatles, die mit ihrer ersten Single „Love Me Do" lediglich Platz 17
erreichten. Aber man darf dabei nicht vergessen: die Beatles schafften es mit
selbst komponierten Stücken im Gegensatz zum Tin Pan Alley-Sound der Pacemakers. Für die Beatles hätte ein Nummer eins Hit mit „How Do You Do It"
nichts bedeutet. Der Song war ihnen zu weiß, zu glatt und vor allem eine
Fremdkomposition. Dabei ist die Version, die sie am vierten September hinlegten, richtig poppig geworden. Lennon brilliert im Gesang. Im Grunde ist die
Beatles-Version besser als die der Pacemakers, obgleich die Beatles eher un-
inspiriert wirken. 1963 waren die befreundeten Bands harte Konkurrenten. Ab
1964 sank der Stern von Gerry and The Pacemakers, da sie sich von dem bald
harmlos anmutenden Early-60's-Image nicht losreißen konnten. 1966, in gewisser Weise am Wendepunkt der Beatles zur Studiokunst, lösten sich die
Pacemakers wegen chronischer Erfolglosigkeit auf, um sich 1972 bedeutungslos neu zu formieren.

---

[53] „Please Please Me schaffte Platz 1 in der Listung des Melody Maker und des New
Musical Express, aber im Record Retailer-Listing stand die Single „nur" auf Platz 2

Immer weiter an die Spitze

Auch nach der großen Orbison-Tour waren die Beatles weiterhin intensiv on the road. Gleich nach dem letzten Auftritt mit Roy und Co. am 09. Juni in Blackburn ging es am 10. Juni weiter im Pavilion in Bath, Somerset. Mit im Programm an diesem Abend waren The Colin Anthony Combo und Chet & The Triumphs. Dienstag, den 11. Juni, konnten die Beatles etwas entspannen, am Mittwoch, 12. Juni, spielten sie wieder einmal in Liverpool in den Grafton Rooms anlässlich einer Kinderhilfsaktion der NSPCC[54]. Den Erlös dieses Abends spendeten sie. Das Konzert wurde bereits im Februar 63 mit Veranstalter Jeffrey Archer, der sich politisch stark engagierte, vereinbart. Am 13. Juni warteten wieder einmal zwei Gigs auf die Beatles. Zuerst spielten sie im Palace Theatre Club in Stockport vor 300 begeisterten Fans für eine Gage von 100 Pfund. Der Gig wurde im Zuge des „Please Please Me"-Erfolges vereinbart – die Gage hätte nun, vier Monate später wesentlich höher ausfallen können. Die Beatles gaben ein 30-Minuten-Set zum besten, das beim Publikum keine Wünsche offen ließ.[55]

Dann bauten sie ab, luden das Equipment in ihren Kleinbus und fuhren 15 Kilometer nach Manchester in den Southern Sporting Club, der später umbenannt wurde in Mayflower Club. Auch hier warteten aufgeregte Mädchen, die mit ekstatischen Schreien das Set der Beatles begleitete.

Am 14. Juni gab es erneut einen Mersey Beat Showcase, der diesmal im Tower Ballroom in New Brighton, Wallasey, stattfand. Es war für die Beatles der 27. Auftritt in diesem Ballroom und auch der letzte in ihrer Karriere. Die Beatles spielten als Headliner vor 5000 Fans, mit dabei waren Gerry and The Pacemakers, Billy J. Kramer und The Big Three. Nach der Show, es war kurz vor Mitternacht, wurde McCartney von der Polizei angehalten, weil er zu schnell fuhr mit seinem Wagen. Er bekam eine Geldstrafe aufgebrummt mit 12-monatigem Führerscheinentzug. Paul hatte es anscheinend sehr eilig.

---

[54] National Society for the Prevention of Cruelty to Children

[55]Barkeeper Tony Philbin erinnert sich: „Der Ort war ein einziges Chaos mit Horden von Teenagern, hauptsächlich Mädchen, die kreischten - was für den Theatre Club ungewöhnlich war, da es sich um einen Mitgliederclub handelte und das Publikum im Allgemeinen älter war."

Der Auftritt am 15. Juni bereitete Schwierigkeiten. Im April 63 vereinbarte Epstein den Auftritt mit Veranstalter Jaybee Clubs für eine Gage von 300 Pfund in der City Hall in Salisbury. Nachdem „From Me To You" die Spitze der Charts erklommen hatte und das Publikum, egal wo die Beatles auftraten, offen eine Hysterie an den Tag legten, fürchtete Epstein, die Gesundheit seiner Band aufs Spiel zu setzen. Er bot Jaybee 200 Pfund an, den Gig abzusagen, der das Angebot ablehnte. Die Beatles mussten spielen. Knapp 1700 Fans stürmten den Club, um den Auftritt der Beatles mitzuerleben.

Am Sonntag, den 16. Juni, kam es zum sechsten und letzten Mersesy Beat Showcase im Odeon Cinema in Romford, Essex. Promoter der Veranstalter war John Smith. In gewisser Weise gehörte diese Show in das Guiness Buch der Rekorde, da die drei Hauptacts Beatles, Billy J. Kramer with the Dakotas und Gerry and The Pacemakers Platz eins, zwei und drei der UK-Charts belegten. Zusätzlich mit dabei waren The Vikings mit Michael London. Moderator der Show war an diesem Abend Vic Sutcliffe. Obwohl wegen des großen Erfolges weitere Shows geplant waren, lehnte Epstein ab. Er wusste wohl, dass die Beatles den mittleren Hallen entwachsen waren. Größeres wartete …

Am 17. Juni fuhren die Beatles fort, ihre eigene Musiksendung „Pop Go The Beatles" zu produzieren. Diesmal war im Studio fünf der Maida Vale Studios in London die vierte und somit letzte Sendung geplant. Die Beatles kamen gegen 10.30 Uhr an, probten zuerst und nahmen anschließend sechs Lieder auf: „I Saw her Standing There", „Anna (Go To Him)", „Boys", „Chains", „PS I Love You" und „Twist And Shout". Ausgestrahlt wurde die Sendung am Dienstag, 25. Juni, ab 17 Uhr. Zu Gast waren The Bachelors. Am Set war auch Fotograf Dezo Hoffman anwesend, der während der Aufnahmen viele Fotos schoss und nach der Show auch outdoor in der Delaware Road weitere Bilder von der Band knipste. Anschließend fuhren die Beatles zurück nach Liverpool, denn am 18. Juni schmiss Paul anlässlich seines 21. Geburtstages eine große Party in dem Haus seiner Tante Gin in 147 Dinas Lane in Hutton, Liverpool. Die Party fand in einem Festzelt im Garten statt. Auf Wunsch von McCartney traten The Formost auf; er bot ihnen eine reguläre Gage ab, aber die Fourmost wollten nur vier Pence und einen halben Penny pro Stück. Am Ende bekamen sie überhaupt keine Gage.

Zu den weiteren Gästen zählten auch Billy J. Kramer und The Shadows aus London. Die Gruppe von Cliff Richard war in Blackpool aufgetreten. Nach dem

Konzert trafen sie McCartney und seine Freundin Jane Asher in Liverpool vor dem Empire Theatre und fuhren gemeinsam zur Dinas Lane. Leider wurde die Party von einem Zwischenfall zwischen John Lennon und Bob Wooler, dem Discjockey des Cavern Club, überschattet. Nach Lennons Urlaub in Barcelona mit Brian Epstein im April waren in Liverpool Gerüchte über die beiden in Umlauf gekommen. Auf der Party bezeichnete Wooler den Urlaub als „Flitterwochen". Lennon, wieder einmal völlig betrunken, schlug auf Wooler ein. Er stürzte sich auf den DJ und verpasste ihm ein blaues Auge und schwer geprellte Rippen. Cynthia brachte John nach Hause, und Brian Epstein fuhr Bob ins Krankenhaus. Cynthia erklärte später: „Ich war entsetzt, dass John wieder zugeschlagen hatte. Ich hatte gedacht, diese Zeiten seien vorbei. Aber John war immer noch wütend und murmelte, Bob habe ihn eine Schwuchtel genannt. Ein oder zwei Tage später, als er sich wieder beruhigt hatte, schämte er sich. Er wiederholte immer wieder: ‚Oh Gott, Cyn, was habe ich getan?' Er schickte Bob ein Telegramm, in dem stand: ‚Es tut mir wirklich leid, Bob, hör auf, so besorgt darüber zu sein, was ich getan habe, hör auf, was soll ich noch sagen, John Lennon'. Unglücklicherweise bekam die lokale Presse die Geschichte in die Hände und der Daily Mirror brachte sie, was Johns Image nicht gerade förderlich war. Er schwor, so etwas nie wieder zu tun, und meines Wissens tat er das auch nicht, jedenfalls nicht, solange wir zusammen waren."

John Lennon erwähnte 1971 in einem Interview den Vorfall.

„Er hatte mir unterstellt, dass ich und Brian in Spanien eine Affäre gehabt hätten. Ich war vom Alkohol benebelt. Wissen Sie, wenn man an dem Punkt angelangt ist, an dem man aus allen leeren Gläsern trinken möchte, dann ist man betrunken. Und er sagte: ‚Komm schon, John, erzähl's mir' - oder so ähnlich - ‚Erzähl mir von dir und Brian, wir wissen es alle.' Und offensichtlich muss ich Angst vor der Schwuchtel in mir gehabt haben, dass ich so wütend wurde. Weißt du, wenn du einundzwanzig bist, willst du ein Mann sein und so weiter. Wenn das jetzt jemand sagen würde, wäre es mir scheißegal. Ich schlug also die Scheiße aus ihm heraus und schlug ihn auch mit einem großen Stock, und es war das erste Mal, dass ich dachte: ‚Ich kann diesen Kerl umbringen. Ich habe es einfach gesehen, wie auf einem Bildschirm –wenn ich ihn noch einmal schlage, dann war's das."[56]

---

[56] https://www.beatlesbible.com/1963/06/18/paul-mccartneys-21st-birthday-party/

Bob Wooler war ein sanftmütiger Mensch, der in Liverpool viel für die Karriere der Beatles in Liverpool getan hatte. Seine anzügliche Bemerkung über Lennons Urlaubsreise nach Spanien mit Epstein verärgerte den betrunkenen Lennon dermaßen, dass er Berichten zufolge nach der Attacke medizinische Hilfe benötigte. Strafrechtliche Schritte gegen Lennon wurden durch eine beträchtliche Zahlung an Wooler vermieden. Epstein tat alles in seiner Macht stehende, den Schaden zu begrenzen. Und er hatte damit Erfolg. Trotz des Vorfalls blieben die Beziehungen zwischen NEMS, den Beatles und Wooler freundschaftlich. Wooler nahm weiterhin an Beatles-Veranstaltungen in und um Liverpool teil, mit der Zustimmung von Lennon und Epstein.

Am nächsten Morgen, kaum ausgeschlafen von der großen Party, setzten sich die Beatles ins Auto und fuhren in das Playhouse Theatre in London. Es war deren zweiter Auftritt für die Show „Easy Beat", der von 20.45 und 21.45 Uhr vor schreienden Fans stattfand. Die Beatles spielten „Some Other Guy", „A Taste Of Honey", „Thank You Girl" und „From Me To You". Ausgestrahlt wurde die Show am 23. Juni um 10.30 Uhr.

Währenddessen die Beatles in London waren, besuchte Journalist Derek Taylor zusammen mit Fotograf John Knill aus Manchester im Auftrag des Daily Express Brian Epstein für ein Interview. Das Treffen gestaltete sich anfänglich schwierig, da sich Epstein unterkühlt zeigte, aber nach und nach öffnete er sich Taylor. Das Interview wurde am 20. Juni im Daily Express veröffentlicht unter der Überschrift: „Brian Epstein, the brain behind the Beatles."
Es war eine wichtige Begegnung. Taylor schrieb kurze Zeit später als Ghostwriter an Epsteins Biografie „A Cellarful Of Noise", arbeitete mit George Harrison an einer Zeitungskolumne, wurde Epsteins Assistent und Pressesprecher der Band während ihrer US-Tournee 1964 und 1968 zum Pressesprecher von Apple Corps ernannt. Der Besuch hatte sich für Taylor gelohnt.
Da sich der Erfolg eingestellt hatte und die englische Jugend, vorzugsweise die Mädchen, sich allmählich in das Beatles-Fieber hineinsteigerten, zog es Epstein vor, eine weitere Firma zu gründen: The Beatles Ltd. Zwar kümmerte sich seine Firma NEMS um die Belange der Künstler, aber mit der Beatles Ltd ging Epstein rechtlich eine Partnerschaft mit den Beatles ein, noch dazu hatte die Firma den Vorteil, den in England hohen Steuersatz zu senken. 1967, nach

dem Tode Epsteins, wurde diese Firma ersetzt durch das Konstrukt The Beatles & Co., das ein Jahr später zu Apple Corps umfunktioniert wurde. Kein Erfolg ohne Geschäft.

Am 21. Juni spielten die Beatles im Odeon Cinema in Guidford, Surrey und Samstag, 22. Juni, war wieder ein Medientermin angesagt.

Während George, Paul und Ringo zusammen mit Roadmanager Neil Aspinall mit dem Bus nach Wales fuhren, blieb John in London, um bei der BBC-TV-Show „Jule Box Jury" teilzunehmen. Diese Show war zu dieser Zeit sehr beliebt. Es gab eine Jury, besteht aus vier Personen des öffentlichen Lebens, John Lennon trat ohne die anderen Beatles in einer Ausgabe der BBC-Fernsehsendung Juke Box Jury auf, die an diesem Tag aufgezeichnet und am folgenden Samstag um 18.35 Uhr ausgestrahlt wurde. Die Jury musste beurteilen, ob eine neue Platte ein Hit oder ein Misserfolg sein würde. Die Show wurde von David Jacobs moderiert. Neben Lennon waren die Schauspielerin Katie Boyle, der Schauspieler Bruce Prochnik und die Schauspielerin Caroline Maudling eingeladen. Lennon machte sich bei den Zuschauern unbeliebt, weil er jede Platte verriss. Dabei war es vorgegeben, dass die Gäste der Sendung ihre Kritik auf taktvolle Weise darstellten, aber Lennon kümmerte sich nicht darum. Acht Songs wurden von der Jury besprochen: „Southend" von Cleo Laine, „So Much In Love" von den Tymes, „Devil In Disguise" von Elvis Presley, „The Click Song" von Miriam Makeba, „On Top Of Spaghetti" von Tom Glaser, „Flamenco" von Russ Conway, „First Quarrel" von Paul and Paula und „Don't Ever Let Me Down" von Julie Grant.

Der einzige Song, den die Jury an diesem Abend als Hit einstufte, war Presleys „Devil In Disguise" mit drei gegen Lennons Stimme, weil für den Beatle das ehemaliges Idol nunmehr wie Bing Crosby klinge.

Die Aufnahmen fanden im BBC Television Theatre in London statt. Von 19.45 Uhr an gab es eine 15-minütige Probe, von 20.30 bis 21.15 Uhr fand die Aufnahme statt.

Gleich im Anschluss wurde Lennon zum Battersea Helipad gefahren. Dort wartete ein von Epstein für 100 Pfund gecharterter Hubschrauber, der den Beatle zum Konzert nach Abergavenny in Südwales flog- Der Hubschrauber kam um 21.50 Uhr an und landete sicher auf dem Pennypound Fußballplatz. So kam Lennon gerade noch rechtzeitig zum Konzert an. Die Beatles spielten vor 600

Fans für eine Gage von 250 Pfund. Es war das einzige Konzert der Beatles in Abergavenny.

Nachdem der Erfolg der Band so offensichtlich war und kein Medienpartner an diesem neuen Phänomen vorbeikam, erhielten die Beatles eine Einladung für die TV-Show „Summer Spin". Diese Show war eine Spezialausgabe der beliebten Sendung „Thank Your Lucky Stars" und widmete sich ausschließlich dem Mersey Beat-Boom. So wurden neben den Beatles auch alle anderen Liverpooler Größen eingeladen: Gerry and The Pacemakers, Billy J. Kramer with The Dakotas, The Fourmost, The Searchers und anderen, darunter auch Cilly Black, die kurz davor stand, Erfolg zu haben. Moderator dieser speziellen Mersey-Beat-Show war Pete Murray, aufgenommen wurde in den Alpha Studios in Birmingham. Hauptattraktion der Show waren natürlich, wie könnte es anders sein, die Beatles, die mit „From me To You" und „I Saw Her Standing There" den Höhepunkt bildeten. Mehr als sechs Millionen Zuschauer sahen die Show am 29. Juni zwischen 18 und 18.45 Uhr. Unglücklicherweise lief in den letzten zehn Minuten während des Auftritts der Beatles zeitgleich auf dem anderen Sender „Jule Box". Die Fans konnten entscheiden: entweder Lennon ohne oder mit den Beatles. Fernbedienungen für den TV Apparat zum Hin- und Herzappen gab es noch nicht.

Am 24. Juni wurden die Beatles für die BBC-Sendung „Saturday Club im Playhouse Theatre in London eingeladen. Die Proben begannen um 14.30 Uhr und die einstündige Aufnahmesession begann um 17.30 Uhr. Die Beatles nahmen sechs Lieder auf: „I Got To Find My Baby", „Memphis Tennessee", „Money (That's What I Want)", „Till There Was You", „From Me To You" und „Roll Over Beethoven". Die Sendung wurde am 29. Juni um 10 Uhr ausgestrahlt. Keine dieser Aufnahmen wurde bislang offiziell veröffentlicht.

Tags darauf spielten die Beatles im Astoria Ballroom in Middlesbrough. Vorband waren The Johnny Taylor 5.

Nach einem Tag verdienter Pause landeten die Beatles in Newcastle-upon-Tyne. Vor dem Auftritt im dortigen Majestic Ballroom, wo sie bereits am 28. Januar 1963 aufgetreten waren, checkten sie im Turk's Hotel ein. John und Paul hatten die Gitarren zur Hand und fingen an, die nächste Single „She Loves You" zu komponieren. McCartney erinnert sich: „John und ich schrieben

„She Loves You" gemeinsam ... Wir waren im Bus in der Gegend von Newcastle unterwegs, Ich hatte einen Antwort-Song im Kopf, bei dem einige von uns „She Loves You" singen und die anderen mit „Yeah Yeah" antworten sollten. ... Dann saßen wir im Hotel und arbeiteten ein paar Stunden daran."[57]

Am nächsten Tag griffen sie in McCartneys Haus in der Forthlin Road 20 erneut den Song auf und arbeiteten daran, bis er fertig war.

Am 28. Juni ging es weiter in der Queen's Hall in Leeds. 3200 Zuschauer drängten sich in die Halle, um die Beatles live zu erleben. Vorband war Acker Bilk and his Paramount Jazz Band.

Sonntag, den 30. Juni, starteten die Beatles ein 10-wöchiges Engagement im ABC Cinema in Great Yarmouth. Moderator der Show war Ted Rogers, und es gab vier weitere Künstler an diesem Abend: The Brook Brothers, The Terry Young Combo, Erkey Grant und Tommy Wallis and Beryl. Headliner waren die Beatles, die an diesem Abend elf Songs zum besten gaben. Nach dem Auftritt wurden sie zum ersten Mal von einem italienischen Reporter interviewt. Gianni Bisiach arbeitete für den italienischen TV-Sender RAI und nahm mit seinem Kamerateam die Beatles-Show vom Balkon des Kinos auf. Es war der erste ausländische Beitrag über die Beatles.

Die Single „She Loves You"

Mittwoch, 26. Juni, begann das Duo Lennon/McCartney mit der Komposition von „She Loves You". Am nächsten Tag war das Werk bereits vollendet. Und schon die Woche darauf, am 01. Juli, folgten sie einer Einladung ins EMI-Studio in der Abbey Road. Produzent George Martin war Mitte Juni für zwei Wochen im Urlaub, aber gleich nach seiner Rückkehr widmete er sich den Künstlern, die Brian Epstein mittlerweile alle unter Vertrag hatte. Am 01. Juli waren die Beatles zugange, am 02. Juli folgten Gerry and The Pacemakers, und The Fourmost hatten einen Probelauf am 03. Juli. Zwei Wochen später waren Billy J. with the Dakotas und die junge Cilly Black im Studio. Kein Wunder, der Mersey Beat boomte und dominierte die englische Musik-Szene, und das Label Parlophone, einst verschrien als verstaubter EMI-Appendix gestaltete sich als

---

[57] The Beatles' Anthology, S. 96

erfolgreiche Hit-Maschinerie, und das knapp acht Monate, nachdem die Beatles mit ihrer ersten Single „Love Me Do" starteten und eine Lawine loslösten. Die Beatles kamen am frühen Nachmittag an, die erste Aufnahmesession war von 14.30 bis 17.30 Uhr eingeplant und die zweite Session folgte abends nach einer von der englischen Gewerkschaft vorgeschriebenen Pause von 19 bis 22 Uhr. Viele weibliche Fans versammelten sich in der Abbey Road vor den Mauern des EMI-Tonstudios. In den wöchentlich erscheinenden Popzeitschriften wurde der Studiotermin der Beatles bekanntgegeben. Ein Fan war besonders hartnäckig und kämpfte sich bis ins Studio zwei durch, wo sich die Beatles aufhielten. Angestellte des Studios setzten den aufdringlichen Gast wieder an die frische Luft. Neben dem Produzenten George Martin waren die Tontechniker Norman Smith und Geoff Emerick im Studio.

Wie bereits üblich, nahm George Martin auf einem hohen Barhocker in Studio zwei Platz, John und George holten ihre Gibson-J 160-Akustik-Gitarren hervor und spielten dem Produzenten den Song vor, der Martin auf Anhieb gut gefiel, nur die jazzige Gesangsauflösung am Ende der Refrains behagte ihm nicht. Er fand dass die Sexte im G-Dur-Dreiklang zu abgedroschen und altbacken klang. Die Beatles hingegen, vor allem George, der die Idee mit der Sexte beigesteuert hatte, fanden die Jazz-Anleihe originell und bestanden darauf. George Martin, der Musik studiert hatte und sich im Jazz gut auskannte, war anderer Ansicht, ließ seine Schützlinge aber schließlich gewähren.

Norman Smith erinnert sich, dass er bei der Platzierung der Mikrofone den Songtext von „She Loves You" vorfand. Da er neugierig war, was die Beatles als neue Single vorlegten, warf er einen kurzen Blick darauf und war enttäuscht: She Loves You, Yeah, Yeah, Yeah, She Loves You, Yeah, Yeah, Yeah, She Loves You, Yeah, Yeah, Yeah, Yeah … Und er dachte. „Oh mein Gott, was für ein schwacher Text! Dieser Song wird mir bestimmt nicht gefallen". Aber als die Beatles anfingen mit ihrem Gesang, haute es Norman Smith von Hocker. So einen elektrisierenden Song hatte er noch nie zuvor gehört.

Wie viele Takes die Beatles für „She Loves You" brauchten, lässt sich nicht mehr bestimmen, da die Masterbänder nicht mehr auffindbar sind. Auch auf dem separatem Tracksheet sind keine Spezifikationen zu finden. Für die B-Seite spielten die Beatles „I'll Get You" ein, der ursprüngliche Arbeitstitel hieß „Get You In The End".

Am 4. Juli 1963 editierte George Martin aus verschiedenen Takes der Aufnahmesession vom 1. Juli 1963 eine Mono-Mischung der Single. Eine Stereoabmischung kam nicht zustande. Ohne Masterbänder ließen sich natürlich auch nachträglich keine echte Stereoversion generieren. Stattdessen erschienen drei künstliche Stereomixe", die aus der Monoversion erzeugt wurden. 1964 und 1973 stellte die amerikanische Plattenfirma Capitol Records eine künstliche Stereoversion her. Am 8. November 1966 fertigte Geoff Emerick für das Album „A Collection of Beatles Oldies" ebenfalls eine künstliche Stereoversion von „She Loves You" an.

Produzent Otto Demmlar, der für den deutschen EMI-Ableger Odeon tätig war, wünschte, dass die Beatles auf Deutsch singen sollten, um besser im deutschen Musikmarkt Fuß fassen zu können. Obwohl sich die Beatles gegen diesen Wunsch sträubten, nahmen sie den Song am 29. Januar 1964 in den Pathé Marconi Studios in Paris auf. Der deutsche Radiomoderator Camillo Felgen übersetzte zusammen mit Kollegen von Radio Luxemburg den Songtext ins Deutsche. Vor der Aufnahme traf Felgen die Beatles und besprach mit ihnen die Übersetzung. Paul McCartney wünschte, dass der Digraph „ch" in der Übersetzung vermieden werden sollte, weil er für englische Zungen schwer auszusprechen sei. Anstelle von „Sie liebt Dich" wollte McCartney lieber „Sie liebt Dir" singen. Aber Felgen machte klar, dass der Wechsel von „ch" auf „r" grammatisch nicht funktionieren würde, und McCartney ließ sich umstimmen.

George Martin, der zusammen mit Tontechniker Norman Smith nach Paris gereist war, leitete die Aufnahmen im Pathe-Tonstudio. Die Sitzung war für den späten Vormittag angesetzt. Martin und Smith waren pünktlich im Studio, nur die Beatles fehlten. Nachdem sie eine Stunde gewartet hatten, rief Martin im George V-Hotel an und ließ sich mit den Beatles verbinden. Statt der Beatles ging Neil Aspinall ans Telefon und meinte: „Sie sind im Bett, sie haben beschlossen, nicht ins Studio zu gehen". Zornentbrannt fuhr Martin mit dem Taxi ins Hotel, stürmte in ihre Suite, und entdeckte sie Tee trinkend mit Pauls Freundin Jane Asher. Nach einer Standpauke waren sie innerhalb kürzester Zeit auf dem Weg ins Studio. Seit den Aufnahmen mit Bert Kaempfert 1961 und 1962 in Hamburg waren die Beatles außerhalb Englands nicht mehr in einem Studio tätig gewesen. Da die Masterbänder für „She Loves You" verloren gegangen waren, mussten die Beatles nicht nur auf deutsch singen, sondern auch den Song komplett neu einspie-len.[58] „Sie liebt Dich" erreichte Platz sieben, „Komm, gib mir deine Hand", die A-Seite, erreichte Platz eins in den deutschen Charts.

Zur Liedstruktur von „She Loves You"

„Sie Loves You" war die vierte Single der Beatles und deren erster Million-Seller. Vor Veröffentlichung des Liedes gab es bereits 500.000 Vorbestellungen – in gewisser Weise hob mit dieser Single mit voller Wucht die Beatlemania an. Das lag nicht nur an der unglaublichen Energie, die dieses Lied ausstrahlte, es war auch und vor allem der Refrain mit seinen „Yeah, Yeah, Yeah"-Rufen, die zum signifikanten Moderuf der frühen Sechziger wurden. Woher die Beatles diesen Amerikanismus entlehnten, muss offen bleiben. Lennon glaubte sich zu erinnern, dass er von Elvis Presleys Hit „All Shook Up" beeinflusst war; es könnte auch von Richard Berrys „Louie Louie" von 1955 stammen. Neben dem „Yeah Yeah Yeah" gibt es im Lied auch das in Falsett vorgetragene „wooo" vor dem Refrain, das die Beatles bereits in „Twist And Shout" zum Einsatz brachten, inspiriert von den Isley Brothers.

Die Beatles saßen im Bus Richtung Newcastle, als Paul die Idee hatte, einen „Antwort-Song" zu komponieren, in dem „She Loves You" gesungen wird und andere mit „Yeah, Yeah, Yeah" antworten. Inspiriert wurde McCartney von Bobby Rydell, der zu dieser Zeit mit „Forget Him" einen Hit hatte. Zudem stellte sich McCartney vor, dass das Lied nicht im Ich-Du-Modus ablaufen sollte, sondern, der Veränderung willen, in der dritten Person gesungen werden. Lennon war anfänglich von der Idee nicht besonders angetan, aber als sie im Hotel in Newcastle zusammen am Lied arbeiteten, war sein Zweifel verflogen. Den Tag darauf stellten sie in Pauls Haus in der Forthlin Road den Song fertig und präsentierten ihn Pauls Vater. Ihm gefiel der Song, jedoch fand er befremdlich, dass die beiden nicht das englische „Yes, Yes, Yes", sondern das

---

[58] Zugleich nahmen die Beatles die deutsche Version von „I Want To Hold Your Hand" („Komm gib mir deine Hand")" als A-Seite der Single sowie „Can't Buy Me Love", einen brandneuen Song von McCartney auf.

amerikanische „Yeah, Yeah, Yeah" verwendeten. Aber gerade dieser sprachliche Amerikanismus verzauberte die englische Jugend.

Der Song hebt an mit einem halbtaktigen Trommelwirbel, nach dem unverzüglich der Refrain einsetzt, in dem über die sich dreimal wiederholende Gesangslinie „She Loves You, Yeah, Yeah, Yeah" (Tonfolge D, E, Fis, G, Fis, E) die Akkorde zweitaktig wechseln: Em, A7, C. Am Ende mündet der Refrain in den G-Akkord, bei dem der ekstatische, unisono dargebrachte Gesang von John, Paul und George sich auflöst in einen Dreiklang mit einer Sexte. (Töne H, D, E). Es folgt die 16 Takte lange Strophe. Die ersten beiden Takte der Zeile werden von John und Paul unisono gesungen, dann steigt Pauls Stimme eine Terz höher. Der harmonische Abschluss der Zeile ist ein wiederkehrendes Moment aus dem Refrain, dieses Stilmittel setzten die Beatles bereits bei der dritten Single „From Me To You" ein, das jedoch bei diesem Song noch viel besser zur Geltung kommt. Nach zwei Zeilen (8 Takten) wechselt die Strophe in einen B-Teil, in dem geschickt ein instrumenteller Break sowie ein C-moll-Akkord einen Spannungsbogen setzen, der von einem Gitarrenriff von George aufgelöst wird. Im C-Moll ist der Ton Eb, der einen Halbton höher ist als der nachfolgende Akkord D-Dur, wodurch die Spannung entsteht. C-Moll ist mit seinem Ton Eb nicht in der G-Dur-Leiter enthalten ebensowenig der A7-Dur-Akkord mit seinem Ton Cis im Refrain. Wie schon bei „From Me To You" brechen John und Paul auch bei dieser Komposition das herkömmliche Dur-Schema auf und bereichern die G-Dur-Tonleiter mit Cis und Eb.

Es folgt die zweite Strophe, die wie die erste aufgebaut ist, nur dass nach dem Ende gleich der Refrain wiederkehrt. Der Aufbau des Songs ist: A/B/B/A/B/A, wobei A stets achttaktig und B 16-taktig ist. Ein Mittelteil ist nicht vorhanden, der aber nicht abgeht, da die Strophe in ihrer Zweiteilung gut variiert.

Ringo spielte sein neues Ludwig-Schlagzeug, Paul seinen Höfner-Bass 501, John verwendete seine Gibson J-160 Halbresonanzgitarre und George hatte seine neue Gretsch Country Gentleman zur Hand, abgenommen wurden die beiden Gitarren von den Vox AC30-Verstärkern. John spielte eine durchgehende Achtel-Gitarre, während George die Akkorde in anderer Umkehrung spielt und synkopische Figuren hinzufügt. George bringt im Refrain ein markantes Thema, indem er die unteren vier Saiten anschlägt und dabei die Töne G, Fis und E abgleitend in Oktaven spielt, was sehr prägnant klingt und eine gute instrumentelle Antwort auf den starken Gesang ist. Am Ende der Strophen spielt George ein weiteres, ein Takt langes, starkes Riff über den D-Dur7-Akkord. Wenn man bedenkt, dass der Song erst fünf Tage alt war, Ringo und George die Liedstruktur kaum bekannt war, kann man ermessen, welch eine starke, kreative Leistung die beiden geliefert haben. Sowohl Ringos Backbeat in der Strophe mit der halboffenen Hi-Hat und die Breaks und Wirbel wie auch das filigrane, die Harmonie ergänzende Gitarrenarbeit tragen dazu bei, dass das Lied diesen ekstatischen Schwung erhält. Übertrumpft werden das Schlagzeug und die treibenden Gitarren und dem nach vorne spielenden Bass-Spiel vom unwiderstehlichen Gesang. Bob Dylan war von Anbeginn ein großer Beatles-Fan und zeigte sich zutiefst beeindruckt, wie die Beatles Akkorde und Gesangsharmonien einsetzten, die wechselseitig in ständiger Reibung, Widerstreit und Versöhnung sich befanden. Dazu der treibende Beat und das immer wieder kehrende „Yeah, Yeah, Yeah" machten den Song zu etwas ganz Besonderem, das die Jugend direkt ins Herz traf. Auf Walter Ulbricht, Leiter des Zentralkomitees der SED, hatte der Song mit dem aufreizenden „Yeah, Yeah, Yeah" eine eher beunruhigende Wirkung: „Ist es denn wirklich so, dass wir jeden Dreck, der vom Westen kommt, nu kopieren müssen? Ich denke, Genossen, mit der Monotonie des Je-Je-Je, und wie das alles heißt, ja, sollte man doch Schluss machen."[59] Ulbricht gedachte, eine von westlichen Einflüssen unabhängige Jugendkultur in der DDR zu etablieren.

Tausende Fans bestellten die nächste Single der Beatles, bevor überhaupt ein Titel feststand, am Vortag der Veröffentlichung folgten dann 500.000 Vorbestellungen. Am 23. August wurde die Single in England veröffentlicht, mit „I'll Get You" auf der B-Seite. Am 31. August stieg der Song in den Charts ein, am 14. September erreichte die Single für vier Wochen Platz eins. Insgesamt blieb der Song ganze 31 Wochen in den Charts, davon 18 Wochen auf den oberen drei Chart-Rängen. „She Loves You" war 1963 die bestverkaufte Single in UK und blieb es 14 Jahre lang, bis sie von McCartneys und Denny Laines „Mull Of Kintyre" 1977 abgelöst wurde. Bis heute hat „She Loves You" knapp zwei Millionen Einheiten verkauft und befindet sich im Ranking der bestverkauften

---

[59] https://de.wikipedia.org/wiki/Yeah

Singles in England auf Platz neun.

Natürlich wurde, wie es schon damals im Pop-Geschäft üblich war, die Medienpartner mit der neuen Beatles-Single bemustert. Die Resonanz fiel nicht überall eindeutig positiv aus. Radiomoderator Brian Matthew nannte den Song nach erstmaligem Hören „corny rubbish" und banal. Die Beatles lasen seine Rezension und fragten sich ernsthaft, was das Wort „banal" bedeute. Sie hatten das Wort noch nie zuvor gehört. Jedoch eine Woche später, als „She Loves You" in aller Munde war, entschuldigte sich Matthew mit den Worten: „Ich mag „She Loves You" anfangs für kitschig gehalten haben, aber ... ich mag es jeden Tag mehr."

Nach diesem Song gab es kein Halten mehr. Ganz England befand sich im Beatles-Taumel. Es war übrigens die erste Veröffentlichung, bei der es nicht mehr „McCartney/Lennon", sondern „Lennon/McCartney" hieß. Lennon hatte sich, was die Reihenfolge der Komponisten anbelangte, durchgesetzt. McCartney hat das sein Leben lang gewurmt – bis heute.

Die B-Seite: I'll Get You

Auch „I'll Get You" startet mit einem „Yeah", genauer gesagt mit einem „Oh Yeah", hat aber nicht ansatzweise die Brisanz wie das Lied auf der A-Seite. Der Song ist ebenfalls eine Lennon/McCartney-Gemeinschaftsproduktion – McCartney meinte später, dass es eine 50/50-Arbeit gewesen wäre. Wenn man sich den Songtext genauer anhört, der beginnt mit der Zeile „Imagine, I'm in love with you ..." erkennt man, wer die Zeile geschmiedet hat. Es ist anzunehmen, dass Lennon aus seinen Menlove-Tagen eine Songskizze mitbrachte, die er mit McCartney ausarbeitete. Als Solo-Beatle komponierte Lennon nochmals einen Song, der mit „Imagine ..." beginnen sollte. Auf jeden Fall ist diese Textzeile mit seiner unmittelbaren Aufforderung, die ins Geschehen reinzieht, durchaus innovativ.

Wie schon in Songs zuvor, singen Lennon und McCartney unisono und wechseln partiell über in Harmoniegesang. Diese Stellen versprühen den typisch Beatles-eigenen Charme. Der Mittelteil des Liedes ist komplett zweistimmig gesungen. Dieser Part wertet das Stück auf, weil die Harmonien von John und Paul großartig gesetzt und gesungen sind.

Die Instrumentalisierung des Songs ist eher dürftig. Eine Leadgitarre fehlt gänzlich, Harrison wurde zur zweiten Rhythmus-Gitarre degradiert. Stattdessen wurde eine Mundharmonika nachträglich eingespielt, die wie ein Pad unter dem Lead-Gesang liegt. Dafür ist der Bass in diesem Stück prominent abgemischt. Das Lied ist in D-Dur gehalten. Bei der Textzeile „It's not like me to pretend" kommt die Akkordfolge D-Dur und A-moll vor. Das ist das einzige Moment im Lied, das musikalisch aufhorchen lässt, weil statt dem erwarteten Cis der D-Dur-Tonleiter ein mixolydisches C gespielt wird. Dadurch bekommt der Song an dieser Stelle einen modal bluesigen Charakter. Ringos Schlagzeug ist ohne Fehl und Tadel und setzt erst nach vier Takten ein. Im Intro wird der Takt von Handclaps gehalten – ein Stilmittel, das die Beatles bereits bei „I Saw her Standing There" einsetzten. Der Song beginnt mit der viertaktigen Hook „Oh Yeah", die am Ende jeder Strophe und im Outro wiederholt wird.

Die Strophe ist 16 Takte lang, besteht aus vier gleich langen Phrasen und mündet in einen refrainartigen Schluss. Der Mittelteil ist klassisch acht Takte lang und besticht durch eine interessante harmonische Figur: Die Melodie über die Brücke enthält die gleich bleibende absteigende Figur f#, e und d, die dreimal wiederholt wird, jedoch jedes Mal über einem anderen Akkord (G, D und E); dadurch bekommt die melodische Figur bei jedem Akkordwechsel eine andere Gewichtung. In summa ist „I'll Get You" keine kompositorische Meisterleistung, dafür ist der Song strukturell und im Arrangement zu schlicht geraten. Dennoch finden sich gute Momente, die zeigen, dass Lennon und McCartney einen Weg gefunden hatten, Songs zu komponieren, die man sofort als Beatles-Song identifizieren konnte. Eigenständiger kann man als Komponistenpaar nicht fungieren.

Weiter nach oben

Die Aufnahmen zu „She Loves You" war eine der ersten Sternstunden in der Karriere der Beatles. Die vierte Single sollte einschlagen wie eine Bombe. Und gleich am nächsten Tag, es war der 2. Juli, wartete der nächste große Erfolg auf sie, der Rückschlüsse auf die gewaltige Resonanz des Publikums erlaubt. Der vierwöchige Probelauf der BBC mit der Beatles-eigenen Sendung „Pop Go The Beatles" erwies sich als ein Riesenerfolg – die Einschaltquote ließ die BBC-Verantwortlichen strahlen, so war es klar, dass dieses Format verlängert werden sollte. Gesagt, getan. Weitere elf Sendungen wurden vereinbart. Die Sendung wurde in den Maida Vale Studios in London aufgenommen. Rodney Burke war der neue Moderator der Sendung, der Lee Peters (wir erinnern uns: die Beatles nannten ihn Pee Litres!) ersetzte. Eingeladen waren Duffy Powers mit dem Graham Bond Quartett. Die Proben und anschließende Aufnahmen erstreckten sich über drei Stunden von 18.30 bis 21.30 Uhr. Die Beatles nahmen insgesamt neun Songs auf: „That's alright (Mama)", „There's A Place", „Carol", „Soldier Of Love", „Lend Me Your Comb", Clarabella", „Three Cool Cats", „Sweet Little Sixteen" und „Ask Me Why". Musikalisch betrachtet war diese Session sehr produktiv. Nicht umsonst landeten „That's All Right (Mama)", „Carol", „Soldier Of Love", und „Clarabella" auf der 1994 veröffentlichten CD „Live At The BBC". „Lend Me Your Comb" kam auf die „Anthology 1" 1995. Am 16. Juli wurde die Sendung von 17 bis 17.30 Uhr ausgestrahlt. Auch am Tag darauf, dritter Juli, wartete eine Rundfunk-Show auf die Beatles. Es war das einzige Mal, dass die Beatles an dieser von der BBC produzierten „The Beat Show"-Sendung teilnahmen. Die Aufnahmen fanden in Manchester im Playhouse Theatre statt, moderiert wurde die Show von Gay Byrne. Die Beatles probten ab 16 Uhr, von 20 bis 21 Uhr nahmen sie vor Publikum drei Songs auf: „From Me To You", „A Taste Of Honey" und „Twist and Shout". Gleich am nächsten Tag um 13 Uhr veröffentlichte die BBC die Sendung. Am vierten Juli mischte George Martin mit Unterstützung von Norman Smith die beiden Songs „She Loves You" und „I'll Get You" für die neue Single-Veröffentlichung ab. Martin mischte von 10 bis 13 Uhr beide Songs in Mono ab. Wenn man genau hinhört, kann man bei „She Loves You" mehrere Schnitte erkennen. Der signifikanteste Schnitt zweier verschiedener Takes hört man nach ca, einer Minute und 30 Sekunden. Gleich nach der Phrase „Pride can hurt you too" ist plötzlich Ringos HiHat deutlich lauter im Mix. Die Beatles waren bei dieser Aktion nicht zugegen. Stattdessen besuchten sie an diesem Abend zum zweiten Mal die Rolling Stones in Soho. Die Band hatte es ihnen angetan. Es bahnte sich eine Freundschaft an.

Am fünften Juli hatten die Beatles zwei Auftritte: den ersten im Plaza Ballroom in Handsworth, Birmingham, den zweiten im Plaza Ballroom in Old Hill. Veranstaltet wurden die Shows von Mary Regan, einer ehemaligen Lehrerin, die mit ihrem Mann Bands buchte und auch managte. An den Beatles kam kein Veranstalter mehr vorbei. Die LP „Please Please Me" führte die Charts in England an, die Jugend war verrückt nach den Beatles. Sie spielten pro Show neun Songs, bis auf „Roll Over Beethoven" allesamt Lieder vom Album. Supportbands waren in Handsworth The Cheetahs und The Redcaps, in Old Hill spielten vor den Beatles Denny and The Diplomats, bei denen Denny Laine mitspielte, der Jahre später bei den Wings mitwirkte. Schlagzeuger Bev Bevan erinnert sich, dass die Beatles an diesem Abend sich verspäteten. Denny and The Diplomats sollten 30 Minuten spielen, daraus wurde mehr als eine Stunde. Das Publikum wartetet ungeduldig auf die Hauptattraktion.

Am nächsten Tag ging es weiter in der Memorial Hall in Northwich. Es war der fünfte Auftritt der Beatles in diesem Saal. Vor dem Konzert wurde Paul McCartney die ehrenvolle Aufgabe zuteil, die Karneval-Königin zu krönen. Dem Beatle hat diese Aufgabe, wie man auf einem Foto unschwer erkennen kann, sichtlich Spaß bereitet.[60] Der jungen Königin ebenfalls. Bei dem nachfolgenden Konzert versuchten Hunderte schreiender Fans die Bühne zu stürmen. Die Polizei griff ein, um das Schlimmste zu verhindern. Ein Spektakel dieser Art hatte man in Northwich zuvor noch nicht erlebt.

Am siebten Juli spielten die Beatles im ABC-Theatre in Blackpool, tags darauf folgte ein sechstägiges Gastspiel in den Winter Gardens in Margate, Kent, vom 8. bis 13 Juli. Wie schon bei den letzten Shows spielten sie hauptsächlich Songs von ihrem Album. Am 10. Juli fuhren sie für einen Kurztrip nach London in die Aeolian Hall, wo sie zwei Sendungen für „Pop Go The Beatles" aufnahmen. Für die nunmehr sechste Sendung nahmen nach den Proben von 10.30 bis 12.30 Uhr folgende Songs auf: „Sweet Little Sixteen", „A Taste of Honey", „Nothin' Shakin' (But The Leaves On The Tree)", „Love Me Do", „Lonesome

---

[60] https://thegilly.tumblr.com/post/17255600569/thegilly-6-july-1963-all-four-beatles-attended

Teams In My Eyes" und „So How Come (No One Loves Me)". Die siebte Sendung wurde gleich im Anschluss von 13.30 bis 15.30 Uhr aufgenommen. Hierfür nahmen sie auf: „Memphis Tennessee", „Do You Want To Know A Secret", „Till There Was You", „Matchbox", „Please Mr. Postman" und „The Happy Hippy Shake". Gäste in diesen beiden Shows waren Carter Lewis und die Searchers aus Liverpool. Ausgestrahlt wurden die Sendungen am 23. und 30. Juli, jeweils von 17 bis 17.30 Uhr. Nach den Aufnahmen fuhren die Beatles unverzüglich zurück nach Margate für zwei Abend-Shows.

Am 12. Juli veröffentlichte EMI die EP „Twist And Shout". Obgleich dieser Extended Player mit „Twist And Shout", „A Taste Of Honey", „Do You Want To Know A Secret und „There's A Place" nur Stücke vom „Please Please Me"-Album enthielt, verkaufte sich die Platte sehr gut. Insgesamt gingen 800.000 Einheiten über den Ladentisch. Am 20. Juli stieg die EP in die EP-Charts ein, schoss auf Nummer eins, blieb dort 21 Wochen und war insgesamt 64 Wochen, also weit über einem Jahr in den UK-Charts vertreten. Alles, was die Beatles veröffentlichten, verwandelte sich nunmehr in Gold. Das Coverfoto entstammte der Serie, die Fiona Adams mit den Beatles am 25. April in London geschossen hatte.

Am 14. Juli spielten die Beatles erneut im ABC Theatre in Blackpool, und am 16. Juli wartete der bis dato aufwändigste Aufnahme-Termin. Gleich drei Sendungen für „Pop Go The Beatles" standen auf dem Programm. 18 Songs innerhalb von weniger als acht Stunden sollten produziert werden – ein ehrgeiziges Unterfangen, das die Beatles souverän meisterten. Eigentlich sollten sie um 10.30 Uhr im BBC Paris Studio eintreffen, was sie jedoch nicht schafften. Sie begannen erst um 15 Uhr mit den Proben und ab 17.30 Uhr starteten sie mit folgenden Aufnahmen für die erste Sendung: „I'm Gonna Sit Right Down And Cry (Over You)", „Crying, Waiting, Hoping", „Kansas City/Hey-Hey-Hey-Hey!", „To Know Her Is To Love Her", „The Honeymoon Song" sowie den Klassiker „Twist And Shout". Für die zweite Sendung von 18 bis 20.30 Uhr nahmen sie neun Lieder auf: „Long Tall Sally", „Please Please Me", „She Loves You", „You Really Got A Hold On Me", „I'll Get You", and „I Got A Woman".

Die zehnte Sendung wurde von 20.45 bis 22.30 Uhr produziert. Es war eine „Hard Day's Night" für die Beatles. Sie spielten beim Abendset „She Loves You", „Words Of Love", „Glad All Over", „I Just Don't Understand", „Devil In

Her Heart", and „Slow Down". Gäste für die drei Sendungen waren die Swinging Blue Jeans aus Liverpool, eine Band, die die Beatles schon seit Jahren gut kannten, sowie The Hollies aus Manchester und Russ Sainty and the Nu-Notes aus London. Viele dieser an diesem Tag entstandenen Aufnahmen fanden den Weg auf die CDs „Live At The BBC Vol. 1 und 2", erschienen 1994/2013.

Während die Beatles für die Aufnahmen der ersten Langspielplatte am 11. Februar in 12 Stunden 10 Lieder eingespielt hatten, schafften sie an diesem Tag in weniger Zeit 18 Lieder inklusive Interviews. Eine beachtliche Leistung. Und am nächsten Tag ging es gleich weiter mit Rundfunk-Aufnahmen. Für die Sendung „Easy Beat" der BBC besuchten sie das Playhouse Theater in London. Von 20.45 Uhr 21.45 Uhr spielten die Beatles vor begeistertem Publikum vier Lieder ein: „I Saw Her Standing There", „A Shot Of Rhythm And Blues", „There's A Place" und „Twist And Shout".

„With The Beatles" - Aufnahmen für das zweite Album

Nach dem Marathon-Lauf der letzten Tage standen nun am 18. Juli Aufnahmen für das zweite Album im EMI-Studio in der Abbey Road an. Besser eingespielt konnte eine Band nicht sein. Der Vorgänger „Please Please Me" stand unangefochten auf Platz eins in den UK-Charts, aber da der Vertrag mit der EMI zwei Alben sowie vier Singles pro Jahr verlangte, war es nach knapp fünf Monaten Zeit für neue Songs. Produzent George Martin war zugegen, Unterstützung bekam er von den Tontechnikern Norman Smith und Richard Langham. Die Beatles spielten an diesem Tag Cover-Songs ein: Sie begannen um 19 Uhr mit dem Song „You Really Got A Hold On Me", für den sie insgesamt elf Anläufe benötigten. Vier Takes wurden komplett eingespielt und gesungen, bei sieben Durchgängen schlichen sich Fehler im Intro ein. Gleichwohl sang Lennon diesen schwierigen Smokey-Robinson-Song großartig und auch die Instrumentalisierung inklusive George Martins Piano-Einsatz war überzeugend. Alle Breaks passten, Ringo groovte, was bei dem Slow-Tempo nicht so einfach war, und auch der Harmonie-Gesang war perfekt beigesteuert. Die Beatles hatten im Studio noch mehr an Profil gewonnen.

Der zweite Song war „Money (That's What I Want)", eine weitere Tamla Motown-Nummer, diese war von Barrett Strong. Diesmal schafften sie es in sieben Durchgängen. Es folgte „Devil In Her Heart", einen Song der Girl-Group The Donays, der im Original „Devil In His Heart" hieß. Leadsänger des Songs war diesmal George Harrison. Nach drei Takes und drei Overdubs, bei denen Ringo Maracas zusätzlich spielte, war der Song im Kasten. Zum Schluss folgte „Till There Was You", eine Nummer von Meredith Wilson aus dem Musical „The Music Man", die Paul sehr schätzte und hierfür den Leadgesang übernahm. Die Beatles spielten drei Versionen ein, zwei davon waren vollständig, doch Paul war mit dem Ergebnis nicht zufrieden, so dass sie beschlossen, den Song beim nächsten Termin nochmals anzugehen.

In knapp vier Stunden nahmen die Beatles vier Songs auf. Sie klangen deutlich reifer, spielten komplexere Liedstrukturen – musikalisch war en die Aufnahmen für das zweite Album ein qualitativer Sprung nach vorne.

Wieder on the road ...

Raus aus dem Studio, ein paar Stunden Schlaf, dann ging es weiter im großen Show-Biz. Die Beatles fuhren Richtung Norden nach Wales. Sie spielten am 19. und 20. Juli im Ritz Ballroom in Rhyl, Flintshire. An beiden Abenden spielten sie vor ausverkauftem Haus. Sicherlich dachten sie an ihren unrühmlichen Auftritt im selben Haus ein Jahr zuvor am 14. Juli 1962.

Gleich nach dem zweiten Gig fuhren die Beatles nach Liverpool, denn am 21. Juli wartete ein Gig im Queen's Theatre in Blackpool. Viertausend Fans blockierten die Straße vor dem Konzert. Überall, wo die Beatles nun auftraten, gab es tumultartige Szenen.

Von Montag, 22. Juli, bis einschließlich 27. Juli hatten die Beatles wieder einmal ein mehrtägiges Engagement im Odeon Cinema in Weston-super-Mare in Somerset. Fotograf Dezo Hoffmann war an einem dieser Tage zugegen, schoss viele Fotos und drehte mit einer 8mm-Kamera. Am Strand in der Nähe von Brean Down knipste er die Beatles in Badeanzügen aus der Viktorianischen Zeit. Auch beim Gokart-Fahren und beim Eselreiten filmte er die Beatles. Diese sechs Tage in südlichen Gefilden haben die Beatles sehr genossen. Sie entspannten, alberten herum, unterhielten sich mit Fans, abends spielten sie ihr Set.

Sonntag, den 28. Juli, verließen die Beatles Weston-super-Mare und fuhren nach Yarmouth, Norfolk. Dort hatten sie einen Auftritt im ABC-Cinema. Mit dabei waren The Kestrels, The Trebletones, Freddie Star and the Midnighters, Bary Barnett und Glenda Collins. Die Beatles hatten in diesem Kino bereits am 30. Juni gespielt.

Aufnahmen für „With The Beatles", Teil zwei

Am 30. Juli waren die Beatles erneut im EMI-Studio, um weitere Aufnahmen für das zweite Album vorzunehmen. Zwei Sessions waren vorgesehen: Session eins begann um 10 Uhr morgens in Studio zwei.
Um 13 Uhr mussten die Beatles abbrechen, weil ein Termin für die BBC im Playhouse Theatre anstand. Die zweite Session begann um 17 Uhr und endete gegen 23 Uhr. Neben George Martin waren wieder die Tontechniker Norman Smith und Richard Langham mit an Bord.
Die Beatles starteten in der Vormittags-Session mit einer weiteren Motown-Nummer von den Marvelettes: „Please Mr. Postman". Sie nahmen den Song neunmal auf. Take neun in Verbindung mit Take sieben wurde für die Abmischung verwendet. Dann folgte die erste Eigenkomposition für das Album: „It Won't Be Long"! Sie spielten von dem Song, der wie die Single „She Loves You" viele Yeahs im Refrain aufweist, zehn Versionen ein. Ganz schafften sie es nicht, den Song fertig zu machen. Sie brachen ab und eilten in das Playhouse Theatre für die beiden Radio-Sendungen „Non Stop Pop" und „Saturday Club". Zuerst gaben sie Moderator Phil Tate ein Interview für die Sendung „Non Stop Pop". Anschließend nahmen die Beatles sechs Lieder für „Saturday Club" auf: „Long Tall Sally", „She Loves You", die noch nicht veröffentlichte Single, „Glad All Over", „Twist And Shout", „You Really Got A Hold On Me" und die B-Seite der kommenden Single „I'll Get You". Die Sendung wurde am 24. August um 10 Uhr ausgestrahlt.

Die Beatles eilten zurück ins Studio zwei in der Abbey Road und setzten die Aufnahmen gegen 17 Uhr für das zweite Album fort.
Zuerst spielte George Martin das Piano für „Money (That's What I Want)" ein. Nach einem Testlauf brauchte Martin mehrere Versuche, bis er zufrieden war. Anschließend kam nochmals „Till There Was You" an die Reihe, da sie mit diesem Song in der ersten Session nicht fertig geworden waren. Sie nahmen die Takes vier bis acht auf. Ringo spielte statt Schlagzeug ein Paar Bongos.

Die achte Aufnahme wurde für die Veröffentlichung verwendet. Danach kam George mit einer tollen Version von „Roll Over Beethoven". Die Beatles-Aufnahme schlägt deutlich das Original von Chuck Berry. Die Beatles spielten fünf Versionen ein, bis alles passte. Danach kamen noch drei Overdub-Takes hinzu. Ohne Pause ging es weiter mit „It Won't Be Long". Die Takes 11 bis 17 waren an der Reihe und wurden ergänzt von separaten Einspielungen. Zum Abschluss kam das bis dato beste Lied von McCartney an die Reihe: „All My Loving", eine gelungene Komposition. Nach 13 Aufnahmen war auch dieser Song im Kasten.[61] Für die Platte wurde die Aufnahme von Take 14 hergenommen und teilweise mit Take 11 überblendet. Um 23 Uhr waren die Beatles mit der zweiten Session fertig, die eine Stunde länger als geplant gedauert hatte.

Ohne Unterlass ging es am nächsten Tag weiter in Nelson, wo die Beatles im Imperial Ballroom einen Auftritt hatten. Wie bereits am 11. Mai waren über 2000 begeisterte Fans zugegen.

Am ersten August waren die Beatles erneut im Playhouse Theater in London, um Show 11 und 12 ihrer „Pop Go The Beatles"-Sendungen aufzunehmen. Mittags kamen sie im Studio an, probten kurz und nahmen von 13 bis 16 Uhr für die 11. Show sechs Lieder auf: „Ooh! My Soul", „Don't Ever Change", „Twist And Shout", „She Loves You", „Anna (Go To Him)" und „A Shot Of Rhythm And Blues". Die ersten beiden und der letzte Song kamen 1994 auf die CD „Live At The BBC".
Die elfte Sendung wurde am 27. August 1963 ausgestrahlt.
Die Aufnahmen für die 12. Sendung fingen um 16 Uhr an und endeten zwei Stunden später: Sie spielten acht Songs: „Lucille", „From Me To You", „I'll Get You", „Money (That's What I Want)", „Baby It's You", „There's A Place", „Honey Don't" und „Roll Over Beethoven". Interessant ist, dass Lennon „Honey Don't" sang. Auf „For Sale" singt Ringo den Song. „Lucille" und „Baby It's You" wurden ausgesondert und in der Sendung vom 03. September nicht mit ausgestrahlt. Um 18 Uhr waren die Beatles mit den Aufnahmen fertig.

---

[61] Die Trackliste ging von 1 bis 14, aber Take 5 fehlte

Von Manchester ging es heimwärts nach Liverpool – bald sollte sich das Leben der Beatles nach London verlagern –, da am nächsten Tag, 02. 08., ein Auftritt in den Grafton Rooms anstand. Sie hatten über sieben Wochen nicht mehr in Liverpool gespielt, und es sollte deren fünfter und zugleich letzter Auftritt in den Grafton Rooms sein. Sie spielten zusammen mit den Undertakers, Sonny Webb & The Cascade, The Toasters und The Dennisons. Für den Gig, der im Januar 63 von Epstein mit Manager Albert Kinder ausgemacht wurde, erhielten die Beatles eine Gage von 100 Pfund – sie hätten bereits im Januar viel mehr bekommen müssen.

Der dritte August 1963 kennzeichnet eine Wendung mit symbolhafter Wirkung. Die Beatles traten an diesem Tag zum letzten Mal im Cavern Club auf. Am 21. Juli um 13.30 Uhr wurden die Tickets für dieses Konzert angeboten. Eine halbe Stunde später waren alle Tickets verkauft. Die Beatles erhielten eine Gage von 300 Pfund – eine deutliche Steigerung zu den Anfangsgigs, für die es lediglich fünf Pfund gab.
In zweieinhalb Jahre absolvierten sie in diesem Club knapp 300 Auftritte. Dieses Kellergewölbe in der Mathew Street 10 spielte eine maßgebliche Rolle in der Geschichte der frühen Beatles. Hier entwickelten sie sich kontinuierlich, kämpften sich allmählich hoch, fanden ihren eigenen Stil und eigene Form, feierten ihre ersten Triumphe, überboten nach und nach die Konkurrenz. Sie waren in diesem Club musikalisch zu Hause, hier probten sie neue Stücke ein, hier wuchs die Fangemeinde, hier versammelten sich die Fans der ersten Stunde. Nun war dieses Kapitel abgeschlossen, die Beatles hatten den Sprung in die nationale Spitze geschafft, der Cavern Club war zu klein geworden, sie waren endgültig der kleinen Bühne entwachsen. Zwar erinnerte an diesem letzten Abend Bob Wooler, der Diskjockey des Clubs, der von Lennon an Pauls 21. Geburtstag so hart vermöbelt wurde, Brian Epstein an sein Versprechen, dass die Beatles eines Tages wieder in den Cavern Club zurückkämen, aber dieses Versprechen wurde nie eingelöst, konnte nie eingelöst werden. Ein Auftritt dort in spätere Zeit hätte ungeahnte Folgen gehabt. Keine Sicherheitskontrolle wäre groß genug gewesen, Tumulte zu verhindern. So stand fest: Die Beatles kehrten nie zurück. Ihre insgeheime Befürchtung, dass sie sich in diesem Club tot spielen würden, sich die Fans allmählich von ihnen abwendeten, hatte sich nicht bewahrheitet. Aber für das Empfinden der Beatles muss

es so gewesen sein, dass das häufige Spielen im Cavern Club eine Patina erzeugt hat. Irgendwann war der Punkt in ihrer Karriere erreicht, wo kein weiterer Höhepunkt in diesem Club mehr möglich war. Zumindest kamen die Beatles noch ein Mal 1963 nach Liverpool zurück. Nicht mehr in den Cavern Club, dafür in das große Empire Theatre am siebten Dezember 1963. Das Konzert kann man auf YouTube anschauen.[62]

Hier nun zum Schluss die Lieder, die die Beatles 1963 im Repertoire hatten

Lied	Lead-Sänger	Komponist	Interpret
All My Loving	Paul	Lennon/McCartney	——
Anna (Go To Him)	John	Alexander	Arthur Alexander
Ask Me Why	John	Lennon/McCartney	——
Baby It's You	John	M. David, Bacharach, Williams	The Shirelles
Beautiful Dreamer	Paul	Foster	Slim Whitman
Boys	Ringo	Dixon/Farrell	The Shirelles
Chains	John/ Paul/ George	Goffin/King	The Cookies
Devil In her Heart	George	Drapkin	The Donnays
Do You Want To Know A Secret	George	Lennon/McCartney	——
From Me To You	John/ Paul	Lennon/McCartney	——
The Hippy Hippy Shake	Paul	Romero	Chan Romero
Hold Me Tight	Paul	Lennon/McCartney	——
Honey Don't	John	Perkins	Carl Perkins

---

[62] https://www.youtube.com/watch?v=7O16evFjeAc

Lied	Lead-Sänger	Komponist	Interpret
I Saw Her Standing There	Paul	Lennon/McCartney	———
I Wanna Be Your Man	Ringo	Lennon/McCartney	——
I Want To Hold Your Hand	John/ Paul	Lennon/McCartney	——
Keep Your Hands Off My Baby	John	Goffin/King	Little Eva
Little Queenie	Paul	Berry	Chuck Berry
Long Tall Sally	Paul	Johnson/Penniman/ Blackwell	Little Richard
Love Me Do	Paul	Lennon/McCartney	———
Misery	John/ Paul	Lennon/McCartney	———
Money (That's What I Want)	John	Gordy/Bradford	Barret Strong
Mr. Moonlight	John	Johnson	Dr. Feelgood
Please Please Me	John/ Paul/ George	Lennon/McCartney	———
P.S. I Love You	Paul	Lennon/McCartney	——
Rock And Roll Music	John	Berry	Chuck Berry
Roll Over Beethoven	John	Berry	Chuck Berry
She Loves You	John/ Paul/ George	Lennon/McCartney	———
Sheila	George	Roe	Tommy Roe
Some Other Guy	John/ Paul	Leiber/Stoller/ Barrett	Ritchie Barrett
A Taste Of Honey	Paul	Marlow/Scott	Lenny Welch
Thank You Girl	John/ Paul	Lennon/McCartney	———
There's A Place	John/ Paul	Lennon/McCartney	———-

Lied	Lead-Sänger	Komponist	Interpret
This Boy	John/ Paul/ George	Lennon/McCartney	———
Till There Was You	Paul	Willson	Peggy Lee
Tip Of My Tongue	Paul	Lennon/McCartney	———
Twist and Shout	John	Russell/Medley	The Isley Brothers
You Really Got A Hold On Me	John	Robinson	The Miracles

Der Sprung nach oben

Der Untertitel des Buches „Der Sprung nach oben", der eng verbunden ist mit der durchschlagenden Wirkung des ersten Beatles-Albums „Please Please Me" und den nachfolgenden Singles „From Me To You" und „She Loves You", muss valuativ gedeutet werden. Denn mit diesem „Sprung" gingen Veränderungen einher, die kulturgeschichtlich neue, noch nie zuvor erfahrbare Räume öffneten.

Es mag verwunderlich klingen, dass ein paar Halbstarke aus Liverpool, die ihren Lebensfokus zuerst auf Skiffle richteten und sich dann mit voller Kraft dem Rock'n'Roll hingaben, einen weltverändernden Sprung hinlegten. Es mag der Unklugheit der Jugend geschuldet sein, dass diese Teenager für den selbst gewählten libertinären Lebensentwurf bereitwillig ihre Schulkarrieren opferten. Musik war Verheißung genug, dieses Opfer zu bringen. Millionenfach wurde vor und nach den Beatles dieser Opfergang beschritten, doch die wenigsten hatten und haben nur Ansatzweise die Kraft, sich aus beengenden sozialen Milieus zu befreien. Keiner konnte bislang einen Sprung darbieten mit solch weitreichenden Implikationen, wie eben diese juvenilen Rocker aus dem Norden Englands es schafften.

Formal betrachtet ist der Sprung, von dem hier die Rede ist, ein logischer Terminus, der sich der aristotelischen Sequenz metabasis eis allo genos verpflichtet sieht. Er ist Übergang in ein Anderes, wobei hierbei keine Gattungsverletzung gemeint ist – dieser pejorative Charakter bleibt außer Acht.

Bei den Beatles drückt sich der Übergang in ein Anderes in mehrfacher Hinsicht aus. Zum einen brachen die Beatles mit der Vorstellung, es müsse ein singulärer Held sein, der singend die Mädchenherzen erobert. Diese aus Zeiten der griechischen Tragödie stammende Konstellation – hic Star, hic Chor, sprich Begleitband – überwanden die Beatles mit dem Novum des Kollektivs. Mick Jagger war der erste, der die wahre Stärke der Beatles erkannte, ihre Geschlossenheit, ihre Einer-für-alle-und-alle-für-einen-Mentalität und nannte sie fortan „das vierköpfige Monster". Keine andere Band vor den Beatles brachte diesen Geschlossenheit auf, noch dazu war es bis zum Aufkommen der Beatles undenkbar, sich ein musikalisches Konstrukt ohne Hauptsänger vorzustellen.

Die geschlossene Kollektivität hatte weitreichende Folgen. Das flehentliche Bitten des Sängers, adressiert an ein imaginäres „Du", von denen sich die Zuhörerinnen und Zuhörer angesprochen fühlen, wie auch die introspektiven Entblößungen eines ‚Ich', die das gleiche bezweckten, wurden per collectitivo ad absurdum geführt. Die Beatles sangen von nun an Personalpronomina ich, du, wir, etc. im Kollektiv. „Oh yeah I tell you something ..", sangen John und Paul unisono, sowohl live als auch auf Platte. Zwei sangen das singuläre Ich zusammen. Mit diesem Schritt brachten sie eine Figur in die Popmusik, die es bis dato nicht gab: das ästhetisierende, gehobene Ich, objektiviert, gereinigt, die Leidenschaft auf ein abstraktes Plateau gehoben. Dass dieser der klassischen Poesie enthobene Kunstgriff klappen konnte, lag primär an dem Talent des Komponistenduos, eingängige Melodien zu liefern, die durch ein geschicktes Zusammenspiel mit den geschmackvoll ornierten Akkorden noch besser zur Geltung kamen. Bob Dylan war vom ersten Tag an begeisterter Beatles-Fan. Er bewunderte das harmonische Zusammenspiel, das genreübergreifend vor keinem Tabu halt machte und mit den schlichten Regeln des Rock'n'Roll brach. Auf diese Art wurde die Eingängigkeit der Melodiebögen in den Stil des Merseybeats gehoben, und die Beatles verstanden es als Ausnahmekünstler, mit augmentierten oder verminderten Akkorden den ohnehin schon aufregenden Gesang zu untermalen. Lennon und McCartney, die seit 1957 gemeinschaftlich sich neue Kompositionsformen herausgearbeitet hatten, verfügten 1963, als die Welt begann, bei ihren Klängen aufzuhorchen, bereits über einen beachtlichen Fundus verschiedenster Gestaltungsmittel, der erklärt, wie schnell sie George Martin neues Material liefern konnten, das sich nicht abnutzte oder überdauerte, wie bei vielen anderen Künstlern, sondern sich im Laufe der Jahre immer weiter steigerte. Dieses Können verhinderte auch, dass die Beatles niemals - so wie beispielsweise The Who oder The Kinks – in den Rock abdrifteten. Sie bewahrten sich bis zum bitteren Ende ihre Authentizität und stilistische Offenheit. John Lennon kam am Ende der Beatlesära zu dem Punkt, an dem er seine Kompositionstechniken überwand und an den formalen Formen des Popsongs zu zweifeln begann. Bei diesem progressiven Schritt war er von seiner großen Liebe Yoko Ono stark beeinflusst. Sie lieferte das Wording für viele der späteren Songs und machte ihm die engen Grenzen des Popgenres bewusst. McCartney hingegen hielt an dem kompositorischen Reglement fest, auch über die Beatles hinaus und endete bei seinen Songs oft-

mals in einer erschöpfenden Mediokrität, verursacht durch die ewige Wieder-
kehr des gleich Alten. Auch seine Exkurse ins Experimentelle weisen Spuren
der Lennon/McCartneyschen Trickkiste auf. Nur sein Nimbus als Ex-Beatle
verschonte ihn vor der Vernichtung als Künstler.

Vor dem Sprung

Als die Beatles in der Nacht zum 17. August 1960 mit einem Bus Hamburg
erreichten, waren sie zwar auf dem Sprung, Vollzeitmusiker zu werden, aber
sie waren eine Band, streng genommen eine Tanz- oder Showkapelle, unter
unzählig anderen Mitstreitern, schlecht bezahlt, ohne Perspektive, jeden
Abend vor betrunkenem Publikum das gleiche Programm herunterleiernd.
Nichts deutete zu diesem Zeitpunkt darauf hin, dass knapp zweieinhalb Jahre
später genau diese Rock'n'Roll-Formation es schaffte, die große Sensation im
Showgeschäft zu werden. Nicht nur das, es sollte genau diese Band sein, die
die weltweite Kulturlandschaft umkrempelte. Zuerst erlernten sie ihr Hand-
werk am Kiez in Hamburg, indem sie täglich, vielmehr nächtlich viele Stunden
live spielten. Hier zeigte sich wieder einmal, dass der Mensch das geborene
Übungstier ist, ein homo artisticus, der, je mehr er übt, entweder aufgibt, weil
er an seine Grenzen stößt oder, wie im Fall der Beatles, umso besser wird.
Dieser Umstand zeigte sich bei ihrer Rückkehr aus Hamburg gleich nach dem
ersten Besuch. Die vielen Übungsstunden machten sich bezahlt: die Beatles
schlugen in Liverpool ein wie eine Bombe und entwickelten sich schnell zu
unangefochtenen Lokal-Matadoren. Diesen Status bauten sie innerhalb kürzester Zeit aus, indem sie über die Grenzen Liverpools in England bekannt
wurden, bis sie, über allem Zweifel erhaben, einen unvergleichlichen Sieges-
zug in ihrem Heimatland England, bedingt durch den unglaublichen Erfolg
ihrer zweiten Single „Please Please Me" und dem gleichnamigen Album antra-
ten – und schließlich folgten Amerika und die übrige Welt … der Rest ist Geschichte.

Dass alles mit diesem Album seinen Anfang nehmen konnte, dass sich mit
dem Erfolg dieses Albums gleichermaßen neue ungeahnte Möglichkeitsräume
öffneten, lag nicht nur an der konsequenten musikalischen Entwicklung der
Band, sondern in der Tatsache begründet, dass sich vier Menschen gefunden

hatten, die perfekt harmonierten, sich in vielerlei Hinsicht ergänzten und jeder von ihnen einen entwaffneten Humor an den Tag legte. Genau dieser Esprit und Humor war es, der den Stein, den Manager Brian Epstein ins Rollen gebracht hatte, weiterbewegte. Ohne diesem menschlichen Zugang hätte George Martin, der Produzent der Beatles, schwerlich die Beatles unter Vertrag genommen. Vom Spiel dieser Formation war der klassisch ausgebildete Musiker nicht so überzeugt wie von ihrem entwaffnenden Umgangston. Aber es spielten noch andere Faktoren eine Rolle: Die Beatles fanden zur richtigen Zeit ihren Manager Brian Epstein, und die Band trennte sich von ihrem Schlagzeuger Pete Best und holten Ringo Starr aka Richard Starkey an Bord. Paul McCartney stellte oftmals in Interviews staunend fest, dass sich die Band in Stufen entwickelte. Wie bei einer Treppe sprangen sie stets eine Stufe nach oben. Dass der steile Aufstieg kein jähes Ende fand, überraschte sie selber. Weder sie noch die vielen Anhänger in Liverpool konnten sich diesen rasanten Aufstieg der Beatles mit dem Sprung in den Pop-Olymp vorstellen. Die Beatles selbst neigten zu einer gewissen Skepsis. Sie glaubten, dass der Erfolg, so schnell er gekommen war, genauso schnell wieder verschwinden könne und sie in der Versenkung verschwänden. Doch weit gefehlt. Nicht nur dass sich der Erfolg konstant hielt, er steigerte sich von Album zu Album. Im Vergleich zu anderen Pop-Größen wie den Rolling Stones, The Kinks oder The Who waren sie in der Mitte ihrer Karriere in einer völlig anderen Liga gelandet, nichts und niemand konnte sich mit ihnen messen. Diese schwindelnden Höhen waren bei Erscheinen des ersten Albums nicht denkbar. Oder doch? Als die Beatles ihre erste Single „Love Me Do" aufnahmen, glaubte George Martin noch nicht an die Genialität des Komponisten-Duos und bedrängte sie, „How Do You Do It", eine Nummer des Jung-Komponisten Mitch Murray aufzunehmen. Hier bereits legten Lennon und McCartney ein erstaunliches Selbstbewusstsein zu Tage. Sie beharrten darauf, ihre eigenen Songs herauszubringen. Ein Schritt, der, wie wir nun wissen, die Musikwelt veränderte.

Ganz oben – ein Fazit

Was sich bereits bei der Wintertournee mit Helen Shapiro angedeutet hatte, verdichtete sich zusehends im Laufe des Sommers: die Beatles wurden durch die immer häufigeren Rundfunk- und TV-Auftritte immer populärer und von der Jugend zusehends abgöttisch geliebt. Wir erinnern uns, wie fremd und seltsam die Beatles den Tontechnikern vorkamen, als sie zum ersten Mal am sechsten Juni 1962 das EMI-Studio für die Probeaufnahmen betraten. Wie aus einer anderen Welt. Genau diese Fremdheit, die sie mit ihren Pilzköpfen und dem kollektiven Habitus ausstrahlten, verzauberte später die Jugend. Wenn der Zeitgeist vergleichbar mit einer Welle ist, ritten die Beatles, um dieses Bild zu verwenden, ganz oben auf der Krone. Zuerst. In späteren Jahren prägten sie sogar die Wellen des Zeitgeistes mit. Ein größerer Zenit des Ruhms lässt sich kaum abbilden. John und auch Paul haben sich Ende des Jahres 1962 immer gefragt, welche Musikrichtung das nächste ganz große, heiße Ding in England werden würde. Sie selbst und ihre Musik wurde das ganz große, heiße Ding. Dazu völlig unerwartet, wie aus dem Nichts erwuchs eine immer weiter sich ausbreitenden Akzeptanz. Je mehr die Beatles spielten, je öfter sie in den Medien zu hören oder zu sehen waren, desto intensiver wurde die Bindung zum immer größer werdenden Publikum. Es hätte auch anders kommen können. Eine rege Medienpräsenz ist kein Garant für Erfolg. Die Beatles hatten diesen erfolgreichen Einstieg in das Showgeschäft, weil mehrere Kriterien passten: sie waren, was den Sound anbelangte, herausragend. Nicht weil sie besser spielten als andere, sondern weil sie als geschlossenes Kollektiv auftraten. Vier als einer, könnte man es auf die Formel bringen. Die Musketiere der Popmusik. Dieses kollektive Bewusstsein zeigte sich auch im Outfit: der Pilzkopf, die italienischen spitzen Stiefel, die kragenlosen Anzüge, der geschlossene Auftritt und vor allem der Witz, Esprit und ein unwiderstehlicher Charme gepaart mit großem Humor. Mit diesen Talenten mussten die Beatles es schaffen, egal wie. Dass sie hinaufgeschossen sind in diese noch nie zuvor dagewesene, atemberaubende Dimension, verdanken sie den glücklichen Umständen, einen herausragenden Produzenten an der Seite gehabt zu haben, der mit seinem Verständnis und Verstand ihnen den größtmöglichen Freiraum eingeräumt hatte, indem er es erlaubte, dass die Beatles ihren eigenen Stücke veröffentlichten, und natürlich einen Manager, der von Anbeginn an fest an die Band glaubte und unbeirrbar und beharrlich für sie einstand. Seine Mühen lohnten sich. Zu Beginn des Jahres 1962, als Brian Epstein die gängigen Schallplattenfirmen abklapperte und überall nur Ablehnung erhielt, war vor allem John Lennon am Verzweifeln, weil er befürchtete, dass er bald zu alt wäre für eine Pop-Karriere. Die Beatles wussten zu diesem Zeitpunkt, dass der lokale Erfolg, den sie in Liverpool sich erarbeitet hatten, irgendwann einmal abebben würde, langsam, siechend, bis sie in der Vergessenheit versinken würden. Dass es so nicht gekommen ist, ist das Verdienst von Brian Epstein. Er hatte den objektiven Blick von außen auf das Bandgebilde und verbesserte das Benehmen, das Outfit, kurzum, er setzte ästhetische Maßstäbe, die sich unverzüglich in der englischen Clubszene positiv auswirkten – die Beatles bekamen auf einen Schlag besser dotierte Auftritte. Bei Veranstaltern wirkte der halbstarke Look mit den schwarzen Lederklamotten nicht besonders vertrauenserweckend, da kamen die Boys in den schicken dunklen Anzügen besser an, obgleich auch am Benehmen gearbeitet werden musste. War die Rüpelhaftigkeit erst einmal abgelegt, konnte man die Medien angehen, die zuerst zögerlich, dann nach der ersten Sendung „Thank Your Lucky Stars" dankbar die Beatles ins Programm mit aufnahmen. Dass die TV-Auftritte der Beatles ein mittelschweres Beben bei den englischen Mädchen auslöste, verdankte die Band ihrem exorbitant gutem Aussehen. Für jeden Geschmack war etwas dabei: Paul war beliebt und hübsch, George geheimnisvoll und zurückhaltend, John witzig mit spitzer Zunge und Ringo wirkte unproblematisch und liebenswert.

Die Musik der Beatles bestach und besticht durch einen herausragenden Gesang. Nicht nur, dass alle vier in der Band tonal sauber singen konnten. John war ein herausragender Sänger, Paul stand in nichts nach und konnte mit seiner Stimme modulationsfreudig ein Intervall höher ansetzen. Das Zusammenspiel der beiden Stimmen ergab einen Klang, der stärker als bei dem großen Vorbild Everly Brothers, die Menschen verzauberte. Diese Stimmen-Intensität zu erlangen, bedurfte unzähliger Auftritte. Hamburg war die beste Schule, die die Beatles bekommen konnten. Dort wuchsen sie zusammen, dort bildeten sich die Stimmen aus, dort bekamen sie die Routine und dort bildete sich eine Geschlossenheit aus, die sie den unfassbaren Tourstress überstehen ließ. Es gab bislang keine Band, die fleißiger und ehrgeiziger war als die Beatles.

Einen probaten Weg, das Geheimnis zu lüften, wie oder warum die Beatles den Sprung nach oben schafften, sich an der Spitze hielten und die kulturelle Landschaft mit ihrer Strahlkraft erhellten, finden wir in der Modallogik. Daher ist ein kurzer Ausflug in die Philosophie an dieser Stelle hilfreich.

Aristoteles führte die Modalitäten der Notwendigkeit, der Möglichkeit sowie der Unmöglichkeit ein, mit denen er erklären wollte, wie etwas ist, geschieht oder zu denken ist. Der Philosoph Leibniz führte zusätzlich die Modalität der Kontingenz in das philosophische Denken ein. Mit dieser Tetrade der Modalbegriffe ließe sich nach Leibniz eine überzeugendere und vollständigere rationale Erkenntnis von Welt gewinnen. Betrachten wie die vier Modalitäten genauer: Notwendig ist, wenn die Verneinung einen Widerspruch erzeugt. Wie z. B. in der Mathematik: 2 x 2 = 4. Unmöglich hingegen ist, was grundsätzlich nicht sein kann und allen Möglichkeiten zuwider läuft. Möglich wiederum ist alles, was nicht unmöglich oder nicht notwendigerweise nicht ist. Es ist das Feld der Fantasie. Kontingent aber ist das, was es realiter gibt, was jedoch nicht notwendig ist. Seine Verneinung gebiert keinen Widerspruch, das Nichtsein-Können ist ebenfalls möglich. Alles, was ist, könnte auch anders sein. Alles ist nicht notwendig und nicht unmöglich. In diesem Raum des weder Notwendigen noch Unmöglichen spielte sich die Entwicklung der Beatles ab.

Was für eine glückliche Fügung, dass sich John Lennon und Paul McCartney auf der Woolton-Village-Fete am 6. Juli 1976 trafen. Als John feststellte, dass der zwei Jahre jüngere Paul anstandslos den auf der Gitarre anspruchsvollen „Twenty Flight Rock" von Eddie Cochran spielen konnte und kurzerhand den Song-Text präsentierte, war Lennon sich der Gefahr bewusst, dass er mit der Hineinnahme McCartneys in seine Band seine dominante Stellung gefährden könnte. Er erkannte McCartney als ebenbürtig an und allen Zweifel zum Trotz entschied er sich zwei Wochen später für eine Zusammenarbeit, weil er insgeheim wusste, dass er einen besseren Partner nicht bekommen könnte. Damit fanden sich zwei Jungs, die beide ohne Mutter waren – Paul verlor seine Mutter im Oktober 56, John wuchs seit seinem fünften Lebensjahr bei seiner Tante Mimi auf, und auch seine Mutter sollte viel zu früh aus dem Leben scheiden. Zumindest Lennon war von diesen Erfahrungen traumatisiert, McCartney wurde in einer großen Familie aufgefangen. Alles hätte anders kommen können.

John und Paul verband die Liebe zum Rock'n'Roll. Nicht nur dass, beide erkannten, dass sie die gleiche Leidenschaft teilten: das Songschreiben. Das
Duo arbeitete zusammen, konkurrierte, trieb sich gegenseitig voran. Während
die anderen Quarrymen-Mitglieder einer nach dem anderen die Band verließen, meist, um in das Berufsleben einzusteigen, blieben John und Paul dem
Rock'n'Roll-Dasein verhaftet. Verstärkung fanden sie in George Harrison, der
wie die beiden tickte, zwar erst viel später sich als Komponist entdeckte, aber
mit seiner Leidenschaft fürs Gitarrenspielen wunderbar die Band ergänzte.
Alle anderen Bandmitglieder – die variierenden Schlagzeuger, Bassist Stu Sutcliffe, auch Pete Best – waren ersetzbar, keiner von ihnen konnte die Band
vervollständigen. Erst Ringo Starr schloss die Lücke – ab diesem Zeitpunkt,
August 1962, – waren sie vollständig, sowohl musikalisch als auch als geschlossene Einheit. Hinzu kam Manager Brian Epstein, der fest an die Band
glaubte und allen Ablehnungen der Plattenindustrie zum Trotz nicht Ruhe gab,
bis endlich er sein Versprechen gegenüber der Band, einen Deal an Land zu
ziehen, erfüllen konnte. Bis dahin, eingerechnet die unzähligen Auftritte, die
Decca-Tapes, die Absagen der Plattenfirmen, hätte alles anders werden können. Vieles geschah um Haaresbreite, doch es geschah.
Doch dann verließen die Beatles den kontingenten Raum, denn es kam etwas
ins Rollen, was weder geplant noch forciert werden konnte. Und es war allein
das Verdienst der Beatles. Der erste magische Moment war, als die Beatles
ihren Willen gegenüber Produzent George Martin durchgesetzt hatten und die
eigenen Songs veröffentlichten. Die Popularität und Akzeptanz, die die Beatles
vorerst nur in Liverpool hatten, nahm im ganzen Land zu. Die Medien bemüh-
ten sich verstärkt um die Beatles, denn sie realisierten, dass die Beatles ein in
sich geschlossenes, gereiftes Gebilde waren, hinter dem vier großartige Individuen steckten. Nicht nur Medien: vor allem die Zuschauer/innen waren fasziniert von der Liverpooler Band. Kein Wunder, durch die große, das Selbstver-
trauen förderliche Spielpraxis, dem ästhetisch neue Maßstäbe setzende Aussehen mit Pilzkopf, Anzügen, den Beatles-Boots und einer Frische und jugend-
lichem Charme, die einen Schwung, eine Aura bildeten, wirkten die Beatles
hochgradig infektiös auf die britische Jugend. Hinzu kam, dass ihre Musik aufregend neu war. Alles passte, die Beatles waren wie eine Sendung aus den
kühnsten jugendlichen Träumen. Keiner konnte sich mehr diesem geschlosse-
nen, notwendigen Konstrukt dieses Quartetts entziehen.

Dass dieses Phänomen kein „Day Tripper" war, sich festigte, sich ausbaute und hielt, lag vornehmlich an der ungeheuerlichen Kreativität. Die Beatles waren nicht nur ein ästhetisches Phänomen. Hinter der glitzernden Fassade verbarg sich ein schöpferisches Potential, das neue Maßstäbe in die industrialisierte Popmusik einführte. Wenn ein Phänomen aus dem herkömmliche Raum des Normativen herausragt, mutet es im ersten Impuls fremdartig an. Dies war das Schicksal der Beatles 1962. Wo sie außerhalb Liverpools auch hinkamen, wurden sie als sonderlich eingestuft – sowohl in ihrem Habitus als auch in ihrem Aussehen. Durch den Einsatz der Medien verwandelte sich die Fremdheit allmählich in eine allumgreifende Akzeptanz, was vorrangig an der Qualität ihrer Musik lag. Nach der Akzeptanz folgte eine Begeisterungswelle, die die Beatles nach oben riss, wie noch nie zuvor und danach etwas nach oben gerissen worden ist. Nach dem Sprung nach oben ging der Tanz erst richtig los.

—————————————— Ende ——————————————

1960

01. Januar 1960 Stuart Sutcliffe steigt bei den Quarrymen ein. Er schlägt vor, den Bandnamen zu ändern. Mit dem Geld, das er durch den Verkauf eines Gemäldes erhält, kauft er sich eine Bass-Gitarre.

23./24. April 1960 John und Paul verbringen zusammen die Osterferien in Caversham. Sie besuchen dort Pauls Kusine und treten als "The Nerk Twins" in ihrem Pub „The Fox and Hounds" auf.

10. Mai 1960 Die Silver Beetles (John, Paul, George, Stuart und Schlagzeuger Tommy Moore) spielen für den Londoner Promoter Larry Parnes. Sie werden als Begleitgruppe für den Sänger Johnny Gentle ausgewählt.

20. Mai 1960 Die Schottland-Tournee beginnt. Auftritt der Silver Beetles in der Town Hall von Alloa.

21. Mai 1960 Auftritt der Silver Beetles im Northern Meeting Room in Inverness.

23. Mai 1960 Auftritt der Silver Beetles in Fraserburgh.
Auf der Fahrt dorthin kommt es zu einem Autounfall. Johnny Gentle übersieht ein Auto und fährt auf. Bei dem Aufprall fliegt ein Gitarrenkoffer durch den Kleinbus und schlägt Tommy Moore die vorderen Schneidezähne ein. Er tritt trotz Schmerzen am Abend bei dem Konzert auf.

25. Mai 1960 Auftritt der Silver Beetles in der Thomas Hall in Keith.

26. Mai 1960 Auftritt der Silver Beetles in Forres.

27. Mai 1960 Auftritt der Silver Beetles im Regal Ballroom in Nairn.

28. Mai 1960 Auftritt der Silver Beetles in Forres.

02. Juni 1960 Auftritt der Silver Beetles in der Rescue Hall in Peterhead.

04. Juni 1960 Auftritt der Silver Beetles im Grosvenor Ballroom in Liscard.

06. Juni 1960 Auftritt der Silver Beetles im Grosvenor Ballroom in Liscard zusammen mit Gerry & the Pacemakers. Es ist das erste Mal, dass die beiden Bands miteinander auftreten.

11. Juni 1960 Auftritt der Silver Beetles im Grosvenor Ballroom in Liscard ohne Schlagzeuger Tommy Moore. Er hat von John Lennons Zynismus die Nase voll und zieht die Arbeit als Fahrer in einer Flaschenabfüllfabrik vor.

13. Juni 1960 Auftritt der Silver Beetles in der Jacaranda Coffee Bar. Es ist das letzte Mal, dass Tommy Moore als Schlagzeuger bei der Gruppe mitspielt.

30. Juni 1960 Auftritt der Silver Beetles im Institute in Neston.

Ab **01. Juli 1960** spielen die Silver Beatles für eine Woche als Begleitband für die Striptease-Tänzerin Janice.

02. Juli 1960 Auftritt der Silver Beetles im Grosvenor Ballroom in Wallasey. Johnny Gentle kommt vorbei und singt ein paar Songs.

07. Juli 1960 Auftritt der Silver Beetles im Neston Institute in Wirral.

09. Juli 1960 Auftritt der Silver Beetles im Grosvenor Ballroom in Wallasey. Norman Chapman ist neuer Schlagzeuger.

16. Juli 1960 Auftritt der Silver Beetles im Grosvenor Ballroom in Wallasey.

23. Juli 1960 Auftritt der Silver Beetles im Grosvenor Ballroom in Wallasey.

30. Juli 1960 Auftritt der Silver Beetles im Grosvenor Ballroom in Wallasey.

12. August 1960 Pete Best wird der neue Drummer der Silver Beatles. Die Band ändert ihren Namen von Silver Beatles in **The Beatles.**

Von **17. August 1960 bis zum 3. Oktober** haben die Beatles insgesamt 48 Auftritte im Hamburger Indra Club auf der Großen Freiheit. Der Besitzer des Indra Clubs ist Bruno Koschmider.

Die Beatles freunden sich mit Klaus Voorman und Astrid Kirchherr an, Astrid ist Fotografin. Sie macht Bilder von den Beatles und verliebt sich in Stu Sutcliffe.

03. Oktober 1960 Der Indra Club wird wegen Beschwerden der Nachbarn geschlossen. Die Beatles wechseln in den Kaiserkeller von Bruno Koschmider.

04. Oktober 1960 Die Beatles spielen im Hamburger Kaiserkeller. Sie spielen dort insgesamt 58 Abende. Sie wechseln sich mit Rory Storm & the Hurricanes ab, bei denen Richard Starkey (aka Ringo Starr) am Schlagzeug sitzt.

15. Oktober 1960 Die Beatles und zwei Mitglieder von Rory Storms Hurricanes (Ringo Starr und Lou "Wally" Walters) nehmen in einem kleinen Hamburger Studio George Gershwins „Summertime" auf. Pete Best ist nicht dabei. Die Aufnahme wird auf Schallplatte gepresst. Es ist die erste Aufnahme, bei der John Lennon, Paul McCartney, George Harrison und Ringo Starr zusammen spielen. Das Acetet der Aufnahme ist verloren gegangen.

16. Oktober 1960 Der Vertrag zwischen den Beatles und Bruno Koschmider wird bis zum 31. Dezember verlängert.

21. November 1960 Bruno Koschmider zeigt die Beatles an. Er ist verärgert, dass die Beatles in den neuen Top Ten Club wechseln wollen. George Harrison wird nach England abgeschoben, weil er mit seinen 17 Jahren zu jung ist, um nach Mitternacht aufzutreten. Er fährt zurück nach Liverpool; die restlichen Beatles bleiben in Hamburg.

29. November 1960 Paul McCartney und Pete Best müssen Deutschland verlassen. Sie werden wegen versuchter Brandstiftung verhaftet. Bevor Paul McCartney und Pete Best nach London abgeschoben werden, schließen sie einen Vertrag mit Peter Eckhorn ab, im April nächsten Jahres für einen Monat im Top Ten Club aufzutreten.

10. Dezember 1960 John Lennon verlässt Hamburg und kehrt nach England zurück. Stuart Sutcliffe bleibt bis Ende Februar in Hamburg.

17. Dezember 1960 Auftritt der Beatles im Casbah Coffee Club. Es ist ihr erster Auftritt nach ihrer Rückkehr aus Hamburg. Chas Newby spielt bei den Beatles den Bass – er ersetzt Stu Sutcliffe, der in Hamburg geblieben ist. Chas Newby spielt nur zwei Wochen mit. Paul McCartney wird der Bass-Spieler der Band.

24. Dezember 1960 Auftritt der Beatles im Grosvenor Ballroom in Wallasey. Mit dabei sind Derry & the Seniors.

27. Dezember 1960 Auftritt der Beatles im Litherland Town Hall Ballroom. Auf den Plakaten steht: Direct From Hamburg, The Beatles! Viele Gäste glauben, dass es sich um eine deutsche Gruppe handelt. Die Beatles beginnen ihren Auftritt mit „Long Tall Sally". So etwas hat das Publikum noch nie gehört. Auf einen Schlag sind die Beatles in Liverpool begehrt.

31. Dezember 1960 Auftritt der Beatles im Casbah Coffee Club. Es ist das vierte und letzte Mal, dass mit ihnen der Bassist Chas Newby spielt.

1961

5. Januar 1961 Auftritt der Beatles in der Litherland Town Hall. Als Gage erhalten sie siebeneinhalb englische Pfund. Die Nachfrage für die Beatles steigt. Teilweise spielen sie zwei-, dreimal pro Tag. Wie in Hamburg stehen sie fünf bis sechs Stunden pro Tag auf der Bühne! Neil Aspinall, ein Freund von Pete Best, wird der Road-Manager.

06. Januar 1961 Auftritt der Beatles in der St. John's Hall in Bootle. Als Gage erhalten sie sechseinhalb englische Pfund.

07. Januar 1961 Auftritt der Beatles im Aintree Institute.

13. Januar 1961 Auftritt der Beatles im Aintree Institute.

14. Januar 1961 Auftritt der Beatles im Aintree Institute.

15. Januar 1961 Auftritt der Beatles im Casbah Coffee Club.

18. Januar 1961 Auftritt der Beatles im Aintree Institute.

19. Januar 1961 Auftritt der Beatles in Liverpools Alexandra Hall.

20. Januar 1961 Auftritt der Beatles in der Lathom Hall in Liverpool.

21. Januar 1961 Zwei Auftritte der Beatles in Liverpool: in der Lathom Hall und im Aintree Institute.

25. Januar 1961 Auftritt der Beatles in der Hambleton Hall in Liverpool. Mit dabei sind Derry & The Seniors und Faron & The Tempest Tornadoes.

26. Januar 1961 Auftritt der Beatles in der Litherland Town Hall.

27. Januar 1961 Auftritt der Beatles im Aintree Institute.

28. Januar 1961 Zwei Auftritte der Beatles in der Lathom Hall und dem Aintree Institute in Liverpool.

29. Januar 1961 Auftritt der Beatles im Casbah Coffee Club.

30. Januar 1961 Auftritt der Beatles in der Lathom Hall in Liverpool.

01. Februar 1961 Auftritt der Beatles in der Hambleton Hall in Liverpool.

02. Februar 1961 Auftritt der Beatles in der Litherland Town Hall.

03. Februar 1961 Auftritt der Beatles in der St. John's Hall in Bootle.

04. Februar 1961 Auftritt der Beatles in der Liverpooler Lathom Hall.

05. Februar 1961 Auftritt der Beatles in der Blair Hall in Liverpool.

06. Februar 1961 Auftritt der Beatles in der Lathom Hall.

07. Februar 1961 Auftritt der Beatles im Liverpooler Merseyside Civil Service Club.

08. Februar 1961 Zwei Auftritte der Beatles im Liverpooler Aintree Institute und in der Hambleton Hall.

09. Februar 1961 Auftritt der Beatles mittags im Cavern Club. Erster Auftritt der Beatles im Cavern Club. Als Gage erhalten die Beatles fünf englische Pfund. Bis zum 03. August 1963 folgen weitere 291 Auftritte.

10. Februar 1961 Zwei Auftritte der Beatles: im Liverpooler Aintree Institute, danach in der Lathom Hall.

11. Februar 1961 Zwei Auftritte der Beatles in der Lathom Hall und im Cassanova Club.

12. Februar 1961 Auftritt der Beatles im Casbah Coffee Club

14. Februar 1961 Zwei Auftritte der Beatles. Nachmittags im Cassanova Club und abends in der Litherland Town Hall.

15. Februar 1961 Zwei Auftritte der Beatles. Zuerst im Aintree Institute, danach in der Hambleton Hall.

16. Februar 1961 Zwei Auftritte der Beatles im Cassanova Club und in der Litherland Town Hall.

17. Februar 1961 Auftritt der Beatles in der St. John's Hall in Liverpool.

18. Februar 1961 Auftritt der Beatles im Liverpooler Aintree Institute.

19. Februar 1961 Auftritt der Beatles im Liverpooler Casbah Coffee Club.

21. Februar 1961 Drei Auftritte der Beatles: mittags im Cavern Club. Abends Im Cassanova Club und in der Litherland Town Hall.

22. Februar 1961 Zwei Auftritte der Beatles. Zuerst im Aintree Institute, dann in der Hambleton Hall.

24. Februar 1961 Auftritt der Beatles im Grosvenor Ballroom in Wallasey.

25. Februar 1961 Zwei Auftritte der Beatles im Liverpooler Aintree Institute und in der Lathom Hall.

26. Februar 1961 Auftritt der Beatles im Casbah Coffee Club.

01. März 1961 Auftritt der Beatles im Liverpooler Aintree Institute.

02. März 1961 Auftritt der Beatles in der Litherland Town Hall.

03. März 1961 Auftritt der Beatles in der St. John's Hall in Bootle.

04. März 1961 Auftritt der Beatles im Aintree Institute.

05. März 1961 Auftritt der Beatles im Casbah Coffee Club.

06. März 1961 zwei Auftritte der Beatles: mittags im Cavern Club, abends bei der Liverpooler Jazz Society.

07. März 1961 Auftritt der Beatles im Cassanova Club.

08. März 1961 Drei Auftritte der Beatles: zur Mittagszeit im Cavern Club. Abends folgen zwei Auftritte im Aintree Institute und in der Hambleton Hall.

10. März 1961 Drei Auftritte der Beatles: mittags im Cavern Club. Am Abend im Grosvenor Ballroom in Liscard; anschließend in der St. John's Hall in Tuebrook.

11. März 1961 zwei Auftritte der Beatles im Aintree Institute und bei der Liverpool Jazz Society.

14. März 1961 Auftritt der Beatles mittags im Cavern Club.

16. März 1961 Auftritt der Beatles mittags im Cavern Club.

19. März 1961 Auftritt der Beatles im Casbah Coffee Club.

20. März 1961 Auftritt der Beatles mittags im Cavern Club. Abends in der Hambleton Hall in Huyton.

21. März 1961 Erster Auftritt der Beatles in einer Abend-Show im Cavern Club als Vorgruppe der Swinging Bluejeans. Für die AbendShow erhalten sie 15 Pfund.

22. März 1961 Auftritt der Beatles mittags im Cavern Club.

24. März 1961 Auftritt der Beatles mittags im Cavern Club.

26. März 1961 Auftritt der Beatles im Casbah Coffee Club. Letzter Auftritt vor dem zweiten Trip nach Hamburg.

Von **1. April 1961** bis **01. Juli** treten die Beatles 92 Nächte im Hamburger Top Ten Club auf der Reeperbahn auf. Insgesamt bringen sie es auf 503 Stunden Bühnenzeit.

20. April 1961 Zerwürfnis der Beatles mit ihrem Manager Allan Williams. Die Beatles weigern sich, ihm eine Provision für ihr derzeitiges Engagement im Hamburger Top-Ten Club zu zahlen.

12. Mai 1961 Erster Plattenvertrag mit Produzent Bert Kaempfert.

Die Beatles nehmen ohne Tony Sheridan die Lieder „Ain't She Sweet" (Leadstimme: John Lennon) und das Instrumental „Cry For a Shadow" auf.

Weitere Lieder: „When the Saints Go Marching In", „Why Can't You Love Me Again", „Nobody's Child" und „Take Out Some Insurance On Me Baby". Die Single „My Bonnie" erscheint Juni 1961 in Deutschland unter dem Namen Tony Sheridan und The Beat Brothers und verkauft sich insgesamt 100.000

Mal.

01. Juli 1961 Letzter Auftritt der Beatles im Top Ten Club auf Hamburgs Reeperbahn.

06. Juli 1961 Die erste Ausgabe von Bill Harrys Liverpooler Musik-Zeitschrift „Mersey Beat" erscheint mit einem Artikel von John Lennon. Titel: „Being a Short Diversion On The Dubious Origins Of Beatles".

13. Juli 1961 Auftritt der Beatles in der Liverpooler St. John's Hall. Es ist der erste Auftritt der Jungs in Liverpool nach ihrer Rückkehr von dem 13-wöchigen Gastspiel im Hamburger Top Ten Club.

14. Juli 1961 Auftritt der Beatles mittags und abends im Cavern Club.

15. Juli 1961 Auftritt der Beatles in der Holyoake Hall in Liverpool.

16. Juli 1961 Auftritt der Beatles in der Blair Hall in Liverpool.

17. Juli 1961 Zwei Auftritte der Beatles: mittags im Cavern Club, abends in der Litherland Town Hall.

19. Juli 1961 Auftritt der Beatles im Cavern Club mittags und abends.

20. Juli 1961 Auftritt der Beatles in der St. John's Hall in Liverpool.
In der Zeitschrift Mersey Beat ist ein Bericht über die Plattenaufnahmen mit Tony Sheridan in Deutschland abgebildet.

21. Juli 1961 Zwei Auftritte der Beatles: mittags im Cavern Club, abends im Liverpooler Aintree Institute.

22. Juli 1961 Auftritt der Beatles in der Holyoake Hall.

23. Juli 1961 Auftritt der Beatles in der Blair Hall.

24. Juli 1961 Auftritt der Beatles in der Litherland Town Hall.

25. Juli 1961 Auftritte der Beatles mittags und abends im Cavern Club.

26. Juli 1961 Auftritt der Beatles abends im Cavern Club.

27. Juli 1961 Zwei Auftritte der Beatles: mittags im Cavern Club; abends in der St. John's Hall in Liverpool. Dort sind die Beatles die Background-Gruppe von Cilla White, der späteren Cilla Black.

28. Juli 1961 Auftritt der Beatles im Aintree Institute in Liverpool.

29. Juli 1961 Auftritt der Beatles in der Blair Hall in Liverpool.

30. Juli 1961 Auftritt der Beatles in der Blair Hall in Liverpool.

31. Juli 1961 Zwei Auftritte der Beatles: mittags im Cavern Club, abends in der Litherland Town Hall.

02. August 1961 Zwei Auftritte der Beatles mittags und abends im Cavern Club.

03. August 1961 Auftritt der Beatles in der St. John's Hall in Liverpool auf.

04. August 1961 Zwei Auftritte der Beatles: mittags im Cavern Club, abends im Aintree Institute.

05. August 1961 Auftritt der Beatles abends im Cavern Club.

06. August 1961 Auftritt der Beatles im Casbah Coffee Club.

07. August 1961 Auftritt der Beatles in der Litherland Town Hall.

08. August 1961 Auftritt der Beatles mittags im Cavern Club.

09. August 1961 Auftritt der Beatles abends im Cavern Club.

10. August 1961 Zwei Auftritte der Beatles: mittags im Cavern Club, abends in der St. John's Hall.

11. August 1961 Auftritt der Beatles abends im Cavern Club.

12. August 1961 Auftritt der Beatles im Aintree Institute.

13. August 1961 Auftritt der Beatles im Casbah Coffee Club.

14. August 1961 Auftritt der Beatles mittags im Cavern Club.

16. August 1961 Auftritt der Beatles abends im Cavern Club.

17. August 1961 Auftritt der Beatles in der St. John's Hall. An diesem Tag werden die ersten Fan-Briefe der Beatles in der Zeitschrift Mersey Beat abgedruckt.

18. August 1961 Zwei Auftritte der Beatles: mittags im Cavern Club, abends im Aintree Institute.

19. August 1961 Auftritt der Beatles im Aintree Institute in Liverpool.

20. August 1961 Auftritt der Beatles in der Hambleton Hall in Liverpool.

21. August 1961 Auftritt der Beatles mittags im Cavern Club.

23. August 1961 Zwei Auftritte der Beatles mittags und abends im Cavern Club.

24. August 1961 Auftritt der Beatles in der St. John's Hall in Liverpool.

25. August 1961 Zwei Auftritte der Beatles: mittags im Cavern Club, abends folgt eine „Riverboat Shuffle" auf der Mersey auf dem Schiff Royal Iris.

26. August 1961 Auftritt der Beatles im Aintree Institute.

27. August 1961 Auftritt der Beatles im Casbah Coffee Club.

28. August 1961 Auftritt der Beatles mittags im Cavern Club.

29. August 1961 Auftritt der Beatles mittags im Cavern Club.

30. August 1961 Auftritt der Beatles abends im Cavern Club.

31. August 1961 Auftritt der Beatles in der St. John's Hall.

01. September 1961 Zwei Auftritte der Beatles mittags und abends im Cavern Club.

In der Zeitschrift Mersey Beat wird die Gründung des ersten Beatles-Fan-Clubs veröffentlicht. In Deutschland erscheint an diesem Tag die EP „Tony Sheridan and the Beat Brothers". Auf der EP ist auch das Instrumental „Cry For a Shadow" von George Harrison und John Lennon platziert. Es ist die erste Beatles-Komposition, die jemals auf Schallplatte erscheint.

02. September 1961 Auftritt der Beatles im Aintree Institute in Liverpool.

03. September 1961 Auftritt der Beatles in der Hambleton Hall in Liverpool.

05. September 1961 Auftritt der Beatles mittags im Cavern Club.

06. September 1961 Auftritt der Beatles abends im Cavern Club.

Am **7. September 1961** Zwei Auftritte der Beatles: mittags im Cavern Club, abends in der Litherland Town Hall in Liverpool.

08. September 1961 Auftritt der Beatles in der St. John's Hall in Liverpool.

09. September 1961 Auftritt der Beatles im Aintree Institute in Liverpool.

10. September 1961 Auftritt der Beatles im Casbah Coffee Club.

11. September 1961 Auftritt der Beatles mittags im Cavern Club.

13. September 1961 Zwei Auftritte der Beatles mittags und abends im Cavern Club.

14. September 1961 Auftritt der Beatles in der Litherland Town Hall. In der Zeitschrift Mersey Beat erscheint zum ersten Mal John Lennons Kolumne „Around and About"; sein nom de plume ist „Beatcomber".

15. September 1961 Drei Auftritte der Beatles: mittags im Cavern Club, abends folgen Auftritte an beiden Ufern des Mersey Rivers: im Grosvenor Ballroom in Liscard, Wallasey, und in der Village Hall.

16. September 1961 Auftritt der Beatles im Aintree Institute.

17. September 1961 Auftritt der Beatles in der Hambleton Hall in Huyton/ Liverpool.

19. September 1961 Auftritt der Beatles mittags im Cavern Club.

20. September 1961 Auftritt der Beatles abends im Cavern Club.

21. September 1961 Zwei Auftritte der Beatles: mittags im Cavern Club, abends in der Litherland Town Hall zusammen mit Gerry & the Pacemakers und Rory Storm & the Hurricanes.

22. September 1961 Auftritt der Beatles in der Village Hall in Liverpool.

23. September 1961 Auftritt der Beatles im Aintree Institute in Liverpool.

24. September 1961 Auftritt der Beatles im Casbah Coffee Club.

25. September 1961 Auftritt der Beatles mittags im Cavern Club.

27. September 1961 Zwei Auftritte der Beatles mittags und abends im Cavern Club.

28. September 1961 Auftritt der Beatles in der Litherland Town Hall.

1. Oktober 1961 John und Paul treten einen zweiwöchigen Urlaub in Paris an. John Lennon hat von einer Tante 100 englische Pfund für seinen 21. Geburtstag erhalten. In Paris treffen die beiden ihren Freund Jürgen Vollmer aus Hamburg. Es ist die Geburtsstunde des Beatles-Haarschnitts.

15. Oktober 1961 Zwei Auftritte der Beatles: nachmittags im Rahmen einer Wohltätigkeitsveranstaltung Albany Cinema in Northway, abends in der Hambleton Hall in Huyton bei Liverpool.

16. Oktober 1961 Auftritt der Beatles mittags im Cavern Club.

17. Oktober 1961 Auftritt der Beatles im David Lewis Club.

18. Oktober 1961 Zwei Auftritte der Beatles mittags und abends im Cavern Club.

19. Oktober 1961 Auftritt der Beatles in der Litherland Town Hall. Mit dabei sind Gerry and the Pacemakers.

20. Oktober 1961 Zwei Auftritte der Beatles mittags im Cavern Club, abends in der Village Hall in Knotty Ash.

21. Oktober 1961 Zwei Auftritte der Beatles abends im Cavern Club.

22. Oktober 1961 Auftritt der Beatles im Casbah Coffee Club.

25. Oktober 1961 Auftritt der Beatles abends im Liverpooler Cavern Club.

26. Oktober 1961 Auftritt der Beatles mittags im Cavern Club.

27. Oktober 1961 Auftritt der Beatles in der Village Hall in Liverpool.

28. Oktober 1961 Auftritt der Beatles im Aintree Institute in Liverpool. An diesem Tag kommt Beatles-Fan Raymond Jones in den Schallplatten-Laden von Brian Epstein und fragt nach der Single „My Bonnie".

29. Oktober 1961 Auftritt der Beatles in der Hambleton Hall in Liverpool.

30. Oktober 1961 Auftritt der Beatles mittags im Cavern Club.
An diesem Tag kommen zwei Mädchen zu Epstein und fragen nach der Beatles-Schallplatte. Brian Epstein möchte die in Deutschland erschienene Single importieren.

31. Oktober 1961 Auftritt der Beatles in der Litherland Town Hall.

01. November 1961 Zwei Auftritte der Beatles mittags und abends im Cavern Club.

03. November 1961 Auftritt der Beatles mittags im Cavern Club.

04. November 1961 Auftritt der Beatles abends im Cavern Club.

07. November 1961 Drei Auftritte der Beatles: mittags im Cavern Club, abends im Merseyside Civil Service Club; danach wieder im Cavern Club.

08. November 1961 Auftritt der Beatles abends im Cavern Club.

09. November 1961 Zwei Auftritte der Beatles: mittags im Liverpooler Cavern Club, abends in der Litherland Town Hall.
Bei ihrem Auftritt im Cavern Club ist Brian Epstein im Publikum. Er wird begleitet von seinem Assistenten Alistair Taylor. Brian Epstein lädt die Beatles für den 3. Dezember 1961 zu einem Gespräch in seinen Schallplatten-Laden ein.

10. November 1961 Zwei Auftritte der Beatles abends im Tower Ballroom in New Brighton. Mit dabei die Bands Gerry & the Pacemakers, Rory Storm & the Hurricanes, The Remo Four und Kingsize Taylor & the Dominoes. Nach ihrem Auftritt fahren die Beatles in die Village Hall in Knotty Ash. Nach dem Auftritt zurück in den Tower Ballroom in New Brighton, um nochmals dort aufzutreten.

11. November 1961 Auftritt der Beatles im Aintree Institute.

12. November 1961 Auftritt der Beatles in der Hambleton Hall.

13. November 1961 Auftritt der Beatles mittags im Cavern Club.

14. November 1961 Zwei Auftritte der Beatles im Merseyside Civil Service Club und im Cavern Club.

15. November 1961 Zwei Auftritte der Beatles mittags und abends im Cavern Club.

17. November 1961 Zwei Auftritte der Beatles: mittags im Cavern Club, abends in der Village Hall.

18. November 1961 Auftritt der Beatles abends im Cavern Club.

18. November 1961 Auftritt der Beatles abends im Cavern Club.

19. November 1961 Auftritt der Beatles im Casbah Coffee Club.

21. November 1961 Zwei Auftritte der Beatles: mittags im Cavern Club, abends im Merseyside Civil Service Club.

22. November 1961 Auftritt der Beatles abends im Cavern Club.

23. November 1961 Auftritt der Beatles mittags im Cavern Club.

24. November 1961 Zwei Auftritte der Beatles: im Casbah Coffee Club. Anschließend in New Brighton im Tower Ballroom. Für zwei Lieder singt Davy Jones bei diesem Auftritt mit.

26. November 1961 Auftritt der Beatles in der Hambleton Hall.

27. November 1961 Auftritt der Beatles mittags im Cavern Club.

28. November 1961 Auftritt der Beatles im Merseyside Civil Service Club.

29. November 1961 Zwei Auftritte der Beatles mittags und abends im Cavern Club.

01. Dezember 1961 Zwei Auftritte der Beatles mittags im Cavern Club, abends spielen sie mit fünf weiteren Bands bei der „Big Beat Session" im Tower Ballroom in New Brighton vor 2000 Besuchern.

02. Dezember 1961 Auftritt der Beatles abends im Cavern Club.

03. Dezember 1961 Auftritt der Beatles im Casbah Coffee Club.
An diesem Tag haben die Beatles ein Treffen mit Brian Epstein. Er schlägt ihnen vor, ihr Manager zu werden. Die Beatles sind interessiert, es wird ein weiteres Treffen für den 06. Dezember vereinbart.

06. Dezember 1961 Auftritt der Beatles abends im Cavern Club.

08. Dezember 1961 Zwei Auftritte der Beatles: mittags im Cavern Club, abends im Tower Ballroom in New Brighton. Bei beiden Konzerten begleiten sie erneut den Sänger Davy Jones.

09. Dezember 1961 Auftritt der Beatles im Palais Ballroom in Aldershot vor 18 Zuhörern.

10. Dezember 1961 Auftritt der Beatles in der Hambleton Hall.

11. Dezember 1961 Auftritt der Beatles mittags im Cavern Club.

13. Dezember 1961 Zwei Auftritte der Beatles im Cavern Club – einmal mittags und einmal abends.

15. Dezember 1961 Zwei Auftritte der Beatles: mittags im Cavern Club, abends im Tower Ballroom in New Brighton.

16. Dezember 1961 Auftritt der Beatles abends im Cavern Club.

17. Dezember 1961 Auftritt der Beatles im Casbah Coffee Club.

18. Dezember 1961 Auftritt der Beatles mittags im Cavern Club.

19. Dezember 1961 Auftritt der Beatles im Cavern Club.

20. Dezember 1961 Auftritt der Beatles im Cavern Club.

21. Dezember 1961 Auftritt der Beatles mittags im Cavern Club.

23. Dezember 1961 Auftritt der Beatles im Cavern Club.

An diesem Tag treffen sich die Beatles mit Brian Epstein zur Besprechung. Brian Epstein verlangt 25 Prozent aller Bandeinnahmen. Sein Versprechen: Besser bezahlte Auftritte und einen Schallplattenvertrag.

1962

01. Januar 1962 Die Beatles haben einen Vorspieltermin bei der Plattenfirma Decca. Brian Epstein wählt insgesamt 15 Songs aus, die die Beatles spielen. Die Probeaufnahmen dauern etwa eine Stunde. Nach den Beatles kommen Brian Poole and The Tremeloes ins Decca Studio an die Reihe.

03. Januar 1962 Zwei Auftritte der Beatles: mittags und abends im Cavern Club.

04. Januar 1962 Das Magazin „Mersey Beat" veröffentlicht eine Umfrage nach der beliebtesten Gruppe. Mit großem Abstand gewinnen die Beatles vor Gerry & the Pacemakers, Remo Four und Rory Storm & the Hurricanes.

05. Januar 1962 In England erscheint die Singe „My Bonnie" mit „The Saints" auf der Rückseite. Auftritt der Beatles mittags im Cavern Club.

06. Januar 1962 Auftritt der Beatles abends im Cavern Club.

07. Januar 1962 Auftritt der Beatles im Casbah Coffee Club.

09. Januar 1962 Auftritt der Beatles mittags im Cavern Club.

10. Januar 1962 Auftritt der Beatles abends im Cavern Club.

11. Januar 1962 Auftritt der Beatles mittags im Cavern Club.

12. Januar 1962 Zwei Auftritte der Beatles: abends im Cavern Club und im Tower Ballroom in New Brighton.

13. Januar 1962 Letzter Auftritt der Beatles in der Hambleton Hall, Huyton, Liverpool. Brian Epstein verbietet weitere Auftritte dort.

14. Januar 1962 Auftritt der Beatles im Casbah Coffee Club.

15. Januar 1962 Auftritt der Beatles mittags im Cavern Club.

17. Januar 1962 Zwei Auftritte der Beatles mittags und abends im Cavern Club.

19. Januar 1962 Zwei Auftritte der Beatles: zur Mittagszeit im Cavern Club, abends im Tower Ballroom in New Brighton.

20. Januar 1962 Auftritt der Beatles abends im Cavern Club.

21. Januar 1962 Auftritt der Beatles im Casbah Coffee Club.

22. Januar 1962 Zwei Auftritte der Beatles: mittags im Cavern Club. Die übliche Zwei-Stunden-Show wird auf eine Stunde reduziert. Der Eintritt beträgt fünf Pence. Am Abend spielen die Beatles im Kingsway Club in Southport. Manager Brian Epstein ist darauf bedacht, dass die Beatles in besseren Clubs auftreten mit richtiger Bühne, Vorhang und Garderobe. Auftritte in kleinen Clubs sind passé.

24. Januar 1962 Zwei Auftritte der Beatles mittags und abends im Cavern Club.

An diesem Tag wird Brian Epstein der offizielle Manager der Beatles, die einen Vertrag mit Brian Epstein unterschreiben. Demnach erhält Brian Epstein 25 Prozent aller Einnahmen der Beatles.

26. Januar 1962 Drei Auftritte der Beatles: mittags und abends im Cavern Club. Anschließend geben sie ein drittes Konzert im Tower Ballroom in New Brighton.

27. Januar 1962 Letzter Auftritt der Beatles im Aintree Institute. Die Beatles spielen nie wieder für Veranstalter Brian Kelly. Im Liverpool Echo erscheint eine Notiz über das Vorspielen der Beatles bei Decca.

28. Januar 1962 Auftritt der Beatles im Casbah Coffee Club.

29. Januar 1962 Auftritt der Beatles im Kingsway Club in Southport.

30. Januar 1962 Auftritt der Beatles mittags im Cavern Club.

31. Januar 1962 Auftritt der Beatles abends im Cavern Club.

01. Februar 1962 Zwei Auftritte der Beatles: mittags im Cavern Club, abends im Thistle Café, West Kirby, Wirral. Mit ihnen an diesem Abend auf der Bühne: Steve Day & the Drifters.

02. Februar 1962 Auftritt der Beatles im „Oasis Club" in Manchester. Der erste professionelle Auftritt außerhalb Liverpools. Die Arbeit ihres Managers Brian Epstein zahlt sich allmählich aus.

03. Februar 1962 Auftritt der Beatles abends im Cavern Club

04. Februar 1962 Auftritt der Beatles im Casbah Coffee Club.

05. Februar 1962 Zwei Auftritte der Beatles: mittags im Cavern Club, abends im Kingsway Club in Southport. Schlagzeuger Pete Best ist krank. Ringo Starr springt ein – die Beatles sind begeistert.

07. Februar 1962 Zwei Auftritte der Beatles mittags und abends im Cavern Club.

09. Februar 1962 Drei Auftritte der Beatles: mittags und abends im Cavern Club. Anschließend noch einen Gig in der Technical College Hall in Birkenhead.

10. Februar 1962 Auftritt der Beatles im Jugendclub der St. Paul's Presbyterian Church Hall in Birkenhead.

11. Februar 1962 Auftritt der Beatles im Casbah Coffee Club.

12. Februar 1962 Die Beatles fahren nach Manchester ins BBC Radio Aufnahmestudio. Brian Epstein vereinbart beim Radio-Produzenten Peter Pilbeam einen Termin. Man will sehen, ob sich die Beatles für einen Auftritt in einer Radio-Show eignen. Paul McCartney singt „Till There Was You" und „Like Dreamers Do". John Lennon singt „Memphis Tennessee" und „Hello Little Girl". Radio-Produzent Peter Pilbeam gefallen die Lennon-Songs. Die Beatles erhalten ein Engagement für einen Auftritt in der Radio Show „Teenager's Turn" am 07. März 1962.

13. Februar 1962 In London treffen sich zum ersten Mal Brian Epstein und George Martin. Es geht um einen Vertrag bei Parlophone. Brian Epstein spielt George Martin einige Songs der Decca-Aufnahmen vor. Es dauert drei Monate, bis sich George Martin bei Brian Epstein meldet. Auftritt der Beatles an diesem Tag mittags im Cavern Club.

15. Februar 1962 Zwei Auftritte der Beatles: mittags im Cavern Club, abends vor 3500 Zuhörern im Tower Ballroom in New Brighton.

16. Februar 1962 Zwei Auftritte der Beatles in der Technical College Hall in Birkenhead und im Tower Ballroom in New Brighton

17. Februar 1962 Auftritt der Beatles abends im Cavern Club.

18. Februar 1962 Auftritt der Beatles im Casbah Coffee Club.

19. Februar 1962 Auftritt der Beatles mittags im Cavern Club.

20. Februar 1962 Auftritt der Beatles in der Floral Hall in Southport. Neben den Beatles spielen Gerry & the Pacemakers, Rory Storm & the Hurricanes und die Chris Hamilton Jazzmen.

Brian Epstein bittet Produzent Kaempfert, die Beatles aus ihrem Plattenvertrag vom Mai 1961 zu entlassen. Bert Kaempfert willigt am 3. März 1962 ein unter der Bedingung, dass die Beatles am 13. April 1962 während ihres siebenwöchigen Engagements in Hamburg Plattenaufnahmen für Polydor machen.

21. Februar 1962 Zwei Auftritte der Beatles mittags und abends im Cavern Club.

23. Februar 1962 Vier Auftritte der Beatles. Zunächst mittags im Cavern Club. Abends spielen sie im Tower Ballroom in New Brighton. Dann geht es weiter in die Technical College Hall in Birkenhead. Nach einem kurzen Auftritt dort geht es zurück in den Tower Ballroom in New Brighton für ein zweites Konzert.

24. Februar 1962 Zwei Auftritte der Beatles: In Hoylake beim Christlichen Verein Junger Männer werden sie ausgebuht. Der zweite Auftritt im Cavern Club bei den „All-Night Sessions" läuft wesentlich besser.

25. Februar 1962 Auftritt der Beatles im Casbah Coffee Club.

26. Februar 1962 Auftritt der Beatles im Kingsway Club in Southport.

02. März 1962 Zwei Auftritte der Beatles: zuerst in der St. John's Hall in Bootle. Dann folgt ein Auftritt im Tower Ballroom in New Brighton.

03. März 1962 Auftritt der Beatles abends im Cavern Club.

04. März 1962 Auftritt der Beatles im Casbah Coffee Club.

05. März 1962 Zwei Auftritte der Beatles: mittags im Cavern Club, abends im Kingsway Club in Southport.

06. März 1962 Auftritt der Beatles abends im Cavern Club.

07. März 1962 Die Beatles nehmen ihren ersten Radio-Auftritt im Playhouse Theatre in Manchester für die BBC Radiosendung „Teenager's Turn - Here We Go" auf. Die Sendung wird am 08. März 1962 ausgestrahlt. Es ist der erste Auftritt der Beatles in Anzügen. Die Beatles spielen drei Lieder: „Dream Baby", „Memphis Tennessee" und „Please Mr. Postman".

08. März 1962 Auftritt der Beatles im Liverpooler Storyville Jazz Club.

09. März 1962 Zwei Auftritte der Beatles: mittags und abends im Cavern Club.

10. März 1962 Auftritt der Beatles in der St. Paul's Presbyterian Church Hall in Birkenhead.

11. **März 1962** Auftritt der Beatles im Casbah Coffee Club.

14. März 1962 Auftritt der Beatles abends im Cavern Club.

15. März 1962 Zwei Auftritte der Beatles: mittags im Cavern Club, abends im Storyville Jazz Club.

16. März 1962 Auftritt der Beatles abends im Cavern Club.

17. März 1962 Auftritt der Beatles in der Village Hall in Knotty Ash.

19. März 1962 Auftritt der Beatles im Kingsway Club in Southport.

20. März 1962 Auftritt der Beatles abends im Cavern Club.

21. März 1962 Auftritt der Beatles mittags im Cavern Club.

22. März 1962 Auftritt der Beatles abends im Cavern Club.

23. März 1962 Zwei Auftritte der Beatles: mittags und abends im Cavern Club.

24. März 1962 Auftritt der Beatles im Heswall Jazz Club in Wirral.

25. März 1962 Auftritt der Beatles im Casbah Coffee Club.

26. März 1962 Auftritt der Beatles mittags im Cavern Club.

28. März 1962 Zwei Auftritte der Beatles: mittags und abends im Cavern Club.

29. März 1962 Auftritt der Beatles im Odd Spot Club in Liverpool.

30. März 1962 Zwei Auftritte der Beatles: mittags und abends im Cavern Club.

31. März 1962 Auftritt der Beatles in den Subscription Rooms in Stroud. Mit dabei sind die Rebel Rousers.

02. April 1962 Zwei Auftritte der Beatles: mittags im Cavern Club, abends im Pavilion Theatre, zusammen mit der Royal Waterford Showband.

05. April 1962 Auftritt der Beatles abends im Cavern Club. Veranstaltet wird der Abend vom Beatles Fan-Club. Die Beatles treten zuerst in der alten Lederkleidung auf, die zweite Hälfte des Abends bestreiten sie in den neuen Anzügen.

07. April 1962 Zwei Auftritte der Beatles: im Casbah Coffee Club und später im Cavern Club. George Harrison fehlt, er ist krank.

10. April 1962 Stu Sutcliffe stirbt im Alter von 21 Jahren an den Folgen einer Gehirnblutung in Hamburg

11. April 1962 John, Paul, and Pete treffen in Hamburg ein. George ist krank und kommt erst mit Brian Epstein einen Tag später. Die Beatles treten ein siebenwöchiges Engagement im Star-Club an.

Bei ihrer Ankunft erfahren sie vom tragischen Tod von Stu Sutcliffe am Tag vorher. Astrid Kirchherr, Sutcliffes Verlobte, holt die Beatles am Flughafen ab.

13. April 1962 Das 7-wöchige Engagement der Beatles im Hamburger Star-Club beginnt. Sie spielen 48 Abende, nur am 20. April haben sie einen Tag frei. Insgesamt kommen sie auf 172 Stunden Bühnenzeit.

09. Mai 1962 Brian Epstein und George Martin treffen sich zum zweiten Mal. George Martin schlägt Probeaufnahmen für den 06. Juni vor. Die Zusage für einen Plattenvertrag macht Martin vom Ergebnis der Aufnahmen abhängig.

Brian Epstein schickt den Beatles in Hamburg ein Telegramm: „Glückwunsch, Jungs. EMI will Aufnahmesession. Bitte studiert neues Material ein."

06. Juni 1962 Die Beatles sind zum ersten Mal in den Londoner EMI Abbey Road Studios. Sie spielen „Besame Mucho" und die drei Lennon-McCartney Songs „Love Me Do", „P.S. I Love You" und „Ask Me Why" ein.

09. Juni 1962 Auftritt der Beatles abends im Cavern Club. 900 Fans feiern die Rückkehr der Beatles aus Hamburg.

11. Juni 1962 Für das Radioprogramm „Here We Go" der BBC im Playhouse Theatre in Manchester nehmen die Beatles drei Lieder auf. „Ask Me Why", „Besame Mucho" und „A Picture of You".

Es ist das letzte Mal, dass Pete Best bei einer Aufnahme als Schlagzeuger dabei ist. Ausgestrahlt wird die Sendung am 15. Juni 1962.

12. Juni 1962 Zwei Auftritte der Beatles im Cavern Club mittags und abends.

13. Juni 1962 Zwei Auftritte der Beatles im Cavern Club mittags und abends.

16. Juni 1962 Auftritt der Beatles abends im Cavern Club

19. Juni 1962 Zwei Auftritte der Beatles im Cavern Club.

21. Juni 1962 Auftritt der Beatles als Begleitband im Tower Ballroom in New Brighton für Bruce Channel, der mit „Hey Baby" einen Top-Ten-Hit hat.

24. Juni 1962 Auftritt der Beatles im Casbah Coffee Club.

25. Juni 1962 Zwei Auftritte der Beatles: mittags im Liverpooler Cavern Club, abends im Plaza Ballroom in St. Helens.

28. Juni 1962 Auftritt der Beatles im Majestic Ballroom in Birkenhead.

29. Juni 1962 Zwei Auftritte der Beatles: mittags im Liverpooler Cavern Club, abends im Tower Ballroom in New Brighton. Dort treten insgesamt zehn Bands auf unter dem Motto „Operation Big Beat III". **01. Juli 1962** Auftritt der Beatles abends im Cavern Club. Mit dabei ist Gene Vincent.

03. Juli 1962 Auftritt der Beatles mittags im Cavern Club.

04. Juli 1962 Auftritt der Beatles abends im Cavern Club.

05. Juli 1962 Auftritt der Beatles im Majestic Ballroom in Birkenhead.

06. Juli 1962 Auftritt der Beatles beim Riverboat Shuffle auf dem Schiff Royal Iris.

07. Juli 1962 Auftritt der Beatles in der Hulme Hall in Birkenhead

08. Juli 1962 Auftritt der Beatles abends im Cavern Club.

09. Juli 1962 Auftritt der Beatles im Plaza Ballroom in St. Helens.

10. Juli 1962 Auftritt der Beatles mittags im Cavern Club.

11. Juli 1962 Auftritt der Beatles abends im Cavern Club.

12. Juli 1962 Zwei Auftritte der Beatles: mittags im Cavern Club und abends im Majestic Ballroom in Birkenhead.

13. Juli 1962 Auftritt der Beatles im Tower Ballroom in Wallasey.

14. Juli 1962 Auftritt der Beatles im Regent Dansette in Flintshire. Es ist der erste Auftritt in Wales.

15. Juli 1962 Auftritt der Beatles abends im Cavern Club.

16. Juli 1962 Die Beatles spielen mittags im Liverpooler Cavern Club und abends im Plaza Ballroom in St. Helens.

17. Juli 1962 Auftritt der Beatles: zweimal 60-Minuten Konzerte im McIlroy's Ballroom in Wiltshire.

18. Juli 1962 Zwei Auftritte der Beatles mittags und abends im Cavern Club.

19. Juli 1962 Auftritt der Beatles im Majestic Ballroom in Birkenhead.

20. Juli 1962 Zwei Auftritte der Beatles: mittags im Cavern Club und abends in der Bell Hall in Warrington.

21. Juli 1962 Auftritt der Beatles im Tower Ballroom in Wallasey.

22. Juli 1962 Auftritt der Beatles abends im Cavern Club.

23. Juli 1962 Auftritt der Beatles im Kingsway Club in Southport.

24. Juli 1962 Auftritt der Beatles mittags im Cavern Club.

25. Juli 1962 Drei Auftritte der Beatles: Mittags und abends im Liverpooler Cavern Club. Dann noch im Liverpooler Cabaret Club.

26. Juli 1962 Auftritt der Beatles in der Cambridge Hall in Southport. Sie sind Vorgruppe von Joe Brown & the Bruvvers, die mit ihrem Song „A Picture Of You" Platz 3 der britischen Charts belegen.

27. Juli 1962 Auftritt der Beatles im Tower Ballroom in New Brighton.

28. Juli 1962 Zwei Auftritte der Beatles: im Cavern Club und im Majestic Ballroom.

30. Juli 1962 Zwei Auftritte der Beatles: mittags im Cavern Club, abends in der St. John's Hall in Bootle.

01. August 1962 Zwei Auftritte der Beatles: mittags und abends im Cavern Club.

03. August 1962 Auftritt der Beatles in den Liverpooler Grafton Rooms. Mit dabei sind Gerry & the Pacemakers und The Big Three.

04. August 1962 Auftritt der Beatles in der Victoria Hall in Wirral.

05. August 1962 Auftritt der Beatles abends im Cavern Club.

07. August 1962 Zwei Auftritte der Beatles: mittags und abends im Cavern Club.

08. August 1962 Auftritt der Beatles im Co-op Ballroom in Doncaster.

09. August 1962 Auftritt der Beatles mittags im Cavern Club.

10. August 1962 Auftritt der Beatles auf dem Schiff Royal Iris. Mit dabei sind Johnny Kidd & the Pirates und The Dakotas.

11. August 1962 Auftritt der Beatles im Odd Spot Club.

12. August 1962 Auftritt der Beatles abends im Cavern Club.

13. August 1962 Zwei Auftritte der Beatles: mittags im Cavern Club, abends im Majestic Ballroom in Crewe.

14. August 1962 Ringo Starr erhält einen Telefonanruf von John Lennon. John fragt Ringo, ob er bei den Beatles einsteigen möchte. Am 18. August 1962 ist es soweit: Die Fab Four sind geboren. Ringo Starr ist ein Beatle geworden.

15. August 1962 Zwei Auftritte der Beatles mittags und abends im Cavern Club.

Es sind die letzten beiden Auftritte für Pete Best mit den Beatles. Am folgenden Tag wird er ins Büro von Brian Epstein gerufen. Dort teilt ihm der Manager mit, dass er nicht länger in der Gruppe dabei ist.

16. August 1962 Pete Best wird bei den Beatles durch Ringo Starr ersetzt.

17. August 1962 Zwei Auftritte der Beatles: im Majestic Ballroom in Birkenhead im Tower Ballroom in New Brighton. Da Ringo noch besetzt ist, springt Johnny Hutchinson von den Big Three ein.

18. August 1962 Erster Auftritt der Beatles mit Ringo am Schlagzeug in der Hulme Hall in Birkenhead. Vor dem Auftritt hat Ringo Starr zwei Stunden mit den restlichen Beatles geprobt.

19. August 1962 Auftritt der Beatles abends im Cavern Club. Es ist das erste Mal, dass die Beatles mit ihrem neuen Drummer Ringo Starr im Cavern auftreten. Es kommt zu Auseinandersetzungen mit Fans vom alten Schlagzeuger der Beatles, Pete Best. George Harrison wird ein Auge blau geschlagen.

20. August 1962 spielen die Beatles im Majestic Ballroom in Crewe.

22. August **1961** Zwei Auftritte der Beatles mittags und abends im Cavern Club.

Während des Mittagskonzerts nimmt Granada TV zwei Songs auf: „Some Other Guy" und „Kansas City/Hey Hey Hey Hey". Ausgestrahlt wird der Mitschnitt in der Sendung „Know the North".

23. August 1962 John Lennon heiratet Cynthia Powell in Liverpool auf dem Mount Pleasant Standesamt. Cynthia Lennon ist schwanger. Trotz Hochzeitsnacht Auftritt der Beatles im Riverpark Ballroom in Chester.

An diesem Tag berichtet auch die Zeitschrift Mersey Beat, dass nun Ringo Starr neuer Schlagzeuger der Beatles ist.

24. August 1962 Zwei Auftritte der Beatles; mittags im Cavern Club, abends im Majestic Ballroom in Birkenhead.

25. August 1962 Auftritt der Beatles im Marine Hall Ballroom in Fleetwood.

26. August 1962 Auftritt der Beatles abends im Cavern Club.

28. August 1962 Auftritt der Beatles abends im Cavern Club.

29. August 1962 Auftritt der Beatles im Floral Hall Ballroom in Morecambe.

30. August 1962 Zwei Auftritte der Beatles: mittags im Cavern Club. abends im Riverpark Ballroom in Chester.

31. August 1962 Auftritt der Beatles in der Town Hall in Lydney.

01. September 1962 Auftritt der Beatles in den Subscription Rooms in Stroud.

02. September 1962 Auftritt der Beatles abends im Cavern Club.

03. September 1962 Zwei Auftritte der Beatles: mittags im Cavern Club, abends in der Queen's Hall in Widnes. Es spielen auch Rory Storm & the Hurricanes ohne Ringo!

04. September 1962 Aufnahmen der Beatles in den Abbey Road Studios von EMI. Die Beatles nehmen die Songs „Love Me Do" und „How Do You Do It" von Mitch Murray auf.

05. September 1962 Auftritt der Beatles abends im Cavern Club.

06. September 1962 Zwei Auftritte der Beatles: mittags im Cavern Club, abends im Rialto Ballroom in Liverpool.

07. September 1962 Auftritt der Beatles in der Newton Dancing School in Wirral.

08. September 1962 Zwei Auftritte der Beatles: im YMCA (Christlicher Verein Junger Männer) in Birkenhead und im Majestic Ballroom in Birkenhead.

09. September 1962 Auftritt der Beatles abends im Cavern Club. Mit dabei ist Clinton Ford.

10. September 1962 Zwei Auftritte der Beatles: mittags im Cavern Club, abends in der Queen's Hall in Widnes. Mit dabei sind Rory Storm & the Hurricanes.

11. September 1962 Zum dritten Mal Aufnahmen in den Abbey Road Tonstudios. Andy White spielt Schlagzeug. Ringo Starr spielt Maracas bei „P.S. I Love You" und Tambourin bei „Love Me Do".

12. September 1962 Auftritt der Beatles abends im Cavern Club. Mit dabei sind Freddie & the Dreamers und die Sängerin Simone Jackson.

13. September 1962 Zwei Auftritte der Beatles: mittags im Cavern Club und abends im Riverpark Ballroom in Chester.

14. September 1962 Auftritt der Beatles im Tower Ballroom in New Brighton.

15. September 1962 Auftritt der Beatles in der Memorial Hall in Northwich.

16. September 1962 Auftritt der Beatles abends im Cavern Club.

17. September 1962 Zwei Auftritte der Beatles: mittags im Cavern Club, abends in der Queen's Hall in Widnes

19. September 1962 Auftritt der Beatles abends im Cavern Club.

20. September 1962 Auftritt der Beatles mittags im Cavern Club.

21. September 1962 Auftritt der Beatles im Tower Ballroom in New Brighton

22. September 1962 Auftritt der Beatles im Majestic Ballroom in Birkenhead.

23. September 1962 Auftritt der Beatles abends im Cavern Club.

25. September 1962 Auftritt der Beatles im Heswall Jazz Club in Heswall.

26. September 1962 Zwei Auftritte der Beatles mittags und abends im Cavern Club.

28. September 1962 Zwei Auftritte der Beatles: mittags im Cavern Club, abends auf dem Schiff Royal Iris auf der Mersey. Es ist der letzte Riverboat Shuffle der Beatles.

30. September 1962 Auftritt der Beatles abends im Cavern Club.

02. Oktober 1962 Auftritt der Beatles mittags im Cavern Club.

03. Oktober 1962 Auftritt der Beatles abends im Cavern Club.

04. Oktober 1962 Auftritt der Beatles mittags im Cavern Club.

05. Oktober 1962 In England erscheint die erste Single: „Love Me Do" mit „P.S. I Love You" auf der Rückseite. Die Platte hält sich sechs Wochen in den Charts und erreicht Platz 17.

06. Oktober 1962 Auftritt der Beatles in der Hulme Hall in Port Sunlight. Vor dem Auftritt gaben sie eine Autogrammstunde im Dawson's Music Shop in Widnes.

07. Oktober 1962 Auftritt der Beatles abends im Cavern Club.

08. Oktober 1962 Aufnahmen im Londoner EMI-House für Radio Luxemburg (Sendung „The Friday Spectacular").

09. Oktober 1962 Termine bei Musik-Journalisten, um Werbung für die Single „Love Me Do" zu machen.

10. Oktober 1962 Auftritt der Beatles mittags im Cavern Club.

11. Oktober 1962 Auftritt der Beatles im Rialto Ballroom.

12. Oktober 1962 Zwei Auftritte der Beatles: mittags im Cavern Club, abends im Tower Ballroom in New Brighton. Star des Abends ist Little Richard.

13. Oktober 1962 Auftritt der Beatles abends im Cavern Club.

15. Oktober 1962 Auftritt der Beatles im Majestic Ballroom in Birkenhead.

16. Oktober 1962 Auftritt der Beatles im La Scala Ballroom in Runcorn.

17. Oktober 1962 Zwei Auftritte der Beatles mittags und abends im Cavern Club. Die Beatles haben ihren ersten Live-Fernsehauftritt – in der Sendung „People and Places". Sie spielen zwei Songs: „Some Other Guy" und „Love Me Do".

19. Oktober 1962 Auftritt der Beatles mittags im Cavern Club.

20. Oktober 1962 Auftritt der Beatles im Majestic Ballroom in Witham.

21. Oktober 1962 Auftritt der Beatles abends im Cavern Club.

22. Oktober 1962 Auftritt der Beatles in der Queen's Hall in Widnes. Mit dabei sind Lee Curtis and the All-Stars; am Schlagzeug sitzt Pete Best.

24. Oktober 1962 Auftritt der Beatles mittags im Cavern Club.

25. Oktober 1962 Dritte Aufnahme für die BBC Radio-Sendung „Here We Go" im Playhouse Theatre in Manchester. Vor Publikum spielen die Beatles „Love Me Do", „P.S. I Love You" und „A Taste of Honey". Ausstrahlung der Sendung ist am 26. Oktober 1962.

26. Oktober 1962 Zwei Auftritte der Beatles: mittags im Cavern Club, abends in der Public Hall in Preston beim „Rock & Beat Spectacular". Mit dabei sind Mike Berry, The Outlaws und das Syd Munson Orchestra.

27. Oktober 1962 Auftritt der Beatles in der Hulme Hall in Port Sunlight, Birkenhead. Zuvor Radio-Interview für das Patientenradio der lokalen Krankenhäuser.

28. Oktober 1962 Auftritt der Beatles im Liverpooler Empire Theatre. Im Programm sind Little Richard, Craig Douglas, Jet Harris und Kenny Lynch & Sounds Incorporated.

29. Oktober 1962 Zweiter Auftritt der Beatles im Granada Fernsehzentrum in Manchester für die Sendung „People and Places". Die Beatles spielen „Love Me Do" und „A Taste of Honey".

30. Oktober 1962 Flug nach Hamburg.

01. bis 14. November 1962 Die Beatles spielen 14 Tage im Hamburger Star-Club. Mit im Programm ist Little Richard.

16. November 1962 Der zweite Auftritt der Beatles im EMI-House für die Sendung „The Friday Spectacular" von Radio Luxemburg.

17. November 1962 Auftritt der Beatles in der Matrix Hall in Coventry.

18. November 1962 Auftritt der Beatles abends im Cavern Club. Mit dabei sind die Mersey Beats und The Pete Hartigan Jazz Band.

18. November 1962 Auftritt der Beatles abends im Cavern Club. Mit dabei sind erneut die Mersey Beats und The Pete Hartigan Jazz Band.

19. November 1962 Drei Auftritte der Beatles: mittags im Cavern Club. Dann im Smethwick Baths Ballroom in Bearwood. Abschließend im Adelphi Ballroom in West Bromwich.

20. November 1962 Auftritt der Beatles in der Floral Hall in Southport.

21. November 1962 Zwei Auftritte der Beatles mittags und abends im Cavern Club.

22. November 1962 Auftritt der Beatles im Majestic Ballroom in Birkenhead.

23. November 1962 Interview mit der BBC in London in der St. James' Church Hall. Abends Auftritt der Beatles im Tower Ballroom in New Brighton mit Billy Kramer & The Dakotas, the Llew Hird Jazz Band und The Clan McCleod Pipe Band.

24. November 1962 Auftritt der Beatles im Royal Lido Ballroom in Prestatyn.

25. November 1962 Auftritt der Beatles abends im Cavern Club.

26. November 1962 Aufnahmen der Beatles in London im Tonstudio der EMI. Sie nehmen „Please Please Me" auf. Für die B-Seite spielen sie „Ask Me Why" ein.

27. November 1962 Aufnahme für die erste Radiosendung im Londoner BBC Paris Studio in der Regent Street. Sie spielen „Love Me Do", „P.S. I Love You" und „Twist and Shout".

28. November 1962 Zwei Auftritte der Beatles abends im Cavern Club mit Johnny Sandon & the Remo Four und Dee Young & the Pontiacs. Anschließend spielen sie im „527 Club" in Liverpool.

29. November 1962 Auftritt der Beatles im Majestic Ballroom in Birkenhead.

30. November 1962 Zwei Auftritte der Beatles: mittags im Cavern Club und abends in der Town Hall in Newton-le-Willows.

01. Dezember 1962 Zwei Auftritte der Beatles: in der Memorial Hall in Northwich. Danach im Tower Ballroom in New Brighton, Wallasey.

02. Dezember 1962 Zwei Konzerte der Beatles im Embassy Cinema in Peterborough mit Frank Ifield.

03. Dezember 1962 TV-Auftritt der Beatles in der Sendung „Discs a Gogo". Sie spielen „Love Me Do".

04. Dezember 1962 TV-Auftritt der Beatles für die Live-Kindersendung „Tuesday Rendezvous" in den Wembley Studios. Sie spielen „Love Me Do" und 45 Sekunden von „P.S. I Love You".

05. Dezember 1962 Zwei Auftritte der Beatles mittags und abends im Cavern Club.

06. Dezember 1962 Auftritt der Beatles im Club Django, einem Jazz-Club, im Queen's Hotel in Southport.

07. Dezember 1962 Zwei Auftritte der Beatles: mittags im Cavern Club auf und abends im Tower Ballroom in New Brighton.

08. Dezember 1962 Auftritt der Beatles im Oasis Club in Manchester.

09. Dezember 1962 Auftritt der Beatles abends im Cavern Club. Unter den Gästen ist George Martin.

10. Dezember 1962 Auftritt der Beatles mittags im Cavern Club.

11. Dezember 1962 Auftritt der Beatles im La Scala Ballroom in Runcorn.

12. Dezember 1962 Zwei Auftritte der Beatles im Cavern Club mittags und abends.

14. Dezember 1962 Auftritt der Beatles in der Music Hall in Shropshire.

15. Dezember 1962 Zwei Auftritte der Beatles im Majestic Ballroom in Birkenhead. Nach dem Konzert beginnt der erste „Mersey Beat"- Wettbewerb. Die Beatles gewinnen.

16. Dezember 1962 Auftritt der Beatles im Cavern Club.

17. Dezember 1962 Auftritt in einer Sendung im Granada TV Center in Manchester. Die Beatles spielen „Love Me Do" und „Twist and Shout".

18. Dezember bis 31. Dezember 1962 Engagement der Beatles im Hamburger Star-Club.

25. Dezember 1962 Die Beatles haben einen freien Abend.

1963

01. Januar 1963 Rückflug der Beatles von Hamburg nach London.

02. Januar 1963 Beginn der Schottland-Tournee verschiebt sich wegen schlechten Wetters.

03. Januar 1963 Auftritt der Beatles im Two Red Shoes Ballroom in Elgin.

04. Januar 1963 Auftritt der Beatles in der Town Hall in Dingwall.

05. Januar 1963 Auftritt der Beatles in der Museum Hall in Bridge of Allan.

06. Januar 1963 Letzter Tour-Auftritt der Beatles im Beach Ballroom in Aberdeen.

08. Januar 1963 Auftritt der Beatles live im schottischen Fernsehen. Für die Kindersendung „Roundup" spielen sie „Please Please Me".

10. Januar 1963 Auftritt der Beatles in den Grafton Rooms in Liverpool.

11. Januar 1963 Die Single „Please Please Me" mit „Ask Me Why" auf der Rückseite wird veröffentlicht.

Zwei Auftritte der Beatles: mittags im Cavern Club. Abends in Old Hill in der Nähe von Dudley im Plaza Ballroom

12. Januar 1963 Auftritt der Beatles im Invicta Ballroom in Chatham.

13. Januar 1963 TV-Auftritt der Beatles in den Alpha Television Studios in Aston für die ABC Fernsehsendung „Thank Your Lucky Stars". Sie spielen „Please Please Me".

14. Januar 1963 Auftritt der Beatles in der Civic Hall in Wirral.

16. Januar 1963 Zwei Medien-Auftritte der Beatles: In der TV-Sendung „People and Places" in Manchester. Sie spielen „Ask Me Why" und „Please Please Me". Danach spielen sie im Playhouse Theatre in Manchester für die

BBC-Sendung: Chains", „Please Please Me", „Three Cool Cats" und „Ask Me Why".

17. Januar 1963 Zwei Auftritte der Beatles: mittags im Cavern Club, abends im ausverkauften Majestic Ballroom in Birkenhead.

18. Januar 1963 Auftritt der Beatles im Floral Hall Ballroom in Morecambe.

19. Januar 1963 Auftritt der Beatles im Town Hall Ballroom in Whitchurch.

21. Januar 1963 Dritter Auftritt der Beatles im Londoner EMI House für die Radio Luxemburg Sendung „The Friday Spectacular". Die Beatles geben ein Interview.

22. Januar 1963 Zwei Radio-Sendungen im Londoner Playhouse Theatre und eine weitere im Londoner BBC Paris Studio.

23. Januar 1963 Auftritt der Beatles abends im Cavern Club. Auf dem Weg dorthin von London zerbricht die Frontscheibe. Es ist eiskalt im Bus. Sie kommen gerade noch rechtzeitig im Cavern Club an.

24. Januar 1963 Auftritt der Beatles abends in der Assembly Hall in Mold. Zuvor PR-Termin in Brian Epsteins Plattenladen NEMS, wo sie ihre Single „Please Please Me" signieren.

26. Januar 1963 Zwei Auftritte der Beatles. Zuerst im El Rio Club in Macclesfield mit Wayne Fontana & the Jets. Dann in der King's Hall in Stoke-on-Trent. An diesem Abend komponieren John und Paul „Misery".

27. Januar 1963 Auftritt der Beatles in Manchester im Three Coins Club.

28. Januar 1963 Auftritt der Beatles im Majestic Ballroom in Newcastle-upon-Tyne.

30. Januar 1963 Auftritt der Beatles mittags im Cavern Club.

31. Januar 1963 Drei Auftritte der Beatles: mittags im Cavern Club; abends zweimal im Majestic Ballroom in Birkenhead.

01. Februar 1963 Zwei Auftritte der Beatles. Einmal in den Assembly Rooms in Tamworth, anschließend in der St. Peter's Church Hall in Maney.

02. Februar 1963 Beginn der landesweiten Helen Shapiro Tournee. Zwei Auftritte der Beatles: Mit Helen Shapiro im Gaumont Cinema in Bradford. Anschließend im Cavern Club.

03. Februar 1963 Auftritt der Beatles im Cavern Club.

04. Februar 1963 Auftritt der Beatles mittags im Cavern Club. Es ist der letzte Auftritt dort mittags.

05. Februar 1963 Auftritt im Rahmen der Helen Shapiro Tournee im Gaumont Cinema in Doncaster.

06. Februar 1963 Auftritt im Rahmen der Helen Shapiro Tournee im Granada Cinema in Bedford.

07. Februar 1963 Auftritt im Rahmen der Helen Shapiro Tournee im Regal Cinema in Wakefield.

08. Februar 1963 Auftritt im Rahmen der Helen Shapiro-Tournee im ABC Cinema in Carlisle.

09. Februar Auftritt im Rahmen der Helen Shapiro Tournee zweimal im Empire Theatre in Sunderland.

11. Februar 1963 Aufnahmen im EMI Studio in London: in 585 Minuten nehmen die Beatles zehn Lieder für ihr erstes Album auf.

12. Februar 1963 Zwei Auftritte der Beatles: im Arena Ballroom in Sheffield und anschließend im Astoria Ballroom in Oldham.

13. Februar 1963 Auftritt der Beatles im Majestic Ballroom in Hull.

15. Februar 1963 Auftritt der Beatles im Ritz Ballroom in Birmingham.

16. Februar 1963 Auftritt der Beatles in den Carfax Assembly Rooms in Oxford.

17. Februar 1963 Playback-Auftritt der Beatles für die ABC Fernsehsendung „Thank Your Lucky Stars" mit „Please Please Me". Die Sendung wird am 23. Februar 1963 ausgestrahlt.

18. Februar 1963 Zwei Auftritte der Beatles in der Queen's Hall in Widnes.

19. Februar 1963 Auftritt der Beatles abends im Cavern Club. Im Vorprogramm Lee Curtis & The All-Stars mit Schlagzeuger Pete Best.

20. Februar 1963 Aufnahmen für eine BBC Radio-Show in London. Der Radio-Auftritt dauert vier Minuten und zehn Sekunden. Sie spielen „Please Please Me" und „Love Me Do".

21. Februar 1963 Zwei Auftritte der Beatles im Majestic Ballroom in Birkenhead.

22. Februar 1963 Auftritt der Beatles im Oasis Club in Manchester.

23. Februar 1963 Die Single „Please Please Me" erreicht in England Platz eins. Die Beatles haben einen Auftritt im Rahmen der Helen Shapiro Tournee im Granada Cinema in Mansfield.

24. Februar 1963 Auftritt im Rahmen der Helen Shapiro Tournee im Coventry Theatre in Coventry.

25. Februar 1963 Auftritt der Beatles im Casino Ballroom in Leigh.

26. Februar 1963 Auftritt der Beatles im Gaumont Cinema in Taunton. Helen Shapiro ist erkältet und fällt aus. Danny Williams ersetzt sie.

28. Februar 1963 Auftritt der Beatles im Rahmen der Helen Shapiro Tournee im Granada Cinema in Shrewsbury. Auf dem Weg dorthin komponieren John und Paul „From Me To You".

01. März 1963 Auftritt der Beatles im Rahmen der Helen Shapiro-Tournee im Odeon Cinema in Southport.

02. März 1963 Die Beatles spielen im Rahmen der Helen Shapiro Tournee in der City Hall in Sheffield. Danach Interview im Didsbury Studio Centre in Manchester für die ABC Fernsehsendung „ABC At Large".

03. März 1963 Letzter Auftritt der Beatles im Rahmen der Helen Shapiro Tournee im Gaumont Cinema in Hanley.

04. März 1963 Auftritt der Beatles im Plaza Ballroom in St. Helens.

05. März 1963 Die Beatles nehmen in den Londoner EMI Studios die dritte Single „From Me To You" auf.

06. März 1963 Auftritt der Beatles im Manchester Playhouse Theatre für die Radiosendung der BBC „Here We Go". Sie spielen „I Saw Her Standing There", „Misery", „Do You Want to Know a Secret" und „Please Please Me".

07. März 1963 Auftritt der Beatles im Elizabethan Ballroom in Nottingham zusammen mit Gerry & the Pacemakers", The Big Three und Billy J. Kramer with the Dakotas.

08. März 1963 Auftritt der Beatles in der Royal Hall in Harrogate.

09. März 1963 Zweite landesweite Tour mit Tommy Roe und Chris Montez. Erster Auftritt im Granada Cinema in London. Die Beatles sind auf dieser Tour die Hauptattraktion.

10. März 1963 Auftritt der Beatles mit Chris Montez und Tommy Roe im Hippodrome Theatre in Birmingham.

11. März 1963 Aufnahmen für Radio Luxembourg „The Friday Spectacular" in London. Die Sendung wird am 15. März 1963 ausgestrahlt.

12. März 1963 Auftritt der „Threetles" mit Chris Montez und Tommy Roe im Granada Cinema in Bedford. Ohne John Lennon, der wegen Erkältung nicht auftreten kann.

13. März 1963 Mundharmonika-Aufnahmen der Beatles im Tonstudio der EMI für „Thank You Girl".

14. März 1963 Auftritt der Beatles mit Chris Montez und Tommy Roe-Tournee im Gaumont Cinema in Wolverhampton. John Lennon kann noch immer nicht auftreten.

16. März 1963 Live-Auftritt für die BBC. Sie spielen „I Saw Her Standing There", „Misery", „Too Much Monkey Business", „I'm Talking About You", „Please Please Me" und „The Hippy Hippy Shake". Danach Auftritt mit Chris Montez und Tommy Roe in Sheffield.

19. März 1963 Auftritt der Beatles mit Chris Montez und Tommy Roe Tournee im Regal Cinema in Cambridge.

20. März 1963 Auftritt der Beatles mit Chris Montez und Tommy Roe im ABC Cinema in Romford.

21. März 1963 Aufnahmen für die BBC-Sendung „On The Scene" in den Londoner Piccadilly Studios. Sie nehmen „Misery", „Do You Want to Know a Secret" und „Please Please Me" auf. Danach Auftritt der Beatles mit Chris Montez und Tommy Roe Tournee im ABC Cinema in Croydon.

22. März 1963 Das Album „Please Please Me" erscheint in England.

23. März 1963 Auftritt der Beatles mit Chris Montez und Tommy Roe in der City Hall in Newcastle-upon-Tyne

24. März 1963 Auftritt der Beatles mit Chris Montez und Tommy Roe in Liverpool. Ihr erster Auftritt dort seit mehr als einem Monat.

25. März 1963 Dezo Hoffmann macht Foto- und Filmaufnahmen von den Beatles in Liverpool.

26. März 1963 Auftritt der Beatles mit Chris Montez und Tommy Roe im Granada Cinema in Mansfield.

27. März 1963 Auftritt der Beatles mit Chris Montez und Tommy Roe im ABC Cinema in Northampton.

28. März 1963 Auftritt der Beatles mit Chris Montez und Tommy Roe im ABC Cinema in Exeter.

29. März 1963 Auftritt der Beatles mit Chris Montez und Tommy Roe im Londoner Odeon Cinema.

30. März 1963 Auftritt der Beatles mit Chris Montez und Tommy Roe in der Guildhall in Portsmouth.

31. März 1963 Letzter Tourneetag mit Chris Montez und Tommy Roe in der DeMontfort Hall in Leicester.

04. April 1963 Dritter Auftritt der Beatles im Londoner BBC Paris Studio für die Radio-Sendung „Side by Side". Nach der Aufnahme Auftritt in der Roxburgh Hall in Stowe.

08. April 1963 Geburt von Julian Lennon, Johns erstem Sohn.

12. April 1963 Auftritt der Beatles im Cavern Club. Dort findet ein achtstündiger Rhythm and Blues-Marathon statt.

14. April 1963 Auftritt der Beatles für die ABC Fernsehshow „Thank Your Lucky Stars". Die Beatles spielen Playback „From Me To You". Ausgestrahlt wird die Sendung am 20. April 1963.

Anschließend fahren die Beatles nach Richmond-upon-Thames. Dort schauen sie sich einen Auftritt der Rolling Stones an.

16. April 1963 Die Beatles erscheinen in zwei Fernsehsendungen. So sieht man sie in der TV-Sendung „Scene at 6:30", wo sie „From Me To You" spielen und in der Sendung „The 625 Show".

18. April 1963 Auftritt der Beatles zum ersten Mal in der Royal Albert Hall in London. Die Show trägt den Namen „Swinging Sound '63" und wird von der BBC live als Radiosendung übertragen. Nach dem Auftritt trifft Paul McCartney die Schauspielerin Jane Asher.

21. April 1963 Zwei Auftritte der Beatles: nachmittags auf der Veranstaltung der Musikzeitschrift New Musical Express, „1962-63 Annual Poll Winners' All-Star Concert", in London. Sie spielen vor rund 10.000 Menschen. Abends Auftritt im Londoner Pigalle Club.

01. Mai 1963 Demo-Aufnahme Lennons von „Bad To Me". Im Juni 1963 nehmen Billy J. Kramer and The Dakotas den Song auf und bringen ihn als Single heraus.

05. Mai 1963 „From Me To You" erreicht Platz eins in den britischen Charts und hält diese Position die nächsten sieben Wochen.

11. Mai 1963 Auftritt der Beatles im Imperial Ballroom in Nelson. Zweitausend begeisterte Fans stürmen das Konzert.

16. Mai 1963 Auftritt der Beatles live im Londoner Television Theatre für die landesweit ausgestrahlte BBC Sendung „Pops and Lenny". Die Beatles spielen „From Me To You" und „Please Please Me".

18. Mai 1963 Zwei Auftritte der Beatles im Adelphi Cinema in Slough im Rahmen der dritten Tournee mit Roy Orbison. Neben Roy Orbison und den Beatles sind noch Gerry & the Pacemakers und andere mit dabei.

22. Mai 1963 Auftritt Beatles mit Roy Orbison im Gaumont Cinema in Ispwich.

24. Mai 1963 Die Beatles nehmen in der Londoner BBC Aeolian Hall ihre erste eigene Radio-Show auf. Titel: „Pop Go the Beatles". Am Abend Auftritt der Beatles mit Roy Orbison im Londoner Granada Cinema.

27. Mai 1963 VÖ der Single „From Me To You" (auf der B-Seite mit „Thank You Girl") in Amerika. Höchste Platzierung ist Platz 116 in den US-Charts.

02. Juni 1963 Auftritt der Beatles mit Roy Orbison im Hippodrome Theatre in Brighton.

09. Juni 1963 Letzter Auftritt der Beatles mit Roy Orbison in der King George's Hall in Blackburn.

12. Juni 1963 Auftritt der Beatles in den Liverpooler Grafton Rooms.

13. Juni 1963 Zwei Auftritte der Beatles: im Palace Theatre Club in Stockport. Dann im Southern Sporting Club in Manchester.

15. Juni 1963 Auftritt der Beatles in der City Hall in Salisbury. Die Beatles erhalten eine Gage von 300 Pfund. 1500 Fans flippen aus.

16. Juni 1963 Auftritt der Beatles im Odeon Cinema in Romford im Rahmen des „Mersey Beat Showcase". Mit dabei sind Gerry & the Pacemakers und Billy J. Kramer & the Dakotas

17. Juni 1963 Die Beatles nehmen im Studio 5 der BBC in London ihr viertes Radioprogramm „Pop Go the Beatles" auf. Ausgestrahlt wird die Sendung am 25. Juni 1963.

18. Juni 1963 Paul feiert seinen 21. Geburtstag und gibt eine Party in Liverpool. Ein völlig betrunkener John Lennon schlägt Bob Wooler krankenhausreif. Wooler zeigt John Lennon an, lässt die Klage fallen, nachdem sich John Lennon bei ihm entschuldigt und ein Schmerzensgeld in Höhe von 200 englischen Pfund bezahlt.

19. Juni 1963 Aufnahmen der Beatles im Londoner Playhouse Theatre für die BBC-Sendung „Easy Beat".
Die Beatles spielen „Some Other Guy", „A Taste of Honey", „Thank You Girl" und „From Me To You". Ausgestrahlt wird die Sendung am 23. Juni 1963.

26. Juni 1963 Auftritt der Beatles im Majestic Ballroom in Newcastle-upon-Tyne. Nach dem Konzert schreiben John und Paul im Hotel-Zimmer den Song „She Loves You". Aufgenommen wird der Song am 01. Juli 1963.

28. Juni 1963 Auftritt der Beatles vor 3200 Zuschauern mit Acker Bilk und der Paramount Jazz Band in der Queen's Hall in Leeds.

01. Juli 1963 Die Beatles nehmen im EMI-Tonstudio 2 in London „She Loves You" und „I'll Get You" auf. Die Single erscheint am 23. August 1963 in England. Die erste Single, die sich mehr als eine Million Mal verkauft.

03. Juli 1963 Aufnahmen der Beatles für die BBC-Radio-Sendung „The Beat Show" in Manchester. Sie spielen live vor Publikum „From Me To You", „A Taste of Honey" und „Twist and Shout". Ausgestrahlt wird die Sendung am 4. Juli 1963.

04. Juli 1963 Die Beatles besuchen in Soho einen Auftritt der Rolling Stones.

05. Juli 1963 Auftritt der Beatles im Plaza Ballroom in Old Hill mit Denny and the Diplomats.

07. Juli 1963 Auftritt der Beatles im ABC Theatre in Blackpool.

08. Juli 1963 Auftritt der Beatles in Winter Gardens in Kent. Es ist der erste von insgesamt sechs Abenden.

09. Juli 1963 Zwei Auftritt der Beatles im Winter Gardens in Kent.

10. Juli 1963 Zwei Auftritte der Beatles in den Winter Gardens in Kent. Danach nehmen die Beatles zwei weitere Ausgaben ihrer Radio-Show „Pop Go the Beatles" in der Aeolian Hall in London auf.

12. Juli 1963 In England erscheint die Beatles EP „Twist and Shout" mit den Songs „Twist and Shout", „A Taste of Honey", „Do You Want to Know a Secret" und „There's a Place". Die EP erreicht Platz eins in den Charts.

13. Juli 1963 Zwei Auftritte der Beatles im Winter Gardens in Kent.

14. Juli 1963 Auftritt der Beatles im ABC Theatre in Blackpool.

16. Juli 1963 Die Beatles nehmen drei weitere Folgen für die BBC Radio-Show „Pop Go the Beatles" auf.

17. Juli 1963 Aufnahmen der Beatles im Playhouse Theatre in London für die BBC Radiosendung „Easy Beat". Sie spielen vor Publikum „I Saw Her Standing There", „A Shot of Rhythm and Blues", „There's a Place" und „Twist and Shout".

18. Juli 1963 Beginn der Aufnahmen für die zweite LP in den Londoner EMI Tonstudios. Sie nehmen von 19 bis 22.45 Uhr vier Songs auf: „You Really Got a Hold On Me", „Money", „Devil In Her Heart" und „Till There Was You".

19. Juli 1963 Auftritt der Beatles im Ritz Ballroom in Flintshire. In Schweden erscheint die Beatles LP „Please Please Me".

20. Juli 1963 Zwei Auftritte der Beatles im Ritz Ballroom in Rhyl (Nord-Wales). Beide Konzerte sind ausverkauft.

21. Juli 1963 Auftritt der Beatles im Queen's Theatre in Blackpool.

22. Juli 1963 Auftritt der Beatles im Odeon Cinema in Weston-super-Mare. Es ist der erste Auftritt von insgesamt sechs.

23. Juli 1963 Zweiter Auftritt der Beatles im Odeon Cinema in Weston-super-Mare.

24. Juli 1963 Dritter Auftritt der Beatles im Odeon Cinema in Weston-super-Mare. Zuvor sind sie in London und besuchen die Fourmost, die im Abbey Road Studio den Lennon-McCartney Song „Hello Little Girl" aufnehmen.

25. Juli 1963 Vierter Auftritt der Beatles im Odeon Cinema in Weston-super-Mare.

26. Juli 1963 Fünfter Auftritt der Beatles im Odeon Cinema in Weston-super-Mare.

27. Juli 1963 Fotoaufnahmen der Beatles mit Dezo Hoffman. Abends sechster Auftritt der Beatles im Odeon Cinema in Weston-super-Mare.

28. Juli 1963 Auftritt der Beatles im ABC Cinema in Great Yarmouth.

30. Juli 1963 Aufnahmen der Beatles in den EMI Tonstudios in London für ihre zweite LP von 10 bis 13.30 Uhr und abends von 17 bis 23 Uhr. Sie spielen „Please Mr. Postman" und „It Won't Be Long".

Zwischen den Aufnahmen finden Radio-Auftritte statt. Zum einen ein Interview für die BBC Radioshow „Non Stop Pop" und sechs Lieder für die BBC-Radiosendung „Saturday Club". Sie spielen „Long Tall Sally", „She Loves You", „Glad All Over", „Twist and Shout", „You Really Got a Hold On Me" und „I'll Get You".

01. August 1963 Die Beatles nehmen im Playhouse Theatre in Manchester zwei weitere Radio-Shows der Reihe „Pop Go the Beatles" auf. In England erscheint zum ersten Mal das Magazin „The Beatles Book".

02. August 1963 Auftritt der Beatles in den Grafton Rooms in Liverpool.

03. August 1963 Der letzte Auftritt der Beatles abends im Cavern Club. Insgesamt spielten die Beatles 292 Mal im Cavern Club.

04. August 1963 Auftritt der Beatles im Queen's Theatre in Blackpool.

06. August 1963 Auftritt der Beatles im Springfield Ballroom in St. Saviour, Jersey. Es folgen noch vier weitere Auftritte auf den Kanalinseln.

07. August 1963 Zweiter Auftritt der Beatles im Springfield Ballroom auf der Kanalinsel Jersey.

08. August 1963 Auftritt der Beatles in St. Peter Port auf Guernsey.

09. August 1963 Dritter Auftritt der Beatles im Springfield Ballroom auf der Kanalinsel Jersey.

10. August 1963 Vierter Auftritt der Beatles im Springfield Ballroom auf der Kanalinsel Jersey.

11. August 1963 Auftritt der Beatles im ABC Theatre in Blackpool.

12. August 1963 Zwei Auftritte der Beatles im Odeon Cinema in Llandudno in Wales. Es folgen dort fünf weitere Auftritte.

13. August 1963 Zweiter Auftritt der Beatles im Odeon Cinema im walisischen Llandudno.

14. August 1963 Dritter und vierter Auftritt der Beatles im Odeon Cinema in Llandudno.

Außerdem: Aufnahmen für die Granada TV-Sendung „Scene at 6:30" in Manchester. Sie spielen „Twist and Shout" und „She Loves You".

15. August 1963 Fünfter und sechster Auftritt der Beatles im Odeon Cinema in Llandudno.

16. August 1963 Siebter und achter Auftritt der Beatles im Odeon Cinema in Llandudno.

17. August 1963 Neunter und zehnter Auftritt der Beatles im Odeon Cinema in Llandudno.

18. August 1963 Zwei Auftritte der Beatles im Princess Theatre in Torquay.

Zuvor Aufnahmen in den Alpha Fernsehstudios in Birmingham für die Sendung „Lucky Stars (Summer Spin)". Sie spielen „She Loves You" und „I'll Get You". Ausgestrahlt wird die Sendung am 24. August 1963.

19. August 1963 Auftritt der Beatles im Gaumont Cinema in Bournemouth.

Zuvor schießt Robert Freeman das Foto der Beatles für das Cover ihrer zweiten LP „With the Beatles" im Hotel „The Palace Court" in Bournemouth.

20. August 1963 Auftritt der Beatles im Gaumont Cinema in Bournemouth.

21. August 1963 Zweiter Auftritt der Beatles im Gaumont Cinema in Bournemouth.

22. August 1963 Dritter Auftritt der Beatles im Gaumont Cinema in Bournemouth.

Zuvor Auftritt für die TV-Sendung „Day by Day". Sie spielen „She Loves You".

23. August 1963 In England erscheint die Beatles-Single „She Loves You" mit „I'll Get You" als B-Seite. Die Nummer-eins-Single hält sich insgesamt 24 Wochen in den Charts. Vierter Auftritt der Beatles im Gaumont Cinema in Bournemouth.

24. August 1963 Fünfter und sechster Auftritt der Beatles im Gaumont Cinema in Bournemouth.

25. August 1963 Auftritt der Beatles im ABC Theatre in Blackpool.

26. August 1963 Zwei Auftritte der Beatles im Odeon Cinema in Southport.

27. August 1963 spielen die Beatles im Odeon Cinema in Southport. Es wird ein Dokumentarfilm gedreht. Die Beatles spielen „Twist and Shout", „She Loves You" und „Love Me Do".

28. August 1963 Auftritt der Beatles im Odeon Cinema in Southport. Der Dreh für die Dokumentation wird fortgeführt. Man filmt die Beatles in ihrer Garderobe.

29. August 1963 Auftritt der Beatles im Odeon Cinema in Southport. Weitere Filmaufnahmen.

30. August 1963 Auftritt der Beatles im Odeon Cinema in Southport. Die Filmaufnahmen für die Dokumentation gehen weiter.

31. August 1963 Auftritt der Beatles im Odeon Cinema in Southport.

– ENDE –

Literaturverzeichnis

The Beatles Anthology, München, 2000
Epstein, Brian: Der fünfte Beatle erzählt. Die Autobiografie, A-Höfen, 2015
Howlett, Kevin: The Beatles – The BBC Archives 1962-1970, London, 2013
Williams, Allan/Marshall, William: The Man Who Gave The Beatles Away,
    London, 1976
Askew, John/Forsyth, Ian: Johnny Gentle and The Beatles – First Ever Tour
    London, 1998
Goodden, Joe: Riding so high: The Beatles and Drugs, London, 2017
Lennon, Cynthia: John, München, 2005
Lewisohn, Mark: The Complete Beatles Chronicle, New York, 2018
Lewisohn, Mark: The Complete Beatles Recording Sessions, London, 1988
Lewisohn, Mark: The Beatles Live, The Ultimate Reference Book,
    London, 1986
Miles, Barry: Beatles Diary, East Bridgewater, 1998
Davies, Hunter: The John Lennon Letters. Erinnerungen in Briefen, München,
    Zürich, 2012
Hanton, Colin: Pre:Fab!, Kibworth, 2018
Harrison, George: I Me Mine, London, 2002
Hertsgaard, Mark: The Beatles. Die Geschichte ihrer Musik, München, 1996

ONLINE-Verzeichnis

Mersey Beat Archives:
http://www.triumphpc.com/mersey-beat/archives/index-articles.shtml

The Beatles Bible:
https://www.beatlesbible.com/

The Beatles Winter 1963 Helen Shapiro Tour:
https://en.wikipedia.org/wiki/The_Beatles_Winter_1963_Helen_Shapiro_Tour

Daily Beatle – The Helen Shapiro Tour:
http://webgrafikk.com/blog/beatles-tours/helen-shapiro-tour/

The Beatles in Hamburg:
https://en.wikipedia.org/wiki/The_Beatles_in_Hamburg

List of the Beatles' live performances:
https://en.wikipedia.org/wiki/List_of_the_Beatles%27_live_performances

Dick James:
https://de.wikipedia.org/wiki/Dick_James

The Beat Ballad Show Tour:
https://en.wikipedia.org/wiki/The_Beat_Ballad_Show_Tour

A History of Rock Music in 500 Songs:
https://500songs.com/

Roy Orbison/The Beatles Tour
https://en.wikipedia.org/wiki/Roy_Orbison/The_Beatles_Tour

List of performers on Top of the Pops
https://en.wikipedia.org/wiki/List_of_performers_on_Top_of_the_Pops